Joaquín BOCHACA

El mito de los 6 millones

Joaquín BOCHACA

(1931)

El mito de los 6 millones

El Fraude de los judíos

asesinados por Hitler

1979

Publicado por

Omnia Veritas Ltd

www.omnia-veritas.com

EL PROGRAMA RACIAL NACIONAL SOCIALISTA	26
ORGANIZACIÓN DEL BOICOT CONTRA ALEMANIA	39
ESTALLA LA SEGUNDA GUERRA MUNDIAL	43
BARUCH, MORGENTHAU ET ALIA	57
LOS CAMPOS DE CONCENTRACIÓN	61
LOS DERECHOS DE LA ARITMÉTICA	68
EL ORIGEN DEL MITO	75
UNA OBJECIÓN CLÁSICA	93
TRAGEDIA Y COMEDIA	129
EL CAMPO DE DACHAU	136
BERGEN-BELSEN	146
EL MITO DE ANA FRANK	153
RAVENSBRÜCK, BUCHENWALD, DORA. ETC... ETC... ETC...	158
AUSCHWITZ-BIRKENAU	164
LOS "EINSATZGRUPPEN"	181
HÖTTL - HÖSS - EICHMANN	188
EL CASO KATZENBERGER	192
UN RAPPORT DE LA CRUZ ROJA	195
EL DOCUMENTO GERSTEIN, SUMMUN DE LA IMPOSTURA	210
AUSENCIA TOTAL DE PRUEBAS DOCUMENTALES	219
LA ACTITUD DE LA IGLESIA	226
CONCLUSION	260
BIBLIOGRAFIA	267
EPILOGO SOBRE EL LIBRO "HOLOCAUSTO"	275
OTROS LIBROS PUBLICADOS POR OMNIA VERITAS	287

Según el Honorable Winston Churchill, la primera victima de la guerra es la verdad. Difícil resulta discutir la justeza de esta afirmación del viejo león británico. A partir de la guerra franco-prusiana de 1870, y en el curso de todos los conflictos bélicos de nuestro siglo, la propaganda basada en atrocidades, reales o supuestas, del adversario, ha entrado a formar parte del arsenal ideológico, cada vez más indispensable para la obtención de la victoria final.

En el curso de la Primera Guerra Mundial, los Aliados, que monopolizaban casi por entero las agencias de noticias en todo el mundo, acusaron a Alemania de las mayores barbaridades. La propaganda sobre las atrocidades se convirtió en manos de hombres inteligentes pero desprovistos de escrúpulos, en una ciencia exacta. Increíbles historias de la barbarie germánica en Francia y Bélgica crearon el fraude de una excepcional bestialidad de los alemanes; fraude que continúa coloreando la mente de muchas personas en la actualidad. Los ulanos – se informó gravemente al mundo – se divertían arrojando al aire a los bebés belgas y ensartándoles con sus bayonetas al caer; también cortaban las manos de las enfermeras de la Cruz Roja. La prensa y la radio anglosajonas anunciaron la crucifixión de prisioneros canadienses. Aunque tal vez, la "noticia" más repulsiva y ampliamente puesta en circulación se refería a una fábrica para el aprovechamiento de cadáveres, en la cual, los cuerpos de los soldados, tanto alemanes como aliados, muertos en combate, eran "fundidos" para aprovechar la grasa y otros productos útiles al esfuerzo de la guerra de los Imperios Centrales. El hecho de que Arthur Ponsonby, eminente historiador y político británico, demoliera la fábula, no impidió al Fiscal soviético en el Proceso de Nuremberg de acusar otra vez a Alemania de haber montado una fábrica de jabón hecho con grasa humana, en Danzig, en 1942.

Aún cuando numerosos escritores de la escuela revisionista histórica, tanto en Francia como sobre todo en Estados Unidos, desmitificaron la imagen maniquea de vencedores y vencidos, los que se llevaron la palma del "fair play" fueron, dicho sea en su honor, los ingleses, y su Ministro de Asuntos Exteriores, ante la Cámara de los Comunes, presentó públicamente excusas por todos los ataques al honor de Alemania, reconociendo explícitamente que se trataba de propaganda de guerra. En realidad, esto era normal. En tiempo de guerra la necesidad determina la ley y preciso es reconocer que el coktail de sinceridad, nobleza y cinismo servido por el Secretario del Foreign Office resulta impar en la Historia. Ahora bien, una confesión de ese talento no se ha hecho tras la Segunda Guerra Mundial. Al contrario, en vez de difuminarse con el paso del tiempo, la propaganda sobre las atrocidades alemanas y, de manera especial, la manera como fueron tratados los judíos europeos durante la ocupación de buena parte del Continente por las tropas de la Wehrmacht, ha ido en aumento. Hoy en día, en la Televisión australiana y en la noruega, en la soviética y en la norteamericana aparecen docenas de films sobre los campos de concentración. La literatura concentracionaria, a los treinta y tres años de finalizada la tragedia, continúa lanzando nuevas ediciones al mercado. Martilleando retinas y cerebros de las gentes, una cifra horrorosa: Seis millones de judíos asesinados por los alemanes. El mayor genocidio de la Historia, perpetrado con increíble brutalidad en la tierra que vió nacer a Kant y a Beethoven, a Goethe y a Schiller.

La misma magnitud de tan horrendo crimen colectivo ha movido a centenares de historiadores a ocuparse del tema. Desde las ediciones de lujo, encuadernadas en piel y gravemente recomendadas por los titulares de cátedras universitarias, hasta las ediciones de bolsillo con cubiertas alucinantes han llegado a imponer como axiomática la tesis de que, efectivamente, seis millones de personas, sin otro motivo que su pertenencia a un grupo racial determinado, fueron exterminadas por diversos procedimientos, destacando entre ellos, los gaseamientos y las incineraciones, en vivo, en los hornos crematorios. Pero muchos otros escritores e historiadores han puesto en duda, o han negado resueltamente, la realidad del holocausto. En las páginas que siguen creemos haber demostrado, de manera irrefutable, que éstos tienen razón y que el hecho de pretender sostener, hoy en día, que entre 1939 y 1945 seis millones de judíos fueron exterminados, a consecuencia de una política Oficial de las autoridades alemanas es una acusación cuyo único fundamento son sus móviles políticos. El Autor se da perfecta cuenta de que, como toda afirmación que no sigue la corriente de las verdades oficiales, la conclusión establecida en el párrafo precedente será mal acogida por los más. No obstante es el resultado de una investigación iniciada sin ideas preconcebidas, varios años ha, y basada en la lectura de casi tres centenares de obras versando sobre este tema, así como más de un millar de artículos periodísticos. Es también resultado de innumerables conversaciones con supervivientes de la persecución nazi, todos ellos milagrosamente salvos. Y es, finalmente, consecuencia del sencillo manejo de la Aritmérica y del sentido común.

Tal como el lector podrá comprobar por la lectura de las páginas que siguen y por la bibliografía de la presente obra, se excluyen deliberadamente los testimonios exculpatorios de los acusados o de personas que hubieran desempeñado un cargo público en Alemania o en Austria entre 1933 a 1945. Unicamente citanios, en apoyo a nuestra demostración, a testimonios de parte contraria, a enemigos de Alemania o del régimen nacionalsocialista y a diversos autores políticos judíos. En las páginas que siguen se revela, no solo la falsedad de la imputación de que seis millones de judíos fueron exterminados por los nazis, sino los motivos que hay para que poderosas Fuerzas Internacionales estén desesperadamente interesadas en la persistencia de ese fraude.

Por los motivos, razones, excusas o pretextos que fueran, la Alemania Nacionalsocialista, considerando a su comunidad judía como un elemento halógeno y hostil a la nación, tomó una serie de medidas administrativas y políticas, destinadas a limitar progresivamente, hasta llegar a la eliminación de su influencia social y política dentro de los límites territoriales del III Reich. No es propósito de esta obra elucidar el fundamento o la improcedencia de los reproches formulados por el gobierno alemán contra los judíos de nacionalidad alemana, No obstante, preciso es dar un salto atrás para examinar los antecedentes históricos que determinaron la hostilidad del Pueblo Alemán contra su comunidad judía. Si la expresión "Pueblo Alemán" parece desenfocada y excesiva en este caso, puede sustituirse por "Movimiento Nazi", pero no debe olvidarse que los nazis, llegados al poder a consecuencia de una victoria electoral, no disimularon nunca sus tendencias antijudías, perfectamente plasmadas en su programa, conocido desde 1923 y reiteradamente proclamado en múltiples ocasiones, y que una mayoría de electores dieron su voto a este programa.

A mediados del Verano de 1916, el Gabinete de Guerra Británico, obligado por las circunstancias adversas, empezó a considerar seriamente la posibilidad de aceptar la oferta alemana de una paz negociada sobre la base de un statu quo ante. La situación era desesperada para Inglaterra. Las trópas alemanas ocupaban gran parte Bélgica y Francia; Italia se tambaleaba ante los rudos golpes del Ejército Austro-Húngaro; el gigante ruso se desmoronaba. La campaña submarina alemana había logrado un efectivo bloqueo de Inglaterra, cuyas reservas de alimentos apenas alcanzaban para tres semanas; el Ejército Francés de amotinaba... Desde el principio de la guerra, la Gran Bretaña había prodigado sus aperturas hacia prominentes financieros norteamericanos, de origen judío-alemán con objeto de enrolar a los Estados Unidos al servicio del esfuerzo de guerra británico. Esas aperturas no se vieron en principio, coronadas por el éxito, debido especialmente al hecho de figurar en el bando Aliado la Rusia Zarista, cuya actitud hacia los judíos fue, tradicionalmente hostil. Ello trajo como consecuencia un fuerte sentimiento de hostilidad a Inglaterra por parte de la Finanza norteamericana. Además, Alemania estaba demostrando una dosis de consideración y benevolencia para con los judíos del Este de Europa, particularmente en la ocupada Polonia, donde eran muy numerosos. La diplomacia inglesa fue incapaz de contrarrestar, desde 1914 hasta 1916, los fuertes Sentimientos pro-alemanes de los financieros norteamericanos.

Los sionistas se enteraron pronto de la oferta de paz hecha por Alemania a Inglaterra. También se enteraron de que el Gábinete de Guerra británico estaba considerado seriamente la posibilidad de aceptar la oferta germánica. Los sionistas, encabezados por Lord Rothschild y Lord Melchett, de Londres, propusieron un acuerdo entre el Gobierno Británico y la Organización Sionista Mundial, según la cual, a cambio del reconocimiento de un Hogar Nacional Judío en Palestina, se comprometían a usar su influencia para conseguir la entrada de los Estados Unidos en la guerra, al lado de Inglaterra y sus Aliados. Con objeto de lograr mantener su liderazgo mundial, la Gran Bretaña optó por seguir luchando, con los Estados Unidos como Aliado, rechazando las ofertas alemanas. La sagacidad tradicional de los políticos ingleses falló en esta ocasión. Olvidaron que los que buscan protectores, sólo encuentran amos, y sólo vieron que con la ayuda norteamericana y el desangre de Francia podrían derrotar a Alemania e impedir la construcción de la vía férrea Berlín-Bagdad que, evidentemente, ponía en peligro la hegemonía mundial inglesa.

Los hombres de Westminster y del Foreign Office, aparentemente, sólo veían un aspecto de la situación. Creían que la aceptación de la oferta de paz alemana, una paz – empate, dejaría al Reich las manos libres para proceder a la puesta en marcha del proyectado ferrocarril, que, en sólo ocho días permitiría trasladar un ejército desde Hamburgo, en el Mar del Norte, hasta

Bassorah, en el Golfo Pérsico, por la concesión otorgada al Kaiser Guillermo II por su amigo personal y aliado, el Sultán del Imperio Otomano.

En el momento de estallar la I Guerra Mundial, el Imperio Otomano incluía los territorios conocidos desde las Conferencias de Paz de Versalles, en 1919, como Turquia, Líbano, Siria, Irak, Arabia Saudita, Yemen, Kuwait, Palestina y Jordania. Según la concesión otorgada por el Imperio Otomano al Reich Alemán, la vía férrea enlazaría, en territorio otomano, las ciudades de Constantinopla y Bassorah. Alemania tendría un rápido, eficaz y seguro acceso a los mercados y a los recursos naturales del Lejano Oriente, sin estar a la merced de la "Home Fleet". Hasta entonces, el tráfico alemán sólo podía hacerse por vía maritima, a través del Mediterráneo, con la aún inexpugnable fortaleza de Gibraltar en un lado y en el Canal de Suez, controlado por Inglaterra, en el otro. Sólo quedaba la ruta del Cabo de Buena Esperanza, igualmente dominada por Inglaterra. La ruta más corta entre Hamburgo y Bombay requeria, entonces, cuatro semanas, que los ingleses podían convertir en seis o siete con sólo crear problemas burocráticos en Port-Said o en Suez, y la más larga de nueve o diez semanas. El mismo viaje requeriría de seis a ocho días, a un costo mucho más reducido, por la yia férrea Berlin-Baghdad.

Salta a la vista que la realización de esa Vía férrea era un peligro para la hegemonía militar y comercial, y, en definitiva, política, de Inglaterra. El joven Imperio Alemán era, potencialmente, un contrincante peligroso. Además el Sultán del Imperio Otomano, tras ser derrotado por la Rusia Zarista poco después de la Guerra Franco-Prusiana de 1870, concertó un acuerdo con Guillermo II para la reorganización de su ejército por instructores militares alemanes. Una gran amistad personal surgió entre el Kaiser y el Sultán, lo que evidentemente facilitó la concesión de la Vía férrea Berlin-Baghdad. La diplomacia británica apeló sin éxito a toda fase de halagos y presiones para que la concesión fuera cancelada, pero fracasó en sus propósitos. En vista de ello, Inglaterra ofreció costear la construcción de la vía férrea, a cambio de la mitad de los derechos de la concesión. La propuesta inglesa se completaba con la oferta de dividir, prácticamente, el mundo, en dos esferas de influencia, esperando con ello monopolizar el comercio mundial entre la Gran Bretaña y el Reich, lo cual prometía inmensos beneficios mutuos, aún cuando Inglaterra seguiria siendo, en ese caso, el "primus inter pares", políticamente hablado.

Alemania era una joven nación que aún no pocha financiar, sóla, la realización de aquella inmensa obra, Pero la oferta inglesa fue rechazada. Alemania entonces, podía sólo financiar la construcción de tramos limitados, y aún ello con la asistencia de los banqueros alemanes, muchos de ellos – y los más prominentes – de raza judía, y deseosos de prestar dinero a su gobierno. Los políticos ingleses, cada vez más preocupados por el creciente prestigio del "Made in Germany" y por el inmenso aumento de poder militar, comercial y político que concedería a Alemania la construcción del ferrocarril Berlin-Baghdad, decidieron que la única solución que les quedaba era aplastar a Alemania en una guerra que eliminara para siempre la amenaza de la tan temida vía férrea. Estaba claro que si el Reich era derrotado, en su caída arrastraría a su aliado otomano, cuyo territorio se convertiría en botín de guerra en la posterior conferencia de paz dictada por Londres, cortando así el paso terrestre de Alemania, Austria-Hungría o Rusia hacia la India, la clave de bóveda de todo el Imperio Británico.

Con tal propósito Inglaterra premeditó, provocó y precipitó la I Guerra Mundial para aplastar a Alemania. En. 1904, la Gran Bretaña hizo aperturas diplomáticas a Francia, en busca de una "alianza defensiva conjunta" contra Alemania. Los franceses, humillados por el recuerdo de la severa derrota en 1870, aceptaron inmediatamente la propuesta. El recuerdo da Sedán no fue el único motivo, ni siquiera el principal. Más importantes fueron el temor francés ante la fenomenal expansión militar e industrial de Alemania, y la dependencia política de Paris con respecto a Londres, después del bofetón diplomático de Fashoda. Francia no estaba en posición de rehusar la oferta.

Inglaterra propuso luego a la Rusia Zarista una alianza similar, también "defensiva" y también contra Alemania. A cambio de la participación rusa en la Entente, Gran Bretaña se comprometía a hacer posible la realización del viejo sueño moscovita del control de los Dardanelos, como paso a los "puertos de aguas calientes". Rusia seria recompensada con los despojos del Imperio Otomano, el aliado de Alemania.

La activa y admirable diplomacia inglesa logró enrolar aún nuevos miembros en la Entente, como Italia – apartandola de la alianza alemana – el Japón, Portugal, Serbia y Montenegro. Habiendo completado el cerco estratégico de Alemania, los diplomáticos británicos esparcidos por todo el mundo, hicieroncuanto estuvo en su mano para provocar a Alemania con objeto de que ésta cometiera un "acto de agresión" calificado. La oportunidad codiciada por Inglaterra se produjo en Julio de 1914, con motivo del asesinato del Principe heredero de la Corona Austríaca, Francisco Fernando. Ninguna persona en su sano juicio, puede aceptar que ese asesinato fue la "razón" o la "causa" de la I Guerra Mundial. Ello fue sólo la excusa para la puesta en marcha del plan británico para aplastar a Alemania. No importa establecer si fue Alemania, o si fue la Rusia Zarista quien movilizó primero a sus tropas, o si fue un ejército o el otro quien primero se internó, en unos centenares de metros, en territorio enemigo. La confusión, intencionadamente creada, por el retraso en las comunicaciones, hizo la guerra inevitable.

No obstante, en el transcurso de los dos primeros años, la suerte de las armas fue totalmente adversa a Inglaterra y sus Aliados, Pero la entrada en guerra de los Estados Unidos como nuevo y decisivo aliado de Inglaterra transformó las victorias alemanas de 1914 hasta 1917 en la ignominiosa derrota de 1918. Es innegable que el Acuerdo de Londres, del que saldría la posterior Declaración Balfour para la creación de un Hogar Nacional Judío en Palestina fue el causante de la entrada de los Estados Unidos en la contienda y la posterior derrota de Alemania.

Los alemanes han estado siempre convencidos de que si los sionistas no hubieran propuesto los Acuerdos de Londres al Gabinete de Guerra Británico, el Gobierno Inglés hubiera aceptado la propuesta alemana de paz y la guerra hubiera terminado en 1916 y no en 1918.

Siempre existieron relaciones sumamente cordiales entre Alemania y la Organización Sionista Mundial, cuya sede central, hasta el año 1915, se hallaba en Berlín. Durante siglos Alemania había sido el refugio de los judíos procedentes de Rusia y Polonia, de donde huían por la frecuencia de los "pogroms" que allí sufrían. El Edicto de Emancipación, dictado en 1812, dió a los judíos la igualdad de los derechos civiles con los alemanes, en la mayor parte de los territorios de la actual Alemania. Ningún otro país, ni siquiera la Francia Republicana, había concedido aún la total igualdad a los judíos. El Edicto de Emancipación atrajo a los judíos a Alemania con preferencia a otros países.

El Kaiser apeló en numerosas ocasiones, entre 1895 y 1915, al Sultán, en favor de los sionistas. Guillermo II deseaba que el Imperio Otomano garantizara una concesión territorial a los sionistas para la creación de un "Estado Judío" en Palestina; incluso se desplazó personalmente a visitar al Sultán con este propósito. Los esfuerzos del Kaiser en pro de la causa sionista continuaron hasta 1916, cuando se produjo el Acuerdo de Londres, calificado por un judío norteamericano, Benjamín Freedman, de "puñalada por la espalda".[1] La mala disposición del Sultán hacia el proyecto, el hecho de que Alemania ofreciera a Inglaterra una "paz tablas", sin cambios territoriales y con retomo a las fronteras de 1914; la situación en que se encontraba Inglaterra, que la obligaría a aceptar cualquier condición a cambio de la ansiada participación norteamericana en la contienda, movieron a los

---

[1] Benjamín H. Freedman: "*Common Sense*", Unión, NJ, 1976.

prohombres del Sionismo a proponer su ayuda a la Gran Bretaña.

Numerosos escritores norteamericanos[2] han narrado detalladamente las medidas tomadas por el movimiento sionista para hacet entrar en la guerra a los Estados Unidos. Curioso es el cambio, que, en unos meses, se hace dar al Presidente Woodrow Wilson, un auténtico "détraqué" sujeto a deficiencias psico-sexuales. Cuando, al principio de 1916, el Sionismo todavía espera que el Kaiser obtendrá para los judíos el territorio de Palestina y Wilson hace tentativas para obtener la paz (una "pax germanica") y Londres y Paris ni siquiera se dignan responder a sus propuestas, Wilson exclamará que "ingleses y franceses hacen gala de una exasperante malafé".[3] Por otra parte, la Gran Prensa americana cambió bruscamente de orientación a partir del Acuerdo de Londres; la propaganda aliadófila alcanzó grados de delirante apología y las provocaciones antialemañas se multiplicaron al mismo tiempo que se organizaba la masiva ayuda norteamericana a Inglaterra. Finalmente, en Abril de 1917, y tomando como pretexto el hundimiento del transatlántico "Lusitania", que iba armado y cargado de municiones con destino a Inglaterra, el Gobierno de los Estados Unidos declaró la guerra a Alemania. En realidad, no era más que un burdo pretexto pues, al fin y al cabo, el Lusitania fue hundido en febrero de 1915 y los Estados Unidos declararon la guerra en Abril de 1917, veintiséis meses más tarde.[4]

El pueblo alemán no tuvo conocimiento de esa traición de quien se suponía un viejo y fiel aliado hasta el año 1919, en plena Conferencia de Paz de Versalles – el tratado que los alemanes de todos los matices políticos calificaron "Diktat" – cuando 117 dirigentes sionistas, casi todos ellos nacidos

---

[2] Elizabeth Dillings: "*Plot against Christianity*"; William Guy Carr "*Paws in the Game*"; Olivia Marie O'Grady: "*Beast of the Apocalypse*"; Michael F. Connors: "*The Development of Germanophobia*", etc...

[3] Georges Bonnet: "*Miracle de la France*".

[4] O. Garrison Willards: "*The true story of the Lusitania*".

en Alemania u oriundos de la misma, le reclamaron a Inglaterra el pago de su "libra de carne", es decir, la entrega de Palestina.

Hemos considerado necesario extendernos tal vez excesivamente en los antecedentes históricos que marcan la ruptura de la vieja alianza, al menos en términos de Política entre Alemania y el Movimiento Sionista, y transforman la amistad tradicional en profunda aversión. Dicha aversión iría en aumento a medida que se hacían patentes las duras cláusulas de paz impuestas a Alemania: pérdida de todas sus colonias; incautación de su Marina; amputaciones territoriales en la metrópoli y una tremenda contribución de guerra.

Es evidente que no se podía hacer cargar a los judíos alemanes con las culpas del Movimiento Sionista, a pesar de la representatividad que éste quisiera irrogarse. Pero también es evidente y comprensible que, en la postguerra, y en la crisis que siguió, se desarrollara en Alemania una corriente anti-judía. Los pueblos se mueven por sentimientos, por corrientes de simpatías y antipatías, y no por silogismos más o menos bien construidos.

Además, ciertos prohombres sionistas, en vez de guardar prudente silencio consideraron necesario estallar una absurda arrogancia. Así, por ejemplo, cuando Lord Melchett (a) Alfred Mond (a) Moritz, judío oriundo de Alemania y presidente del trust "Imperial Chemical Industries" declaró ante el Congreso Sionista, reunido en New York:

"Si yo ós hubiese dicho en 1913 que discutiéramos sobre la reconstrucción de un Hogar Nacional Judío en Palestina, me hubieseis tomado por un ocioso soñador; si os hubiese asegurado entonces que el archiduque austríaco seria asesinado y que, de todo lo que se derivaría de tal crimen surgiría la posibilidad, la oportunidad y la ocasión de crear un Hogar Nacional Judío en Palestina me hubierais tomado por loco. ¿Se os ha ocurrido alguna vez pensar cuán extraordinario es que de toda aquella confusión y de toda aquella sangre haya nacido nuestra oportunidad? ¿Creéis de veras que sólo es una casualidad todo esto que nos ha llevado otra vez a Israel?".[5]

O la frase lapidaria del israelita francés, oriundo de Alemania, Simon Klotz, cuando se discutía la cuantía de la contribución de guerra a imponer a Alemania: "Le boche payera tout" (El alemán lo pagará todo).

Otra causa que contribuyó poderosamente a deteriorar las relaciones entre alemanes y judíos fue la desproporcionadamente elevada cantidad de hebreos que tomaron parte en las llamadas "revoluciones sociales" que estallaron en Alemania en 1918; revueltas comunistas que minaron la moral del pueblo en momentos críticos de la contienda y contribuyeron a la derrota del país. Judío era el comisario del pueblo Hugo Haase líder de los "socialistas independientes", así como el abogado Karl Liebknecht y la escritora Rosa Luxemburg, jefes de la "Liga Espartaquista". Esta liga anunció, el 14 de Diciembre de 1918, que su finalidad era implantación del Comunismo en Alemania.

El Dr. Oskar Khon, Subsecretario de Justicia, recibía dinero del agente soviético Joffe, para la financiación de la revuelta comunista del 9 de Noviembre de 1918. Cuando Joffe, el Embajador soviético, debió abandonar Alemania al haberse descubierto sus actividades, fue substituido por otro correligionario suyo, Karl Radek (a) Sobelssohn, a cuyo cargo se encomendó la dirección de la propaganda comunista en Alemania. El punto culminante de la acción bolchevique se alcanzó en Munich. El agitador principal en la capital bávara era otro judío, Kurt Eisner quien, en el verano y el otoño de 1918, cuando el combate en el frente estaba en todo su apogeo, excitó a la huelga

---

[5] Jewish Chronicle, "diario judío" (9-11-28)

de los obreros de las fábricas de armas de Munich y quien organizó la revolución, instaurando en Baviera un "Tribunal Revolucionario"; Eisner se proclamó Presidente del Consejo de Baviera y en calidad de tal dirigió un llamamiento a todas las regiones de la Confederación Germánica, el 10 de Noviembre de 1918 que, en los Códigos Civiles y militares de cualquier pueblo seria considerado como alta traición. Secundaban a Eisner, compartiendo con él las tareas de gobierno una serie de literatos judíos, tales como Kurt Muhsam, Levine -Nissen, Levien, Gustav Landauer y Ernst Toller. Otro judío. Karl Kaustky, Subsecretario del Ministerio de Asuntos Exteriores del Reich, dió la máxima publicidad a todos los documentos que pasaban por sus manos y podían presentar matices más ensombrecedores, debilitando así la posición de Alemania en las negociaciones de paz. Le secundó en ese trabajo el influyente redactor jefe de la "Vossische Zeitung", su correligionario Georg Bernhard quien abogó con todas sus fuerzas por la firma del Tratado de Versalles que, desde el punto de vista alemán, representaba un verdadero atropello.

Aún después de firmado el tratado de paz, parece persistir una cierta fraternidad entre derrotismo, comunismo y judaísmo, o, al menos, determinados judíos. El "deus ex machina" de la propaganda comunista en Alemania era el israelita Willy Münzenberg, millonario propietario de periodicos de gran circulación, como "Illustrierte Arbeiter Zeitung", "Die Welt am Abend" y "Magazin für Alle". El "Socorro Rojo". otro instrumento comunista bajo capa de beneficiencia social, contaba entre sus fundadores con los judíos Arthur Holitscher, Alfons Goldchsmitd, Paul Ostreich, Einstein, Max Harden, Leonhardt Frank y el profesor Elzbacher. Los comandos de acción – los asesinos – que actuaban por cuenta del Partido Comunista Alemán habían sido fundados y organizados por otro judío, Hans Kippenberger, verdadero causante moral del asesinato de Horst Wessel, considerado por los nacionalsocialistas como su héroe nacional, en cuyo asesinato desempeñó además un importante papel la judía Else Cohn, organizadora del atentado.

Estos comandos llevaron a cabo una labor tan eficaz, que los nacionalsocialistas acusaron al Presidente de la Policía de Berlin, Grzesinski, hijo de judío y polaca, de propiciar solapadamente sus actividades. Por otra parte, cuando los miembros de los comandos caían en manos de la Justicia, eran defendidos con notorio éxito por el abogado judío Litten que, convicto de haber tratado de influir en los testigos de sus procesos, fue expulsado del Colegio de Abogados. Los comunistas orientaron sus principales esfuerzos a la infiltración en las escuelas y universidades. La "Karl Marx-Schule" (Escuela Carlos Marx) estaba dirigida por el judío Doctor Fritz Karsen (a) Krakauer, y había sido fundada por otro judío, el Profesor Lowenstein.

También les fue reprochado a los judíos que un miembro de su comunidad Magnus Hirschfeld, fuese patrocinador de la legalización de la Sodomía y su correlegionaria, la Doctora Kienle-Jacubowitz, del Aborto. Pero donde más se destacaron los judíos fue en la literatura bélica y post-bélica: Siegfred Jacobssohn, Kurt Tucholsky, Peter Panter, Ignaz Wrobel, Bernhard Citron, Theobald Tiger, Kaspar Hauser, Alfred Polgar, Fritz Sternberg, Rudolf Leonhardt, Hans Siemsen, Emil Ludwig, Thomas y Ludwig Mann, Remarque, Arnold Zweig y muchos más, todos ellos lanzaron acerbas críticas, durante y después de la guerra, contra todo lo alemán, y en especiañ contra el Ejército. Tucholsky llegó a escribir:

"Los militares son asesinos... Los voluntarios de 1914 murieron por una porqueria... El himno nacional es un mal verso, de poesía charlatana".[6] Otro motivo de crítica de muchos alemanes hacia su comunidad judía lo constiuía el predominio exagerado de ésta en determinados sectores primordiales de la vida de la nación. Así, por ejemplo, una comunidad que, como la Judía, representaba, numéricamente, entre el 0,5 y el 0,7 % (según las épocas) del total de la población, daba un porcentaje de 7,4 %

---

[6] Kurt Tucholsky: *"Deutschsland, Deutschsland, über alles"*.

entre los magistrados de todo el país, de ellos doce presidentes de Audiencias Territoriales y de Senados, 109 Magistrados de Tribunales Supremos y altos funcionarios de Audiencias Territoriales. En Berlin, en 1925, los médicos judíos totalizaban el 47,9 %; los abogados el 50,2 %; los farmacéuticos, el 32,2 %; los actores y directores de escena, el 13,5 %; los dentistas, el 37,5 %, los redactores de periódicos el 8,5 %. Los alemanes alegaban que esa preponderancia se había conseguido por medios desleales; los judíos, naturalmente, lo negaban. La misma discrepancia de puntos de vista se observaba con respecto a la afluencia de judíos en la escena política de Alemania, completamente desproporcionada con la población judía del país. En efecto ¿Qué ocurrió en el momento en que Alemania cambió de régimen, en 1919? en el Gabinete de los Seis, que ocupó el puesto del antiguo Gobierno Imperial, predominaba la influencia de los hebreos Landsberg y Haase; este último se ocupaba de los Asuntos Exteriores, asistido de su correlegionario Kautsky, un bohemio que un año antes ni siquiera poseía la nacionalidad alemana. El judío Schiffer dirigía el Ministerio de Hacienda, con otro judío, Bernstein, como Subsecretario. El Ministro de Gobernación era Preuss, y su Subsecretario, Freund. Otro judío, Fritz Max Cohen era el Jefe del Servicio Oficial de Información. A director del Negociado de Colonias ascendió el hebreo Meyer-Gerhard, y Kastenberg al de Letras y Artes.

En los gobiernos regionales la aportación judía era aún más desproporcionada con relación a su importancia numérica. En el prusiano, ocupaban carteras ministeriales los israelitas Hirsch, Rosenfeid, Futran (un ruso con ciudadanía alemana recientemente estrenada), Arndt, Simon, Wurm, Stadthagen y Cohen, este último Presidente del Consejo de Obreros y Soldados. El judío Ernst era Jefe de la Policía de Berlin, mientras el mismo cargo en Frankfurt y en Essen lo detentaban sus correlegionarios Sinzheimer y Lewy. En el Estado de Baviera, el omnipotente Eisner, que se autonombró; residente del Estado. puso a otro judío, Bretano, al frente de los Ministerios de Comercio. Industria y Tráfico. En Hesse, la máxima figura política era el hebreo Fulda, mientras en Wurtemberg ocupaban relevantes cargos Haiman y Taiheimer.

Dos plenipotenciarios alemanes en las Conferencias de la Paz eran judíos; los principales consejeros también lo eran, empezando por Rathenau y continuando con el banquero Max Warburg, el Doctor von Strauss, Merton, Oscar Oppenheimer, Struck, Brentano, Mendelssohn-Bartholdy y Wassermann. Según la opinión de los nacionalistas alemanes, los judíos nunca hubieran alcanzado tal posición sin la Revolución Marxista que se hizo estallar en el país en el momento critico de la 1 Guerra Mundial, y la Revolución, en cambio, no hubiese estallado son que ellos mismos la hubiesen preparado o própiciado. Según los portavoces de Judaísmo, tal acusación carecía de fundamento. Pero Mr. George Pitter-Wilson, corresponsal del periódico londinense "The Globe" escribió que

"... el bolchevismo significa la expropiación de todas las naciones cristianas, de manera que ningún capital permanecerá en manos cristianas y que los judíos en conjunto ejercerán el dominio del mundo a su antojo".[7]

Por desgracia para la comunidad judia alemana, el quesería apodado "Judas del pueblo alemán" resultó ser un hebreo, Maximilian Harden que con su publicación "Die Zukunft" hizo, durante veinte años, política en gran escala. Ningún otro político ha dado pruebas de mayor versatilidad de principios. Actuando, primero, como censor moralista del Imperio, dió, con sus escritos escandalosos, el golpe de gracia a la monarquía de los Hohenzollern. Durante la guerra mundial, y hasta el giro copernicano dado por el Congreso. Mundial Judío a su orientación política en 1917, fue el único verdadero anexionista de Alemania, que exigía como premio a la victoria nada menos que toda Bélgicá,

---

[7] George Pitter-Wilson: *"The Globe"*, Londres, Abril de 1918.

la costa francesa del Canal de la Mancha y el Congo Belga.[8] Luego al cambiar la política sionista, este "ultra" del anexionismo prusiano, se opuso a los nacionalistas alemanes que querian continuar la lucha y se convirtió en admirador declarado del Presidente Wilson. Una vez firmado el Armisticio de Compiégne atacó inesperadamente la resistencia nacional contra las onerosas condiciones de paz denominándolas "furia simulada y miserable harto de embustes".[9]

Una parte numéricamente importante del pueblo alemán hizo, al menos, parcialmente responsable a los judíos, o a una parte notable y representativa de la comunidad judía, alemana y extranjera, no tanto de la derrota de 1918 como de las inusitadamente duras condiciones de paz. Esto quedaría confirmado con una inaudita declaración del Ex-Primer Ministro Britanico, Lloyd-George, que manifestaría, años más tarde, ante una sorprendida Cámara de los Comunes:

"En 1917, el Ejército Francés se amotinaba, Italia está derrotada, Rusia muere por la Revolución y América aún no está luchando a nuestro lado...Repentinamente nos llega la información de que es de una importancia vital para los Aliados conseguir el apoyo de la comunidad mundial judía...".[10]

Es preciso hacer constar que Lloyd-George no era, ciertamente un antisemita que buscara desprestigiar a los judíos o crearles dificultades; es más, durante varios años fue abogado del Movimiento Sionista de Inglaterra. Para agravar aún más el deterioro de las relaciones entre alemanes y judíos, en los procesos que se incoaron entre 1919 y 1930 contra acaparadores

---

[8] Maximilian Harden: *"Die Zukunft"*, Berlin, 17 de Octubre de 1914.

[9] Maximilian Harden: *"Die Zukunft"* Berlin, 4 Marzo 1919.

[10] David Lloyd-George, declaración ante la Cámara de los Comunes. Citado por Arthur Rogers en *"El Misterio del Estado de Israel"*, pag. 42.

"millonarios de guerra" y, en general, toda clase de delitos de estafa, diversos miembros de la comunidad israelita aparecieron con monótona regularidad en los lugares de honor (sic). Así, hombres como Sklarz, Barmat, Kasmarek, Parvus-Helphand, Kutisker, emigrantes recien llegados de los ghettos del Este de Europa. Jaques Meyer, dirigente de la Central de Compras Alemana en Holanda, que se enriqueció a costa de sus conciudadanos, Ludwig Katznellenbogen, director del mayor de los consorcios cerveceros de Alemania, condenado a prisión por malversación de fondos; los hermanos Fritz y Alfred Rotter, propietarios de un inmenso trust teatral, que huyeron a Francia antes de ser procesados. Todo esto puede ser calificado de "anecdótico", e incluso de "poco representativo". Pero lo que, según muchos alemanes – no necesariamente nazis – era verdaderamente representativo es que jamás, en ningún caso. ningún judío prominente, de algún peso específico dentro de la comunidad, alzó su voz para condenar a sus correlegionarios. Esto fue interpretado como una aprobación tácita de su conducta. Esa condena hubiera sido muy útil, aún cuando sólo hubiera servido para contrarestar las campañas anti-alemanas que otros judíos, particularmente desde Francia y los Estados Unidos, desencadenaron entonces, con notoria falta de oportunidad, varios años antes de la llegada de Hitler al poder. Incluso en la propia Alemania, el judío Weiszman Secretario de Estado de Prusia, intervino a favor del convicto estafador Sklarz, destituyendo al fiscal.

La desproporcionada participación de la comunidad judía en la delincuencia alemana fue atestiguada por el escritor hebreo Ruppin quien, a base del manejo de las estadísticas llega a un resultado mucho mayor de criminalidad judía para delitos comerciales a los que puedan corresponderle en relación a la participación hebrea en el comercio. Según ese autor, los judíos eran trece veces más numerosos que los no judíos, atendiendo a las respectivas cifras de población, en los delitos de especulación ilícita y usura; nueve veces más én los de quiebra fraudulenta y cinco veces más en los de encubrimiento y complicidad.[11] Comprobaciones similares hace el israelita Wassermann, en las que demuestra que la criminalidad de los judíos en el año 1900, y en lo que se refiere a la quiebra simple fue diecisiete veces mayor para las quiebras fraudulentas. Tales cifras las obtuvo tomando expresamente en consideración la participación porcentual en las profesiones comerciales.[12] No debe omitirse la participación judaica en determinados delitos especialmente vituperables, como el contrabando de drogas y la pornografía. El organismo oficial "Central para la lucha contra el uso de estupefacientes" comprobó que en el año 1921, de los 232 traficantes internacionales de estupefacientes, 69, es decir, el 26 por ciento, eran judíos. Teniendo en cuenta que la comunidad judía representaba aproximadamente el 0,7 por ciento de la población total de Alemania en aquella época, resulta que su participación en tal tipo de delitos era treinta y siete veces mayor de lo normal. En 1933, la participación israelita aumentó hasta un 30 por ciento. El ya citado Ruppin confiesa: "El hecho de que los israelitas habiten generalmente las ciudades tiene como consecuencia el que se les coja sobre todo en los delitos afectos a las grandes urbes, como alcahuetería y complicidad en la prostitución.[13] Desde el Edicto de Emancipación, en 1812, hasta 1933, en que el pueblo alemán, democráticamente, manda al Nacional Socialismo al poder, se ha ido produciendo un cambio total. El matrimonio judeo-germánico se ha roto.

---

[11] Max Ruppin: "*Die Juden den Gegenwart*".
[12] Jakob Wassermann: "*Beruf, Konfession und Verbrechen*".
[13] Max Ruppin, *ibid*.

EL PROGRAMA RACIAL NACIONAL SOCIALISTA

El 30 de Enero de 1933, el Partido Nacional Socialista Obrero Alemán, encabezado por Adolf Hitler, subía al poder, merced a una victória en las urnas.

Aparte de los otros puntos programáticos del N.S.D.A.P., liberación de las cadenas de Versalles, reforma financiera, reforma agraria, superación de la lucha de clases y creación de una colectividad nacional, igualdad de derechos para Alemania, lucha contra la delincuencia y el parasitismo y promoción de las ciencias y las artes, había uno, concreto que atrajo especialmente la atención: el que se refería a la eliminación de los judíos de la dirección política del país.

El denominado antisemitismo no es. como algunos han pretendido hacer creer post mortem, una invención de Hitler. Ese es un problema tan añejo como la propia historia del pueblo judío, a lo largo de todo su deambular por el mundo. La Iglesia Católica – veintinueve de cuyos Papas dictaron cincuenta y siete bulas, edictos y decretos antijudíos[14] – participó tanto en la persecución (versión judía) o en la defensa (versión cristiana) contra los israelitas como Martin Lutero que escribió el folleto titulado *"De los Judíos y sus Mentiras"*. Todos los pueblos, en uno u otro momento de su historia, tomaron amparándose en diversos motivos, razones o pretextos, medidas contra las comunidades judías que, habiendo inmigrado en el país, se mantenían voluntariamente segregados y participaban de los ideales e inquietudes de los

---

[14] Véase *"The Jewish Problem as dealt with by the Popes"*, publicado por la Britons Publishing Society, 1953.

autóctonos. En numerosas ocasiones incluso, la chusma se había desmandado, dando lugar a horrorosas e inexcusables matanzas. Esta clase de abusos eran especialmente frecuentes en el Este Europeo, en Polonia y Rusia, hasta en punto de que la palabra "Pogrom", que en ruso significa "devastación" o, "tumulto" llegó a ser intencionalmente asimilada a "matanzas de judíos". Precisamente a causa de estos "pogroms", que entre 1881 y 1917 alcanzaron una virulencia inusitada, los hebreos rusos y polacos emigraron en gran número a Alemania. Ya hemos tratado, en el epígrafe precedente, de la progresiva degradación de las relaciones entre la población autóctona y la comunidad judía en Alemania. Este éxodo masivo contribuirá en gran manera a empeorar aún más la situación. Cuando los nazis llegan al poder, en el Parlamento se sientan ya seis diputados antisemitas no nazis. Estos, por su parte, pronto evidencian que se hallan dispuestos a poner en práctica, integramente. los veinticinco puntos de su programa hechos públicos trece años atrás, concretamente el 25 de Febrero de 1920, en una asamblea en el Hofbrauhaus, en Munich.

El punto 4º especificaba. bien claramente:

"Sólo puede ser ciudadano el que sea miembro del pueblo. Miembro del pueblo sólo puede serlo el que tenga sangre alemana, independientemente de su confesión religiosa. Ningún judío puede, por consiguiente, ser miembro del pueblo".

El punto 5º aseveraba:

"El que no es ciudadano, sólo puede vivir como huésped en Alemania y debe estar sometido a la legislación de extranjeros", mientras el 6o deducía: "El derecho a determinar la conducción y las leyes del Estado ha de ser privativo del ciudadano. Por eso exigimos que todo cargo publico... sólo pueda ser desempeñado por ciudadanos".

El punto 7°, continuando por el mismo sendero, afirmaba:

"Exigimos que el Estado se comprometa a asegurar en primer término, la subsistencia y el poder adquisitivo de los ciudadanos. Si no es posible alimentar la población total del Estado, entonces los miembros de naciones extranjeras – no ciudadanos – deberán abandonar el Reich".

El punto 8° recomendaba que los no-arios que inmigraron a Alemania después del 2 de Agosto de 1914 fueran obligados a abandonar inmediatamente el Reich. En el punto 23° se prohibía a los no-ciudadanos (a los judíos, en la práctica) ser editores o colaboradores en periódicos publicados en idioma aleman. También se prohibía a los no-ciudadanos toda participación financiera en periódicos alemanes. Finalmente, en el punto 24°, tras afirmar que "el partido defiende el punto de vista de un Cristianismo positivo, sin atarse confesionalmente a una doctrina determinada", se remacha: "Combatimos el espíritu judeo- materialista dentro y fuera de nosotros..." Como se ve, el programa nazi, sin eufemismos de ninguna clase, y con una claridad que algunos juzgaron impolítica, propugnaba, prácticamente la eliminación de los judíos en la vida política y administrativa del país. La procedencia o imporcedencia de los puntos programáticos antijudíos del NSDAP, democráticamente llevado al poder por la mayoría – guste o no – del Pueblo Alemán, podrán ser discutidas, pero lo que no podrá afirmarse es que constituyan una novedad en la Historia. En todas las épocas, y en la actualidad, numerosos paises discriminan en la teoria y en la práctica, contra determinados sectores de su población en razón de su pertenencia a ciertos grupos raciales, políticos o religiosos. En 1933, cuando el programa nacionalsocialista empezó a ser puesto en práctica en los Estados Unidos deAmérica, donde los judíos gozaban de la plenitud de los derechos civiles, los negros – cuyo porcentaje con respecto a la población total quintuplicaba el de los judíos de Alemania – carecían de ellos, mientras los indios americanos, supervivientes del mayor genocidio organizado que registra la

Historia, estaban aparcados en reservas para satisfacción de la curiosidad turística. En Inglaterra, Madre de las Democracias, un divorciado veía como una parte de sus derechos eran limitados, hasta el extremo de que Eduardo VIII debia abdicar de la Corona deInglaterra por haberse casado con Mrs. Simpson, una divorciada. En el Dominio de la Unión Sudafricana se discriminaba contra los negros y en el de la Unión India existía una complicada organización de castas que equiparaba casi, a las bestias, a treinta millones de parias. Finalmente, un católico no podía, constitucionalmente, ser Rey ni Primer Ministro de tan admirada democracia como la británica. Hoy en día podríamos citar casos de discriminación, de hecho o de derecho, contra sectores de población numéricamente mucha más importantes que la comunidad judía en Alemania. El más aleccionador de todos nos parece el caso del Estado de Israel que engloba casi tres cuartos de millón de árabes en Cisjordania y en la zona de Gaza; esos árabes no son inmigrados recientes, como la mayor parte de los judíos alemanes en 1933, sino que llevan varias generaciones viviendo en Palestina, pero carecen de los más elementales derechos políticos. Se arguira que pueden ser elegidos e incluso miembros del Parlamento, pero se omitira que no pueden ostentar cargos gubernamentales y que no tienen voz ni voto en la política del país: un pais cuya ciudadania solo puede ser ostentada por personas cuya madre fuera judía.[15]

Las muy criticadas "Rassenschutz Gesetz" (Leyes Raciales de

---

[15] La revista *Time* de 12 de Febrero de 1965 menciona el caso de Rita Eitani, una judía que llegó a Palestina en 1947, estuvo en un kibbutz, sirvio en el ejército isrealí, educó a su hijo y a su hija como judíos, y. aún cuando no fuera creyente, celebró las principales fiestas del Judaísmo en su casa... Pero no era suficientemente judía para el Ministro del Interior de Israel. A pesar de que el padre de la Señora Eitani fue un judío polaco. su madre era una protestante alemana, y según la Halacha (la Ley judía) sólo es judío aquel cuya madre es judía, o un convertido a la Fe. a condición de que su padre sea judío. De manera que la Señora Eitani no pudo permanecer en Israel (N. del A).

Nuremberg) no fueron tan drásticas como las actuales leyes raciales imperantes en el Estado de Israel. Por ejemplo, en Alemania, el individuo que tuviéra tres abuelos arios sólo podía contraer matrimonio con persona aria, y el que tuviera tres abuelos judíos, o no arios, sólo podía casarse con no arios. Las personas con sólo dos abuelos arios podían casarse con individuos de diferente grupo si obtenían la consiguiente autorización del Estado. No vamos a emitir un juicio de valor sobre tales medidas; nos limitaremos a hacer constar que en la actualidad, en el Estado de Israel, sólo se consideran ciudadanos judíos los hijos de madre judía; los matrimonios con no judíos estan prohibidos tanto por la ley civil como por la religiosa. Y los no judíos no estan autorizados a residir permanentemente en el país. Como se verá, en el aspecto racial, la politica del Estado de Israel, es una reedición, corregida y aumentada. aunque en sentido contrario, de la del III Reich.[16]

Una parte del Judaismo Aleman publicó un manifiesto en favor del régimen nacionalsocialista, en el cual se decia:

"Nosotros, miembros de la Asociacion de Judíos Nacionales Alemanes, fundada, en el año 1921, hemos colocado siempre. en la guerra y en la paz, el bienestar del pueblo alemán, nuestra patria. con lo cual nos sentimos entrañablemente unidos. por encima de nuestros intereses

---

[16] La revista norteamericana *"White Power"* (Vol. VII, no 5) cita el caso de un joven judío de 17 años que violó a una muchacha inglesa de 21 años. La joven había estado trabajando en un kibbutz cerca del Mar Muerto cuando fue atacada. La acusación contra el joven judío, sin embargo, se derrumbó después de que dicho joven citó dos preceptos del Talmud para justificar su acción: "Un judío puede violar a una no-judia, pero no casarse con ella". (Cad. Shas, 2:2). "Un judío puede hacer a una no-judía lo que quiera. Puede tratarla como un pedazo de carne". (Nadarine, 206; Shulshan Aruch, Choszen Hanniszpat 348). El juez, al absolver al joven violador observó que no estaba dispuesto a ejecutar una decisión que puediera afectar adversamente los fundamentos morales y religiosos del Estado israeli. (N. del A.)

personales Por este motivo hemos saludado el alzamiento nacional de Enero de 1933. a pesar de habernos ocasionado ciertos perjuicios, porque hemos visto en el el unico medio para eliminar los daños causados durante catorce años por elementos antialemanes".

Pero en su discurso del 1 de Abril de 1933. Goebbels repuso que hubiera sido mucho más util y creible que tal declaracion de simpatia al Nazismo, o, simplemente, de adhesión a Alemania, la hubiera hecho, dicha Asociación de Judíos Nacionales Alemanes, antes de las elecciones del 30 de Enero, en el curso de los catorce años en que los aludidos "elementos antialemanes". cuyo núcleo lo constituian precisamente los judíos, tantos daños causaron al pais. Anunció Goebbels la puesta en marcha de. las medidas tendentes a eliminar la desmesurada influencia judía" en los asuntos alemanes e incitó a sus compatriotas a que boicotearan los comercios judíos y "compraran aleman".[17]

El bando judío devolvio el golpe. Las grandes agencias de noticias internacionales. en las que la influencia de judíos. sionistas o no, era muy grande, por no decir determinante, desplegaron una campaña contra Alemania, parangonable a la que las mismas agencias desencadenaron desde 1917, a partir del Acuerdo de Londres, hasta la conclusión del Tratado de Versalles. Empezáron a aparecer, con toda seriedad, espeluznantes relatos de amputación de miembros a judíos, de violaciones de muchachas judias, y de ojos arrancados de sus órbitas. Naturalmente, tales relatos sólo aparecían en determinado tipo de publicaciones, pero no por ello dejaban de surtir su efecto en amplios sectores de la llamada opinión pública. Pero en publicaciones con reputación de objetivas aparecieron críticas más razonables pero no por ello menos adversas a Alemania y su régimen. Otra vez escritores hebreos estuvieron en vanguardia de la campaña periodística: Bertoldt Brecht, Remarque, Heinrich y Thomas Mann, Franz Werfel, Ernst Lissauer, Arnold

---

[17] "*Völkischer Beobachter*": 2.IV- 1933.

Zweig son las autoridades que se citan en Francia como demostracion del aserto de que el pueblo alemán no es más que un hato de fanaticos sedientos de venganza y animados de los más bajos instintos.

La situación se irá agravando a medida que las medidas antijudias nazis se iran poniendo en práctica. No óbstante. conviene tener muy en cuenta que la campaña exterior de los judíos contra Alemania empezó ya antes de la subida de Hitler al poder. No se puede soslayar el hecho de que el Judaismo – o si se prefiere, el movimiento político internacional, que se suele llamar Sionismo, y que se irroga la representación de los judíos, con abstracción de sus patrias de nacimiento – habia declarado la guerra politico – económica a Alemania con anterioridad a la victoria electoral hitieriana. Ya en 1932 el diario "New York Times", propiedad de judíos y editado por judíos, publicaba anuncios a toda página: "Boicoteemos a la Alemania antisemita!". El bien conocido sionista Samuel Fried escribió, también en 1932:

"La gente no debe temer la restauración del poderío militar alemán. Nosotros, judíos, aplastaremos todo intento que se haga en este sentido y, si persiste el peligro, destruiremos esa odiada nación y la desmembraremos".

El 12 de Febrero de 1933, otro israelita, Henry Morgenthau, Secretario del Tesoro de los Estados Unidos, declaró que "América acaba de entrar en la primera fase de la Segunda Guerra Mundial".[18] Observemos que sólo habían transcurrido doce dias desde la victoria electoral de los nazis y que aún no se habian tomado medidas contra los judíos alemanes. Observemos, también, que Morgenthau involucra a "América" por algo que va a sucederles a correligionarios suyos, de nacionalidad alemana. Cinco días después, el Rabino Stephen Wise, miembro prominente del "Brain Trust", camarilla de

---

[18] Según el "Portland Journal", de 13-2-1933.

consejeros del Presidente Roosevelt anunció, por la radio la "guerra judía contra Alemania".[19] Por su parte, el editor del "New Morning Freiheit", un periódico comunista escrito en yiddisch, dirigió un llamamiento a los judíos del mundo entero para unirles en la lucha contra el Nazismo. Estas manifestaciones causaron en Alemania un efecto que es de suponer, especialmente la alusión de Morgenthau a una "Segunda Guerra Mundial", en 1933.[20]

Mientras tanto, en Alemania se empiezan a aplicar medidas discriminatorias contra los judíos. En realidad, esas medidas sólo pueden ser calificadas de discriminatorias si se considera a los judíos alemanes como ciudadanos del Reich; no pueden, aún, ser calificadas como tales si se les considera como extranjeros. En ningún país del mundo pueden los extranjeros ocupar cargos públicos; determinadas profesiones les están vetadas y otras limitadas por un "numerus clausus". Según la Gran Prensa norteamericana la limitación de los derechos civiles a los judíos alemanes era un atentado contra

---

[19] Robert Edward Edmondson: "*I Testify*".

[20] El apellido de Morgenthau era particularmente detestado en Alemania. El padre de Henry Morgenthau, Jr., fue Embajador de los Estados Unidos en Turquía en el transcurso de la Primera Guerra Mundial, y de una declaración jurada suya salió la tesis, oficializada en el Tratado de Versalles y plasmada en el infamante Artículo 231, de la culpabilidad exclusiva de Alemania en el desencadenamiento de aquella guerra. Según Morgenthau Sr., el 5 de Julio de 1914 se reunieron en Postdam tres docenas de banqueros, industriales, políticos y militares alemanes con el Kaiser, para ultimar los preparativos de la guerra inminente. No obstante, esa reunión nunca tuvo lugar, por la sencilla razón de que las personas que se pretendió tomaron parte en ella, se encontraban en otros lugares en esa fecha. A pesar de haberse probado hasta la saciedad que el libelo de Morgenthau era una farsa absóluta, la comisión Lansing lo presentó triunfalmente en Versalles como "prueba" de la culpabilidad unilateral de Alemania. Tratan exhaustivamente ese tema, entre otros, los escritores norteamericanos Harry Elmer Barnes, en "*Blasting the Historical Blackout*" y Charles Callan Tansill, en "*Back Door to War*", y el inglés Francis Neilson, en "*How Diplomats Make War*". (N. del A.).

los derechos humanos; esa misma Prensa no demostraba igual sensibilidad con respecto a la limitación de los derechos civiles de los autóctonos irlandeses... en Irlanda, impuesta porlos ingleses. Y tengamos en cuenta que la población de orígen irlandés es, numéricamente, muy superior a la de orígen judío, en los Estados Unidos.

Los judíos eran expulsados de la vida política y administrativa del Reich. También les era vetada toda actividad relacionada con la prensa. Se estableció un "numerus clausus" que regulaba la participacion judia en la abogacia. jueces, abogados o médicos judíos que fueron combatientes en 1914-18 quedaban, de momento, excluidos de estas medidas. En 1935, dos años después de su aplicación, la participación de los judíos en la profesión de abogado bajo. en Alemania, de un 29,7 por ciento a un 20,6 por ciento, aunque en la capital, Berlin, el porcentaje de judíos ejerciendo la profesión de abogado llegaba a un 39 por ciento, cuando sólo un 1 por ciento de berlineses eran judíos.

Los judíos fueron expulsados del Ejército. Los militares de origen israelita que hubieran participado en la Primera Guerra Mundial se retiraban con una pensión equivalente a su paga integra. Los mismos derechos les eran reconocidos a sus hijos. Los militares o funcionarios públicos que no hubieran tomado parte en la guerra, sirviendo en el Ejército Alemán, eran retirados de sus cargos, cobrando la indemnización que reglamentariamente les córrespondiera.

Algunos judíos – no la mayoría – interpretaron estas primeras medidas discriminatorias contra los judeo-alemanes como una verdadera exterminación. En Austria se publicó un libro de propaganda anti-alemana[21], escrito por Leon Feuchtwanger, el autor del famoso libro "El judío Suss", en

---

[21] *Der Gelbe Fieck: Die Ausrottung von 500.000 deutschen Juden*, por Leon Feuchtwanger, 1936.

el qué lás medidas administrativas internas del Reich contra su población de origen israelita eran descritas como "exterminación de la judería alemana". El hecho de que en Dachau, uno de los primeros campos de concentración instalados en el Reich hubieran, en 1936, cien internados judíos pertenecientes al Partido Comunista, fue descrito por Feuchtwanger como una tentativa de las autoridades alemanas de dejar morir a aquellos detenidos, a causa de malos tratos y sub-alimentación. En realidad, sesenta de esos cien internados ya habían ingresado en el campo de Dachau en 1933. Todos ellos, en calidad de comunistas, y no de judíos; junto a estos convivian los marxistas racialmente arios. También habia judíos comunistas en Sachsenhausen, y esto desde mediados de 1933, pero no representaban ni la décima parte del total de los detenidos. Otro libro escrito poco después de la llegada de los nazis al poder por el comunista, de raza judia, Hans Beimler, que posteriormente mandaria una brigada internacional en la Guerra Civil Española, aseguraba que el campo de Dachau era un campo de exterminación; tal pretensión era incluso sostenida por el propio titulo del libro.[22] No obstante, el propio Beimler admite en su libro que él fue detenido por pertenecer al Partido Comunista[23] y que fue liberado, y posteriormente expulsado de Alemania, al cabo de sólo un mes de permanecer en Dachau. Incluso la Acusacion Publica en el proceso de Nuremberg afirmó que Dachau se convirtió en un campo de exterminio sólo a partir de 1942. Los campos de concentración en la Pre.Guerra servían para el internamiento de oponentes politicos de extrema izquierda – especialmente socialistas y comunistas de todas las tendencias – siendo la proporción de judíos muy exagerada con relación a su porcentaje en la población total del país, pero normal si se tiene

---

[22] Hans Beimler: *"Four Weeks in the Hands of Hitler's Hell-Hounds: The Nazi Murder Camp of Dachau"* (Cuatro semanas en poder de los perros infernales de Hitler: el Campo de asesinatos nazi de Dachau). Nueva York, Oct. 1933.

[23] El regimen comunista de Alemania Oriental concede anualmente un "Premio Hans Beimler" por servicios rendidos a la Causa Comunista (N. del A.).

en cuenta el gran número de judíos que pululaban en las organizaciones ultra-izquierdistas. y muy especialmente en el Partido Comunista. Mientras, por citar un ejemplo que nos parece revelador, en los campos de concentración sovieticos de Siberia y del Circulo Polar Artico habia, según los cálculos más prudentes, de seis a ocho millones de internados, el escritor e historiador hebreo antinazi Reitlinger sostiene que, entre 1934 y 1938, el número de detenidos en campos de concentración raramente pasó de 20.000 en toda Alemania, de los cuales el numero de judíos nunca sobrepasó los 3.000.[24]

La filosofía de las medidas antijudias de Hitler se basaba, en definitiva en la constatación de que la comunidad hebrea constituía un cuerpo halógeno, desinteresado de los avatares de la nación, cuando no hostil a los mismos; un estado dentro del estado, es decir, politicamente hablando, un parásito. En realidad, antes de Hitler habían sido ya muchísimos los que habían sustentado ideas antijudias, y justamente en las generaciones inmediatamente anteriores, desde Wagner (que escribió un libro antijudío titulado "El Judaismo en la Música") hasta Liszt, pasando por Bismarck, Fichte, Grillparzer, Hebbel, Hegel, Kant, Schoppenhauer, Mommsen, Nietzsche, Schiller, Spengler, Luddendorff, la aversión a la influencia judía es indiscutible. Tal aversión no es específicamente alemana ni se circunscribe a los siglos XIX y XX. Al doble juego judío, consistente en recabar todos los derechos de los ciudadanos de un país sin participar en las obligaciones de los mismos, se han opuesto, con frases contundentes, que no dejan el menor resquicio a la duda, grandes hombres de todas las épocas y de todas las naciones: Jorge Washington, Benjamín Franklin, Mahoma, Voltaire, Lope de Vega, Victor Hugo. Gracián, Napoleón, Ortega y Gasset, Cicerón, Pascal, Papini, Beethoven, Giordano Bruno, Shakespeare, Cervantes, Quevedo, Lutero...[25] Incluso en el Evangelio

---

[24] Gerald Reitlinger: *"The SS: Alibi of a Nation"*, pág 253.

[25] Vease *"150 Genios opinan sobre los judíos"*. Recopilación Antológica de Ediciones Bau, Barcelona 1974.

de San Juan se cita (8, 31.47) una diatriba de Jesucristo contra los fariseos (los sionistas de la época) de una violencia que no superó jamás ni siquiera el Doctor Goebbels.

Pero es que, además, esa filosofía según la cual los judíos no eran alemanes no era exclusivamente sustentada por los nazis, sino que de la misma participaban los propios judíos, tanto de Alemania como de cualquier otro país. Los judíos siempre han reclamado los derechos de ciudadanía para conseguir todo lo que de ello se deriva, para disfrutar de la proteccion de las instituciones públicas con objeto de extraer del pueblo que les ha dado hospitalidad todo el provecho material y moral que pueda resultar de sus actividades. Pero al mismo tiempo han reservado su lealtad a otra nacion, a otra bandera, a otra organización, a otros líderes internacionales, al Sionismo, formando un estado dentro del estado. Ejemplos: El Doctor Chaim Weizmann, un marxista nacido en Rusia, que llegaría a ser el primer Presidente del Estado de Israel, escribió: "Somos judíos y nada más. Una nación dentro de otra nación".[26]

El escritor judeoalemán Ludwig Lewisohn, por su parte, aseguraba: "Un judío es siempre un judío. La asimilación es imposible, porque nosotros no podemos cambiar nuestro carácter nacional".[27]

El rabino Stephen Wise, figura prominente del Judaísmo y uno de los hombres que más trabajó para que estallara la guerra de 1939, como más adelante veremos, declaró en una ocasión: "El judío miente cuando jura obediencia a otra fé, y se convierte en un peligro para el mundo".[28]

Leo N. Levy, presidente electo de la prominente sociedad judeo-americána

---

[26] Chaim Weizmann: "*Great Britain, Palestine and the Jews*"
[27] Ludwig Lewisohn: "*Israel*".
[28] Stephen Wise: "*New York Herald Tribune*", 2-III-1920.

"Bnai Brith, manifestó: "No es verdad que los judíos sean sólo judíos por su religión. Un esquimal, un indio americano, podrían conscientemente adoptar cada dogma de la religión judía, pero nadie que reflexionara por un momento les clasificaría como judíos. ¿Quién puede decir que los judíos sólo son una religión? Los judíos son una raza. Un creyente de la fe judía no se convierte en judío por este hecho. En cambio, un judío de nacimiento sigue siendo judío aunque haya abandonado su religión".

Louis Brandeis. que llegó a Presidente del Tribunal Supremo de los Estados Unidos definió el hecho de la nacionalidad judía en los siguientes terminos:

"Reconozcamos que nosotros los judíos somos una nación distinta en la cual cada judío es un miembro a parte, cualquiera que sea su país de origen".

Podriamos extendernos citando a centenares de judíos empeñados en darle anticipadamente – y también a posteriori – razón a Hitler. Nos limitaremos, como colofón, a citar al judeo-húngaro Max Nordau, quien, sin ambages, proclamaba: "No somos alemanes, ni ingleses ni franceses. Somos judíos. Vuestra mentalidad cristiana no es la nuestra".

ORGANIZACIÓN DEL BOICOT CONTRA ALEMANIA

En el verano de 1933, se reunió en Holanda una "Conferencia Judía Internacional del Boycot contra Alemania", presidida por el famoso sionista Samuel Untermeyer, que también ostentaba el cargo de la presidencia de la "Federación Mundial Económica Judía" y era miembro del "Brain Trust" de Roosevelt, y acordó el boycot contra Alemania y contra las empresas de otros paises que comerciaran con Alemania. A su regreso a los Estados Unidos Untermeyer declaró, en nombre de los organismos que representaba, la "guerra santa" a Alemania. Unos meses después, el mismo Untermeyer fundó otra entidad, la "Non Sectarian Boycott League of America", cuya misión era vigilar a los americanos que comerciaban con Alemania. En Enero de 1934, Jabotinsky, el fundador del titulado "Sionismo Revisionista", escribió en la revista "Nacha Recht": La lucha contra Alemania ha sido llevada a cabo desde hace varios meses por cada comunidad, conferencia y organización comercial judía en todo el mundo. Vamos a desencadenar una guerra espiritual y material en todo el mundo contra Alemania". A principios de 1934 se fundó en Inglaterra el titulado "Consejo Representativo Judío para el boycot de los bienes y servicios alemanes", entidad cuyo objeto consistía en hacer el vacio comercial a las firmas británicas que trabajaran con Alemania. Con la misma finalidad, extendida a todo el Imperio Británico, los judíos ingleses Lord Melchett y Lord Nathan, crearon la "Joint Council of Trades and Industries", que fue eficacisima en la lucha económica contra el Reich. También se fundaron una "Women's Shoppers League", que boicoteaba especialmente los productos agrícolas alemanes y una "British Boycott Organization", dirigida por el hebreo capitán Webber, que organizaba la guerra económica en paises en que predominaba la influencia politica inglesa. En Francia, las campañas periodísticas desatadas por numerosos y prominentes judíos contra Alemania superaron en acritud las de otros paises, pero en cambio no hubo un boycot sistemático contra el comercio con Alemania. No obstante, el 3 de Abril de 1933, el "Comité Francés del Congreso Mundial Judío", la L.I.C.A. (Liga Internacional contra el Antisemitismo), la "Asociación de Antiguos Combatientes Voluntarios Judíos" y el "Comité de Defensa de los Judíos Perseguidos en Alemania", mandaron un telegrama a Hitler anunciando el boycot de los productos alemanes en Francia y en el Imperio colonial francés. El Gobierno francés, en el que predominaba la influencia de los israelitas Leon Blum y Georges Mandel (a) Rotschild, no tomó ninguna medida contra esos judíos a pesar de que, al atacar a una potencia extranjera con la que Francia mantenía realciones diplomáticas normales, se situaban al margen de la ley.

La reacción que provocaron estas campañas fue muy fuerte. El gobierno del Reich empezó, en 1934, a tomar medidas que favorecieran la emigración de judíos a otros paises. En esa época el gobierno compraba negocios de los judíos que voluntariamente preferían emigrar. Una cantidad de judíos difícil de evaluar correctamente emigró a otros paises. Se empezó a pensar en la isla de Madagascar, entonces colonia francesa, como futuro hogar de los judíos; se especuló con la idea de que allí se concentrarían no sólo los judíos procedentes de Alemania sino también los israelitas ortódoxos procedentes de otros paises. La idea no era nueva. El padre del moderno Sionismo político, Theodor Herzl, ya formuló, a finales del siglo XIX, la posibilidad de un Hogar Nacional Judío en Madagascar, o en Uganda. Para Herzl el lugar ideal era Palestina, pero comprendía, y en eso coincidía con los políticos del III Reich, que ello originaría interminables conflictos con la población árabe autóctona.[29] Para los jerarcas nazis parecía más sencillo obtener la aquiescencia francesa a un núcleo judío en Madagascar que el proyecto palestino; no en vano había

---

[29] Theodor Herzl: "*A Jewish State*".

numerosos políticos judíos influyentes en la III República.

Pero, oficialmente, Alemania no presentó el "Plan Madagascar" hasta 1938, formulado, en sus trazos generales, por el Ministro de Finanzas, Hjalmar Schacht. Aconsejado favorablemente por Göring, Hitler envió a Schacht a Londres para que discutiera la propuesta con representantes sionistas. El sionismo, pese a la Declaración Balfour. no había logrado la implantación de un verdadero Hogar Nacional para los judíos en Palestina, debido a la lógica resistencia de los árabes autóctonos, y determinados líderes sionistas no veían con disgusto la puesta en práctica del "Plan Madagascar". Schacht se entrevistó con dos representantes del Sionismo, Lord Bearsted. por la Judería Inglesa, y Mr. Rublee, de Nueva York. La propuesta alemana era que los capitales judíos en Alemania fueran congelados como garantía de un préstamo internacional para costear la emigración judía a Madagascar. Mr Rublee y Lord Bearsted desecharon Madagascar, y aceptaron el resto de la propuesta. Sugerían, como emplazamiento del Hogar Nacional Judío, Palestina.[30] Schacht informó a Hitler sobre las negociaciones, en Berchtesgaden el 2 de Enero de 1939; pero el plan fracasó debido a la negativa inglesa a aceptar Palestina como sede de los judíos, en una escala superior a la prevista por la Declaración Balfour, que Inglaterra incumplió clamorosamente, engañando simultáneamente a árabes y judíos.[31]

Es preciso hacer constar, empero. que Alemania no fue la primera en presentar un "Plan Madagascar" para los judíos. Fue el gobierno polaco quien tuvo, oficialmente, la iniciativa de proponer a la antigua Isla de los Piratas como hogar de los judíos oriundos de Polonia. y en 1937 envió a la Misión Michael Lepecki, acompañada de representantes judíos, para que estudiara

---

[30] Gerald Reitlinger: "*The Final Solution*", pág. 20.

[31] En ocasión del acuerdo Sykes-Picot según reconoció el propio Primer Ministro británico, Ramsey Mc Donald, en 1923. (N. del A.).

el problema sobre el terreno.[32]

En vista de que Madagascar no era, finalmente, aceptado por los circulos dirigentes del Sionismo, e Inglaterra ponia mil trabas a la solucion palestina, se hicieron otras tentativas para promocionar la emigración de los judíos a otros paises europeos. A tal efecto se reunieron en Envian, en 1938, representantes alemanes y sionistas. Aquéllos insistieron en el "Plan Madagascar", pero los sionistas lo rechazaron resueltamente. A principios de 1939, un alto funcionario del Ministerio de Asuntos Exteriores del Reich, Helmuth Wohltat, se trasladó a Londres para proponer a sus colegas del "Foreign Office" una emigracion limitada de los judíos que aun quedaban en Alemania a la Guayana Británica, pero el gobierno británico rechazó de plano la propuesta. Finalmente, unos meses antes de la guerra mundial, el Mariscal Hermann Goering, especialmente comisionado por Hitler, escribió al Ministro del Interior Frick, ordenándole la creación de una "Oficina Central de Emigración para los judíos", mientras por otra parte ordenaba al Jefe de los Servicios de Seguridad del Reich, Reinhardt Heydrich que solucionara el problema judío por los medios de "la evacuación y la emigración". El "Plan Madagascar" continuaba siendo patrocinado por el gobierno alemán, pues se esperaba llegar a convencer al Presidente francés, Daladier, para que diera su anuencia.

---

[32] Gerald Reitlinger, *id.*

ESTALLA LA SEGUNDA GUERRA MUNDIAL

El 2 de Enero de 1938, el "Sunday Chronicle" de Londres publicaba un artículo titulado:. "**Judea declara la guerra a Alemania**", en el que, entre otras cosas, se decía:

"El judío se encuentra ante una de las crisis más graves de su historia. En Polonia, Rumania, Austria, Alemania, se halla de espaldas a la pared. Pero ya se prepara a devolver golpe por golpe. Esta semana, los líderes del judaísmo internacional se reunen en un pueblecito cerca de Ginebra para preparar.una contraofensiva. Un frente unido, compuesto de todas las secciones de los partidos judíos se ha formado, para demostrar a los pueblos antisemitas de Europa que el judío insiste en conservar sus derechos.

"Los grandes financieros internacionales judíos han contribuído con una cantidad que se aproxima a los quinientos millones de libras esterlinas. Esa suma fabulosa será utilizada en la lucha contra los estados persecutores. Un boycot contra la exportación europea causará ciertamente el colapso de esos estados antisemitas".

Precisemos que el "Sunday Chronicle" no era, precisamente, un periódico antijudío. Y hagamos notar que, a consecuencia del boycot exterior, el gobierno de Octavian Goga, debía dimitir y dar paso a otro más tolerante con su importante minoría israelita. También en Polonia se producían notables cambios gubernamentales substituyendose a los ministros más partidarios de un entendimiento con Alemania por otros que se negaban a cualquier clase de negociación que modificara el statu quo en Danzig. El 3 de Junio de 1938, el muy influyente "The American Hebrew", portavoz del judaísmo norteamericano escribía, en un editorial que causó sensación y fue reproducido en el mundo entero:

"Las fuerzas de la reacción contra Hitler estan siendo movilizadas. Una alianza entre Inglaterra, Francia y Rusia derrotará, más pronto o más tarde, a Hitler. **Ya sea por accidente, ya por designio**,[33] un judío ha llegado a la posición de la máxima influencia en cada uno de esos países... Leon Blum es un prominente judío con el que hay que contar. El puede ser el Moisés que conduzca a nuestro lado a la nación francesa. ¿Y Litvinoff? El gran judío que se sienta al lado de Stalin, inteligente, culto, capaz, promotór del pacto francoruso, gran amigo del Presidente Roosevelt; él (Litvinoff) ha logrado lo que parecía increíble en los anales de la diplomacia: mantener a la Inglaterra conservadora en los términos más amigables con los rojos de Rusia. ¿Y Hora Belisha? Suave, listo, inteligente, ambicioso y competente... su estrella sube sin cesar,

"Esos tres grandes hijos de Israel anudarán la alianza que, pronto, enviará al frenético dictador, el más grande enemigo de los judíos en los tiempos modernos, al infierno al que él quiere enviar a los nuestros.

"Es cierto que esas tres naciones, relacionadas por numerosos acuerdos y en un estado de alianza virtual aunque no declarada, se opondrán a la proyectada marcha hitieriana hacia el Este y le destruiran (a Hitler).

"Y cuando el humo de la batalla se disipe, podrá contemplarse una curiosa escena, representando al hombre que quiso imitar a Dios, el Cristo de la Swastika, sepultado en un agujero, mientras un trío de no-arios entona un extraño requiem que recucida, a la vez, a "La Marsellesa", al

---

[33] Subrayado por el Autor.

"Dios Salve al Rey" y a la "Internacional", terminando con un agresivo ¡Elí, Eli Eli !".

Las presiones del muy influyente "lobby" israelita consiguieron que el gobierno norteamericano aumentara. las tarifas aduaneras contra las mercancías alemanas, en señal de represalia por el trato dado por el gobierno alemán a los judíos alemanes. Por otra parte, el "Congreso Judeo-Americano" votó, por unanimidad, el boycot comercial contra Alemania e Italia (a pesar de que ésta última no había tomado medidas especiales contra los judíos).

Ya desde principios de 1938 había arreciado la campaña antialemána en Francia. El hebreo Louis Louis-Dreyfus, el "rey del trigo", financiaba con generosidad los periódicos belicistas franceses. Incluso varias publicaciones partidarias de un entendimiento con Alemania cambiaron súbitamente de parecer, al sufrir las presiones a que puede someterse a una prensa que se supone "libre". El semanario "Le Porc Epic" acusaba, por su parte, a la entidad "Union et Sauvegarde Israélite", a nombre de la cual se reunían sumas importantes que luego se destinaban a "acondicionar" debidamente a la prensa, haciendole adoptar una línea no ya tan sólo anti-alemana, sino belicista.[34]

Un periodista judío, Emmanuel Berl, publicaba una revista, "Pavés de Paris", en la cual denunciaba la existencia de un "Sindicato de la Guerra".

Citaba nombres y cifras. Decía sin rodeos que el israelita Robert Bollack, director de la Agencia Económica y Financiera y de la Agencia de noticias Fournier, había recibido varios millones de dólares, enviados por prominentes correligionarios suyos desdeAmérica, para "regar" a la prensa francesa, en el sentido de crear el clima necesario para una ruptura de hostilidades con Alemania. Y afirmaba: "La acción de la Alta Finanza en el empeoramiento de

---

[34] "*Le Porc Epic*", 3-12-1938.

las relaciones diplomáticas es demasiado evidente para que pueda ser disimulada".[35]

El propio Charles Maurras, que si no amaba ciertamente a los judíos, era un empedernido germanófobo, precisaba que los fondos de Nueva York para el "Sindicato .de la Guerra" en Francia los había traido el financiero Pierre David-Weill, de la Banca Lazard. Precisaba que tales fondos eran distribuidos por Raymond Philippe, antiguo director de la mencionada banca y por Robert Bollack. Maurras hablaba de tres millones de dólares y acusaba formalmente a las diversas ramas de la familia Rothschild de participar en el movimiento.[36]

La prensa francesa no era sólo "regada" con dinero procedente de la Judería Americana. Está demostrado que también desde Praga afluían fondos para ella con objeto de "animarla" en su actitud anti-alemana. Checoeslovaquia, artificial Estado inventado en Versalles, contenía en su seno una importante comunidadindía; su importancia no radicaba sólo en su número sino, especial-mete, en su preponderancia en los puestos clave de la Finanza y la Administración de aquel país. El ambajador checo en París, Doctor Osuky, entregaba personalmente fondos a los siete principales diarios de París y a dos de provincias. El gobierno checo incluso financió directamente, y de forma total, desde su creación, al periódico "Le Monde Slave", que dirigía el judío Louis Eisenmann y costaba 150.000 francos anuales.[37]

Es innegable, y ha sido admitido por numerosos autores y políticos judíos, que el Judaísmo Internacional, o, como mínimo, la totalidad de entidades judías diseminadas por todo el mundo, hicieron cuanto estuvo en su mano para provocar una guerra mundial contra Alemania. El "Congreso Mundial Judío" que se adhirió al boycot económico antialemán en Marzo de 1937,

---

[35] "Pavés de Paris", 3-2.1939.
[36] Henry Coston: "Les Financiers qui mènent le monde".
[37] J. A. Leriche in "Charivari", Paris, Agosto 1963.

decían representar, juntos, a siete millones de israelitas esparcidos en treinta y tres países. Sólo mencionamos a estas dos entidades como más representativas, aún cuando existieran docenas de otras asociaciones judías que organizaron boycots contra Alemania o participaron en los mismos.

Los judíos más eminentes y representativos afirmaron a posteriori, y en plena guerra, que ellos la habían declarado antes que nadie. Así, por ejemplo, Chaim Weizmann, conocidísimo sionista que seria luego el primer Presidente del Estado de Israel, declaró la guerra a Alemania en nombre del Pueblo Judío. En efecto, dos días después de la declaración de guerra, hecha por Inglaterra y Francia al Reich, Mr. Weizmann, hablando en nombre del Congreso Mundial Judió y del Movimientó Sionista manifestó que "... los judíos estan al lado de la Gran Bretaña y lucharán al lado de las democracias..." La Agencia judía está preparada para hacer inmediatamente cuanto sea necesario para utilizar a la población judía, a su habilidad técnica y a sus recursos de todo orden en la lucha contra Alemania."[38]

Más tarde, en plena guerra, prominentes judíos hablarían de ésta auténtica "Declaración de guerra": Nada menos que Moshe Shertok, que en 1948 sería jefe del gobierno del Estado de Israel manifestó en Enero de 1943, ante la Conferencia Sionista Británica que "... el Sionismo declaró la guerra a Hitler mucho antes de que lo hicieran Inglaterra, Francia y América, porque ésta guerra es nuestra guerra".[39]

El órgano de la comunidad judía de Holanda escribió, diez días después de la. declaración de guerra anglo-francesa a Alemania: "Los millones de judíos que viven en América, Inglaterra y Francia, Africa del Norte y del Sur, sin olvidar, a los que ya viven en Palestina, están dispuestos a llevar hasta el

---

[38] "*Jewish Chronicle*", Londres, 8-IX-1939.
[39] "*Jewish Chronicle*", Londres, 22-1-1943.

fin la guerra de aniquilamiento contra Alemania".[40] El Rabino Moses Perzlweig, dirigente de la Sección Británica del Congreso Mundial Judío, declaró en Toronto, Canadá: "El Congreso Mundial Judío está en guerra con Alemania, a todos los efectos prácticos, desde hace, por lo menos, siete años".[41] El órgano oficial de la Judería de la segunda ciudad norteamericana, el "Chicago Jewish Sentinel" manifestó, en su sección "Sermón de la Semana":

> "La segunda guerra mundial es la lucha por la defensa de los intereses fundamentales del Judaísmo, todas las demás explicaciones no son más que excusas o razones complementarias".[42]

Por su parte, el oficioso "Jewish Chronicle", de Londres, portavoz de la comunidad judía londinense, escribió en un editorial que "hemos estado en guerra con él (Hitler), desde el primer día que subió al poder".[43] El hombre que declaró la guerra a Alemania, Sir Neville Chamberlain, Primer Ministro del Gobierno Británico, el hombre que firmó la ruptura de hostilidades, confesó al Secretario de Estado de los Estados Unidos para la Marina, James. V. Forrestal, que fue el Judaísmo quien arrastró a Inglaterra a la guerra mundial. En efecto, Forrestal anotó en su diario, con fecha 27 de Diciembre de 1945 lo siguiente:

> "Hoy he jugado al golf con Joe Kennedy.[44] Le he preguntado sobre la conversación sostenida con Roosevelt y Chamberlain en 1938. Me ha respondido que la posición de Chamberlain era entonces de que Inglaterra no tenía ningún motivo para luchar y que no debía arriesgarse a entrar en

---

[40] "*Central-Blaad voor Israeliten in Nederland*", 13-IX-1939.
[41] "*Toronto Evening Telegram*", Toronto, 26-11-1940.
[42] "*Jewish Chronicle*", Londres, 8-V-1 942.
[43] "*Jewish Chronicle*", 8-V-1 942.
[44] Padre del futuro Presidente de los Estados Unidos, John Fitzgerald Kennedy (N. del A.).

guerra con Hitler. Opinión de Kennedy: Hitler habría combatido contra la URSS sin ningún conflicto posterior con Inglaterra, de no haber mediado la instigación Bullit (50) sobre Roosevelt, en el verano de 1939, para que hiciese frente a los alemanes en Polonia, pues ni los franceses ni los ingleses hubiesen considerado a Polonia como causa suficiente de una guerra de no haber sido por la constante y fortísima presión de Washington en ese sentido. Bullit dijo que debía informar a Roosevelt de que los alemanes no lucharían. Kennedy replicó que lo harían y que invadirían Europa. **Chamberlain declaro que América y el mundo judío habían forzado a Inglaterra a entrar en la guerra**".[45]

Forrestal se refería a "América y el mundo judío". Preguntamos: ¿que América? En una encuesta realizada por el Instituto Gallup en 1940, el 83,5 por ciento de ciudadanos americanos se mostraban contrariados a la idea de ver a su país mezclado en una nueva guerra mundial. Al lado de un 12,5 por ciento de respuestas vagas, sólo un 4 por ciento de consultados se mostraron partidarios de la entrada en la guerra. Luego cuando Chamberlain decía "América" se refería sin duda razonable posible al gobierno americano de Roosevelt y a su "Brain Trust" dos terceras partes del cual se componían de judíos. Cuando Chamberlain acusaba al "mundo judío" de haber forzado a Inglaterra a declarar la guerra a Alemania no se refería solamente a la talmúdica administración rooseveltiana, sino que aludía igualmente al clan belicista de Londres, cuya cabeza visible y líder indiscutido era Winston Churchill.

Hasta 1937, Churchill fue un ferviente admirador de Hitler, según se desprende inequívocamente de la lectura de su obra "Great Contemporaries", así como de "Step by Step", en que hace verderos panegíricos del Führer. Fue entonces cuando, en trance de ser declarado en bancarrota por la pésima

---

[45] Embajador de los Estados Unidos en Francia, medio judío (N. del A.).

administración de su patrimonio familiar, un financiero judío, Sir Henry Strakosck, le regaló la, entonces, fabulosa suma de 18.000 libras esterlinas, que permitieron al versátil político conservar su "status" en la sociedad londinense. A partir de aquél momento la orientación de Churchill en política exterior da un giro copernicano y se hace el campeón del clan belicista y antialemán en el Partido Conservador.[46]

Por otra parte, entre los miembros del Gobierno británico que prácticamente arrastraron al dubitativo Chamberlain a la declaración de guerra, figuraban cuatro judíos: Hore Belisha, Ministro de la Guerra; Sir Adair Hore, Secretario de Pensiones Sociales; Lord Hankey, Ministro sin Cartera, y Lord Stanhope, Primer Lord del Almirantazgo. Pero, además, Lord Halifax, Ministro de Asuntos Exteriores, estaba casado con. una nieta de los Rothschild, y con esa opulenta familia estaba igualmente emparentado por vía de matrimonio el Ministro de Comercio Oswald Stanley. Sir John Simon, Canciller del "Exchequer", es decir Ministro de Hacienda, era intimo amigo y protegido de Sir Philippe Sasoon, uno de los prohombres del Sionismo británico, y estaba casado con una judía. También estaban casados con hebreas Lord Maugham, Presidente de la Cámara de los Lords, H. H. Rambotham, Ministro de Obras Públicas y Sir J. Reith, Ministro de Información, de los restantes ministros, Sir Malcolm Mc Donald, el Secretario de Colonias, estaba asociado en asuntos de finanzas, con el conocido multimillonario y sionista Israel Moses Sieff. El Duque de Devonshire, Subsecretario de los Dominios, tenía como asociado, en el consejo de administración de la "Allied Asurance Co." a los judíos Rothschild, Bearsted y Rosebery. El Ministro de Transportes, E. L. Burgin, era el director de una empresa de abogados que defendía los intereses de la poderosa banca judía "Lazard Bros". Sir Kingsley Wood, Ministro del Aire y el Conde De la Warr, Ministro de Educación, eran asociados del P. P. P. (Political and Economical Planing), del hebreo Sieff,

---

[46] John V. Forrestal: *"The Forrestal Diaries"*, págs. 121-122.

entidad definida por el propio Churchill como un "vivero de marxistas". Solamente Lord Woolton, el Ministro de Abastecimientos, no tenía ningún lazo familiar o comercial con judíos, aün cuando anteriormente hubiera sido miembro del Consejo de Administración de la firma judía "Lewi's Ltd." No debemos olvidar a dos figuras de máximo relieve en el clan belicista inglés, aun cuando en el momento de la declaración de guerra no formaran parte del gobierno oficial del país: Duff Cooper y Anthony Eden. Sir Duff Cooper, ex-Primer Lord del Almirantazgo, era junto a Churchill, Halifax y Eden, y más aún que el propio Presidente Chamberlain, uno de los hombres de más influencia en el Partido Conservador. Curiosamente según las leyes de Nuremberg no hubiera sido considerado judío, por serlo su madre, Agnes Stein, de una familia de banqueros de la City. En cambio, según la Halacha (la ley judía) es judío por haberlo sido su madre...[47]

En cuanto a Anthony Eden, que había sido Ministro de Asuntos Exteriores y volvería a serlo, llegando incluso a Primer Ministro, fue toda su vida un amigo y protegido del multimillonario judío y sionista Sir Phillip Sassoon (que, por cierto, en el momento de la declaración de guerra al III Reich formaba parte del Gobierno como Secretario de Obras Públicas). Eden incluso celebraba sus reuniones políticas en el despacho de Sassoon en la Cámara de los Comunes.[48] El abuelo materno de Eden era un hebreo polaco apellidado Schaffalitsky.

En el momento de estallar la guerra, 181 de los 415 diputados de la Cámara de los Comunes eran directores, accionistas notorios o administradores de sociedades comerciales o financieras. Estos 181 padres de la Patria ocupaban en total 775 lugares de los miembros de los consejos de administración y de dirección en los 700 bancos, grandes empresas

---

[47] "*South African Observer*", Agosto, 1977.
[48] "*News Rewiew*", 21 -VII- 1938.

industriales, navieras, compañías de seguros y empresas exportadoras más importantes del imperio británico. Al menos las tres cuartas partes de tales empresas eran judías.

El predominio de los judíos o de políticos relacionados con el Judaísmo era, en Francia, tanto o más notorio que en Inglaterra. El cabeza de fila del poderoso clan belicista francés era Georges Mandel, cuyo verdadero nombre era Jeroboam Rothschild. La Gran Prensa Mundial, influenciada cuando no abyectamente dependiente dé fuerzas políticas infeudadas al Judaísmo, que denigraba sistemáticamente a Alemania, guardó distraído silencio cuando, el 4 de Febrero de 1936, Wilhelm Gustloff, jefe del grupo nacionalsocialista de alemanes residentes en Suiza fue asesinado por el hebreo Frankfurter. Sólo dos de los dieciseis diarios parisinos dieron la noticia, y aún omitiendo mencionar la extracción racial del autor del asesinato.[49] El 7 de Noviembre de 1938, un incidente inesperado y banal – según la prensa francesa – , o una auténtica provocación – según la prensa alemana –, motivó (o sirvió de pretexto a una violenta reacción alemana. El agregado consular alemán en París, Von Rath, fue asesinado por un joven hebreo, emigrado de Alemania, llamado Herschel Grynzspan. Algunos de los líderes más exaltados de las unidades de combate del Partido Nacionalsocialista organizaron, la noche del 8 al 9 de noviembre, una verdadera orgia de antisemitismo, que sería conocida con el nombre de "Kristallnacht" (la noche de cristal): escaparates de tiendas judías apedreados, quema de numerosas sinagogas e innumerables casos de malos tratos de palabra y obra. Afortunadamente no se registraron decesos. Inmediatamente se organizaron manifestaciones antialemanas en las democracias occidentales y en la URSS. No obstante, no era la primera vez

---

[49] Idéntica actitud adoptaría la Gran Prensa en ocasión de los asesinatos de los líderes nacionalistas ucranianos Petliura y Konovaletz. Ni un sólo periódico mencionó que los asesinos, Schwartzbart y Wallach, eran judíos. Petliura y Konovaletz eran pro-alemanes. (N. del A.).

en la Historia que el asesinato de altos funcionarios a manos de un extranjero provocaba enérgicas represalias contra los compatriotas del asesino. Podemos mencionar como ejemplo, los abusos cometidos contra los italianos de Lyon y Marsella, después de que un italiano, Casserio, asesinara al Presidente Carnot en 1905. En Lyon y Marsella hubo muertos; no los hubo en la "Kristallnacht", pero la reacción internacional contra Alemania fue de una inusitada violencia y el Presidente Roosevelt, que retiró a su embajador en Berlin declaró que "apenas podía creer que tales cosas sucedieran en pleno siglo XX". La Segunda Guerra Mundial estalló por la concatenación de una serie de factores, siendo el factor judío, o más exactamente, el Judaismo, y en especial su rama Sionista, uno de los principales. También se ha dicho por numerosos autores, y personalmente creemos haberlo demostrado,[50] que la Alta Finanza Internacional fue factor principalísimo y ciertamente determinante de la llamada "Gran Cruzada de las Democracias". Pues bien: para nadie que se halle siquiera medianamente informado constituye un secreto que los individuos y entidades componentes de esa Alta Finanza son, en apabullante proporción, judíos. Con el fin de dar una idea de cuán cínicamente piensan algunos judíos sobre el valor y la significación de la guerra, citamos algunas palabras del discurso pronunciado por el periodista judeo-americano Isaac Marcuson con motivo de un banquete celebrado en el "American Luncheon Club":

"La guerra es una colosal empresa comercial. En cuanto a las mercaderias que se negocian, éstas no son máquinas de afeitar, ni jabones y pantalones, sino sangre y vidas. El mundo ha sido inundado con relatos sobre heroísmo en la guerra, pero el heroísmo era en la lucha mundial una de las cosas más vulgares del mundo. Lo más bonito de esta guerra (se refiere a la I Guerra Mundial. Autor) era más bien la organización

---

[50] J. Bochaca: "*La Historia de los Vencidos*" y, especialmente, "*El Enigma Capitalista*" y "*La Finanza y el Poder*". Ediciones Bau. (N. del A.).

comercial".[51]

La frase es perfectamente aplicable a la II Guerra Mundial, y a todas las guerras que se han sucedido desde que estalló la "paz". Por ejemplo, en Francia, el judío Citroen fabricaba para el ejército autos, tanques, proyectiles y torpedos. El judío Leon Levy, de la casa Comentry, suministraba cañones. Las máscaras antigases las fabricaban la "Société d'Etudes et de Construction du Matériel de Protection", bajo la dirección de los judíos Frank y Bráun. Los gases asfixiantes los suministraban los judíos Klotz, Mannheimer, Weill y Berr. Otros proveedores de material de guerra eran los judíos Aron, Cahen, Eiffel, Goudchaux, Lazard, Lehmann y Stern. La fábrica de automóviles Latil, que luego fabricaría carros blindados, la dirigían los israelitas Blum (el socialista multimillonario), Georges y Lazare Latil, Jean-Paul Lévy, Fribourg, Fortoul, Korn y Weill. El Ministerio del Aire nombró dos todopoderosos "consejeros" para la gran fábrica de aeroplanos que se montó en 1937 en Nantes. Estos dos consejeros eran extranjeros. Uno de ellos M. E. Hijmans, procedía de Holanda, y el otro, H. E. Oppenheimer, de Alemania. Ambos eran judíos. El "rey" de la aviación de guerra de Francia era el judío Marcel Bloch, que años más tarde cambiaría su nombre por el de Marcel Dassault. Los técnicos franceses de esta gran factoría han llegado a producir el avión "Mirage".[52]

En Inglaterra y los Estados Unidos, y en ambos casos por intermedio de la Alta Banca, la industria de guerra de hallaba – y sigue hallandose – bajo el casi absoluto control de judíos que, en muchos casos son sionistas. Concretamente, en los Estados Unidos, el hombre que en las dos últimas guerras mundiales ha centralizado en sus manos el más omnin odo poder sobre las industrias bélicas fue el llamado "Procónsul de Judá en América", Bernard Mannes Baruch, según se reconoció, incluso, en una histórica sesión

---

[51] "*New York Herald Tribune*", 14-VI-1938.
[52] "*Le Pilori*", Paris, 2-IX-1938.

ante el Senado norteamericano.

Un tercer factor fue el comunismo, y concretamente su encarnación fáctica, es decir, la Unión Soviética quien resultaría, a la postre, el verdadero vencedor político de la contienda. Y no se puede discutir seriamente que, si en la gestación de la URSS intervinieron mayoritariamente los hebreos de los ghettos rusos y polacos, en 1939 elementos judíos copaban en una proporción no inferior a las dos terceras partes el "apparat" gubernativo de la URSS. Mucho se ha hablado, a ese respecto, del Pacto Ribbentrop-Molotoff, en vísperas del desencadenamiento de las hostilidades, en 1939. En cambio, se ha soslayado en lo posible el mencionar que quien propuso el Pacto fue Sta-Un, rechazando el que le proponían los anglo-franceses; al Zar Rojo no le interesaba "sacarles las castañas del fuego a los reaccionarios occidentales", según manifestó con impar franqueza. Pero una vez Alemania comprometida en una guerra con l'Occidente, Molotoff,[53] que había substituido muy oportunamente a Litvinoff, el polifacético hebreo, se presentó en Berlín con una serie de reivindicaciones territoriales que fueron rechazadas, pero que Inglaterra y los Estados Unidos concederían graciosamente después.que el Judaísmo, de manera directa a través de su rama Sionista, e indirectamente por las Actividades de la Alta Finanza y del Comunismo en cínica y, para los no informados; sorprendente alianza, fue no un factor, sino EL factor determinante del desencadenamiento de la guerra, está fuera de toda duda razonable. Corroboran esta afirmación los testimonios precitados, todos ellos de parte contraria, y ya se sabe que a confesión de parte exclusión de prueba.

Y que Alemania era consciente de quién era su verdadero enemigo lo demuestran numerosas declaraciones públicas de sus principales líderes

---

[53] Molotoff, aunque de raza eslava, estaba casado con la judía Karp, cuyo hermano era un adinerado fabricante de armamento residente en Bridgeport, Connecticut, Estados Unidos, (N. del A.).

políticos, de las que vamos a citar, como más representativa, una frase del discurso de Hitler del 19 de Septiembre de 1939:

> "En numerosas ocasiones, he ofrecido la amistad del pueblo alemán a Inglaterra y al pueblo inglés. Toda mi política se ha basado en la idea de esa mutua amistad. Siempre he sido rechazado... Nosotros sabemos que el pueblo inglés, en su conjunto, no puede ser hecho responsable. Quien en realidad odia a nuestro Reich es la clase dirigente y plutocrática de la Judería".

Que no se trataba de fantasías de Hitler lo atestiguan dos testigos de impar calidad. Nada menos que los embajadores polacos en París y Washington en el momento de estallar la guerra. Lukasiewicz, embajador en París, escribió a su Gobierno, el 7 de Febrero de 1939, que el Embajador norteamericano en Paris, el medio judío William C. Bullit, le había dicho textualmente que "los Estados Unidos disponen de medios de presión formidables contra Inglaterra. La simple amenaza de su. empleo debiera bastar para impedir qüe el Gobierno Británico prosiguiera su política de conciliación hacia Alemania".[54] Por su parte, el Conde Jerzy Potocki, embajador polaco en. Washington, escribió, el 12 de Enero de 1939, al Jefe del Gobierno, Coronel Beck: "Aquí se ha desatado una campaña antialemana de una rara violencia. Participan en la misma diversos intelectuales y banqueros judíos: Bernard Baruch, el Juez del Tribunal Supremo, Frankfurter, el Secretario del Tesoro, Morgenthau, y muchos otros relacionados con Roosevelt con lazos de amistad personal. Este grupo de personalidades que ocupan los cargos de mayor responsabilidad en el gobierno norteamericano está unido por lazos indisolubles.

---

[54] Paul Rassinier: "*Les Responsables de la IIe Guerre Mondiale*", pág. 203.

BARUCH, MORGENTHAU ET ALIA

En la gran democracia americana suele verse, junto a los presidentes elegidos por sufragio universal, a una serie de personajes, que parecen surgir por generación espontánea, ejerciendo el cargo de "consejeros especiales". Tales consejeros nunca han sido elegidos por el pueblo "soberano", sino que han sido promocionados digitalmente. Desde los tiempos de Roosevelt reciben el nombre de "Brain Trust", o Trust de los Cerebros, y a su frente aparece una especie de "Gran Visir", cuyo poder es – o lo parece – superior al del propio presidente. Ahí tenemos el caso de Kissinger, junto a Nixon. Y a su antecesor Sydney Weinberg, de la firma bancaria Goldmann, Sachs & Co, junto a Johnson. Y a Bernard Mannes Baruch, llamado "el procónsul de Judá en América", siempre junto a Roosevelt, Truman, Eisenhower y Kennedy.

Pues bien, Bernard Baruch admitió ante un Comité Investigador del Senado de los Estados Unidos que, en plena guerra, redactó un plan de 14 puntos para "estrangular" a Alemania una vez victoriosamente terminada la guerra y que, a consecuencia de ese plan, los ciudadanos alemanes "padecerían hambre y miseria".[55] El Plan Baruch, concebido cuando todavía no se hablaba de cámaras de gas, fue debidamente estructurado por un correligionado suyo, Henry Morgenthau, Jr., Secretario del Tesoro de los Estados Unidos.

En el Plan Morgenthau se programa fríamente, la destrucción física de

---

[55] Declaración hecha el 22-VI-1945. Citado por Austin J. App, Presidente Honorario de la Universidad de Philadelphia, in "Morgenthau Era Letters", Boniface Press, 1966.

sesenta y cinco millones de alemanes, una vez obtenida la victoria militar de los Aliados. Se prevé la destrucción de todas las fábricas, la incautación de todas las patentes de invención y la reducción de las mujeres alemanas al estatuto de concubinas; los hombres seran esterilizados y la etnia germánica desaparecerá en unos años. En el lugar ocupado anteriormente por Alemania quedarán unos quince millones de personas, procedentes de otras naciones, que vivirán en un estado puramente agrícola y pastoril.

Los detalles del Plan Morgenthau, que debiera, en realidad, haberse llamado Plan Baruch-Morgenthau, eran conocidos en Alemania. Si tras la victoria de los Aliados, el Plan no llegó a aplicarse más que en sus puntos iniciales, ello se debió tanto al inmediato desencadenamiento de la "Guerra Fría" entre occidentales y soviéticos como a la resuelta oposición de los altos mandos militares americanos y británicos.[56]

La contribución de los judíos, tanto individualmente corno, sobre todo, integrados en sus entidades específicamente sionistas, en la lucha contra Alemania, antes y durante la guerra, fue masiva. Y judíos fueron quienes mas contribuyeron a que la lucha sobrepasara el límite de los combatientes para incluir entre sus rigores a la población civil.

Así, fue un judío, Lord Cherwell, (a) Lindemann, por cierto nacido en Alemania, y naturalizado británico, quien inspiró a Churchill la por él mismo calificada de splendid decission, de bombardear objetivos alemanes no militares. El llamado "area bombing" tenía como único objetivo bombardear las viviendas de las clases trabajadoras alemanas. Este objetivo, destinado a crear el terror y a forzar a la población civil alemana a que exigiera la rendición a su gobierno fracasó totalmente. Pero millones de europeos, alemanes y no

---

[56] Algunos de estos, como el General Patton y el delegado británico en la U. N. R. R. A., General Morgan, pagaron su oposición al Plan Morgenthau con el ostracismo y la muerte política... o física. (N. del A.).

alemanes – pues el area bombing se practicó asi mismo en Italia, Bélgica y Francia – pagaron con sus vidas el loco y mesiánico sueño de venganza de Lindemann.

Samuel Fried, el bien conocido sionista y pacifista, escribió cuando la patria de su pasaporte, los Estados Unidos, era aún neutral, lo siguiente:

"Hemos de destruir esa nación odiada (Alemania), tanto desmembrándola como repartiéndola entre sus vecinos, así como mediante despiadados asesinatos masivos".[57]

Theodore Nathan Kauffman escribió[58] Citado por Louis Marschalsko in "World Conquerors", p. 104. cuando "su" patria, los Estados Unidos, aún era neutral, lo siguiente:

"Cuando esta guerra acabe, Alemania será desmembrada. La población alemana que sobreviva a los bombardeos aéreos, tanto hombres como mujeres, será esterilizada con objeto de asegurar la total extinción de la raza alemana".

El mismo odio destilan los libros de los conocidos escritores hebreos Maurice Leon Dodd,[59] Charles G. Haertmann,[60] Einzig Pelil,[61] Ivor Duncan,[62] y Douglas Miller,[63] en todos los cuales se aboga por la exterminación física de millones de alemanes cuando la guerra concluya. Todos estos libros fueron escritos cuando los Estados Unidos aún eran, al menos teóricamente,

---

[57] Citado por Louis Marschalsko in *"World Conquerors"*, p. 104.
[58] Th. Nathan Kauffman: *"Germany must perish"*, p.104.
[59] Maurice Leon Dodd: *"How many world wars?"*, New York, 1941.
[60] Charles G. Haertmann: *"There must be no Germany after war"*.
[61] Einzig Palil: *"Can we win the peace?"*, Londres, 1942.
[62] Ivor Duncan: *"Die Quelle des Pan-Germanismus"*.
[63] Douglas Miller: articulo aparecido en el *'New York Times*, 5-XI-1941.

neutrales. Cabe mencionar la excepción de Einzig Palil, que escribió su nada humanitario mamotreto en Londres, en 1942, cuando la patria de su pasaporte, el Canadá, ya estaba oficialmente en guerra con Alemania. En el bando soviético, la declaración más inaudita fue hecha por su Ministro de Propaganda, Ilya Ehrenburg, quien, al acercarse las tropas bolcheviques a Alemania lanzó, por radio, la siguiente proclama:

"Asesinad, valientes soldados del Ejercito Rojo. En Alemania, nadie es inocente. Ni los vivos ni los aún por nacer... Aplastad para siempre en sus madrigeras a las bestias fascistas. Destrozad violentamente el orgullo racial de las mujeres alemanas. Tomadias como botín. Asesinad, bravos soldados rojos!".

Si los judíos, independientemente de su nacionalidad de pasaporte, tomaron parte activa en el desencadenamiento de la guerra contra Alemania y en el endurecimiento de la misma, como apóstoles de las matanzas injustificadas de civiles y de la sistemática violación de las leyes de la guerra en el tratamiento dado a los soldados alemanes,[64] también fueron los instigadores de los procesos de desnazificación, cuya culminación la constituyó el Proceso de Nuremberg. A partir de la Conferencia de Placentia Bay, en que se habló por primera vez de los procesos contra los "criminales de guerra" alemanes, el Congreso Mundial Judío, ya en 1942, es decir, un año antes de que empezaran, según los acusadores del bando Aliado, las ejecuciones masivas de judíos en los campos de concentración alemanes, empezó a redactar las listas de tales "criminales".

---

[64] Históricamente, fue el judaico Ministro del Interior de la III República Francesa, Mandel (Rothschild), quien ordenó el fusilamiento sumarísimo de los paracaidistas alemanes, desde Febrero hasta Mayo de 1940. (N. del A.).

LOS CAMPOS DE CONCENTRACIÓN

Los llamados modernos medios de Información que, en honor a la Verdad, debieran ser apodados de "Desinformación", han presentado una imagen convencional del problema. El contencioso germano-judío ha sido fallado por la Historia Oficial de la post-guerra de manera totalmente maniquea. Los nazis y, por extensión, los alemanes todos, eran unos brutos salvajes que encerraban a los judíos de Alemania y de los países que lograron ocupar militarmente en unos campos de concentración, con la finalidad de exterminarlos en crematorios y en cámaras de gas. Los judíos eran unas inocentes criaturas, que se dejaban llevar mansamente al matadero, entonando a coro el Cantar de los Cantares. Esa imagen ha sido reiterada, ad nauseam, en revistas y periódicos, por la radio y la televisión de todos los paises, beligerantes o no en la pasada guerra... Docenas, centenares de peli culas han aparecido y aparecen aún, pasados treLnta años del final de la contienda, repitiendo obsesivamente el mismo leit motiv: alemanes estúpidos, nazis asesinos, judíos inocentes y holocausto infernal de seis millones de personas, perpetrado con refinamientos de crueldad inconcebibles en seres que se suponen civilizados.

Antes de entrar decididamente en lo que constituye el tema central de la presente obra, esto es, la demostración de que no existió un plan oficial aleman para la exterminación masiva de los judíos por el hecho de serlo y que, en cualquier caso, la cifra de bajas judías, por todos los conceptos, de resultas de la conflagración mundial, no pudo sobrepasar el 10 por ciento de la cifra oficial, hemos querido situar el problema en sus justos y excatos términos. Tal vez nos hayamos extendido excesivamente en los precedentes epígrafes, pero ello nos ha parecido imprescindible para una nueva evaluación precisa del problema. Bien intencionados de la escuela revisionista se han sumergido de lleno en el tema, olvidándose de los antecedentes del mismo, y limitándose a señalar la imposibilidad material de la cifra de seis millones de exterminados. Un tal planteamiento, excluyendo las circunstancias que enmarcan el caso, parece dar por sentado que es lógico el internamiento de varios millones de civiles en campos de concentración.

Si se omite el mencionar lo que, basandonos en testimonios de parte contraria a los nazis o, simplemente, a los alemanes en general, hemos reseñado en los epígrafes anteriores, cualquier lector medianamente advertido notará una laguna que por fuera hay que colmar. A nuestro juicio, el planteamiento correcto del problema de lo que no dudamos en calificar como "el mayor fraude histórico de todos los tiempos" es el siguiente:

a) La tradicional amistad entre el Sionismo y el Pan-Germanismo quedo rota cuando, a mediados de 1917, aquél traicionó una alianza fáctica y propició la entrada de los Estados Unidos en la guerra, al lado de los Aliados, lo que originó la derrota de Alemania y el infausto Tratado de Versalles, en cuya redacción participaron numerosos e influyentes judíos, en muchos casos nacidos en Alemania.

b) La masiva participación de los judíos en las revueltas comunistas ocurridas en Alemania entre 1917 y 1925, así como su papel de líderes de los movimientos disolventes y antinacionales, culminando todo ello en una posición de preponderancia política y económica contribuyó poderosamente al triunfo electoral del Nacionalsocialismo, cuyo programa preveía la asimilación de los judíos alemanes al estatuto de extranjería.

c) Tal como hemos visto en precedentes epígrafes, los judíos del mundo entero, incluyendo los nativos de Alemania y Austria, declararon, de hecho y oficialmente, la guerra a Alemania.

d) En el transcurso de la guerra, diversos judíos con pasaporte norteamericano, inglés, francés o apátridas (ex-alemanes) coadyuvaron al endurecimiento de la guerra contra Alemania y a la entrada de los Estados Unidos en la contienda.

e) Las actividades de los judíos en los diversos movimientos de resistencia, es decir, de francotiradores que combatían sin uniforme, han sido tanvoceadas por los propios hagiógrafos de los judíos que huelga extenderse sobre ello. En dichos movimientos – de lucha ilegal según las Convenciones de Ginebra y La Haya, no se olvide – los judíos eran legión.[65]

f) En tales circunstancias, y atendidos los citados precedentes, los civiles judíos constituían, tanto en Alemania como en los territorios que sucesivamente fue ocupando el Ejército Alemán en el curso de la guerra, un peligro potencial. Por consiguiente, se hizo necesario, en determinados casos, su internamiento.

g) Ese internamiento hubo de realizarse en campos de concentración, que hubo que improvisar en plena guerra, pues los construidos en preguerra para alberge de marxistas y elementos asociales no bastaban. Con la masiva Uegada de prisioneros, especialmente procedentes del frente del Este, la situación en los campos de concentración empeoró, aumentando la tasa de mortalidad, ya normalmente elevada en los campos de prisioneros.

h) La tesis oficial pretende que, mediante gaseamientos, crematorios, fusilamientos en masa y sevicias de todo género, no menos de seis millones de judíos fueron deliberadamente ejecutados por los nazis, siguiendo un plan oficial del Gobierno Alemán.

i) Como vamos a demostrar seguidamente, no existió ningun programa oficial de exterminación de los judíos, no existieron cámaras de gas y los crematorios tenían como finalidad la incineración de los cadáveres. Finalmente la cifra de seis millones de judíos muertos[66] representa de quince

---

[65] Fue precisamente un comando judío, mandado por un tal Peretz Gold.

[66] La cifra "oficial", que en un principio fue de siete millones y medio para rebajarse a seis millones, ha sufrido una nueva rebaja de un 5 por ciento en el Proceso contra Eichmann, en Jerusalén, pues el Fiscal judío presentó la cifra de 5.700.000. (N. del A.).

a veinte veces la realidad.

j) El "mito de los seis millones" es artificiosamente mantenido en vida por el interés mancomunado y convergente del Sionismo Internacional y de la Unión Soviética.

Para ésta, la creencia en tal entelequia mantiene en pié un muro de horror entre Alemania Occidental[67] y los demás paises de la Europa residual aún no sometidos al Comunismo. Si seis millones de judíos fueron exterminados, muchísimos alemanes debieron saberlo; si lo sabían y lo toleraban Alemania era – y debe continuar siendolo – un país de salvajes, indigno de la convivencia internacional. Así se mantiene una resquebrajadura permanente en el ya de por sí poco sólido edificio de la Alianza Atlántica. Para aquél,– para el Sionismo –, la pervivencia del mito representa la seguridad de poder continuar contando con la República Federal Alemana como enjuagador de los permanentes déficits del Estado de Israel.

Los campos de concentración para judíos y (no-judíos) estaban ubicados en las siguientes ciudades: Natzweiler, Dachau, Flossenburg, Buchenwald, Bergen-Belsen, Neuengamme, Ravensbrück, Sachsenhausen, Gross-Rosen, Theresienstadt, Mauthausen, Stutthoff, Chelmno, Treblinka, Sobibor, Maidanek, Belzec, Auschwitz-Birkenau, Vught, Dora, Beuchow, Drancy, Ellrich, Elsing, Gandersheim, Gurs, Herzogenbusch, Kistarcsa, Lublin y Wolzec.

Para empezar, he aquí una fantástica coincidencia. Según la literatura concentracionaria, aún cuando los malos tratos ejercidos con lunático sadismo se dieron en todos los campos citados, sólo fueron "campos de exterminación"

---

[67] Es curioso, pero nadie parece sorprenderse del hecho de que sólo se exijan reparaciones por los supuestos judíos exterminados al Estado de la Alemania Federal y no a la titulada República Democrática Alemana, controlada por los comunistas. Un hecho tan sencillo y a la vez tan sorprendente parece haber escapado a todo el mundo (!). (N. del A.).

propiamente dichos los de Auschwitz-Birkenau, Stutthof, Chelmno, Belzec, Treblinka, Maidanek y Sobibor, es decir, todos los situados en territorio actualmente controlado por los comunistas, rusos o polacos. Se ha podido probar que ni Dachau, ni Buchenwald ni Bergen-Belsen fueron "campos de exterminación"; cuando se ha pretendido continuar las investigaciones en los siete campos restantes, actualmente en territorio controlado por los comunistas, éstos han declarado, bajo "palabra de honor" que la versión que los presenta como campos de exterminio es correcta, y el asunto se ha dado por zanjado. Así pues, la cuestión de los campos de exterminio se inicia, ya, con una coincidencia matemáticamente super-improbable. Pero de ello ya hablaremos más adelante, al estudiar el caso campo por campo. Ahora creemos interesante hacer un inciso sobre la necesidad del internamiento de grandes masas civiles de halógenos potencialmente hostiles, llevada a cabo por países en estado de guerra.

Sin necesidad de remontarnos a conflictos bélicos anteriores, y circunscribiéndonos a la última guerra mundial, observaremos que los Estados Unidos de América, a los que se supone patentados campeones del Derecho, la Justicia, la Democracia, etc, etc, adoptaron, contra los halógenos a los que consideraron potencialmente peligrosos, una serie de medidas tan racistas como odiosas. Concretamente, y salvo rarísimas excepciones, los casi 150.000 norteamericanos de origen japonés, residentes en la costa occidental de los Estados Unidos y especialmente en California, fueron internados, pocos días después de la ruptura de hostilidades entre los Estados Unidos y el Japón, en campos de concentración, y mantenidos en una situación de subalimentación que causó la muerte de, como mínimo, la mitad de ellos.[68] Sus bienes fueron incautados y ahora, a posteriori, numerosos escritores e historiadores norteamericanos han reconocido la injusticia del trato dado a

---

[68] Austín J. App: "*Morgenthau Era Letters*".– Charles Lindbergh: "*The Wartime Journals of Charles A. Lindbergh*".

unos ciudadanos norteamericanos, de naturaleza y de nacimiento, y que por razón del color dé su piel, sin sospecha alguna de deslealtad al gobierno de los Estados Unidos, sin precedentes recientes y reiterados de animosidad contra el país, cual era el caso de numerosos judíos contra Alemania, eran hacinados en campos de concentración con coeficientes de mortalidad nunca alcanzados en lá acosada Alemania, abarrotada de prisioneros de guerra.[69]

Otro caso notable es el de los alemanes del Volga que, en número de 600.000 se habían aposentado en Rusia ciento ciñcuenta años antes. Al producirse el ataque hitleriano contra Rusia, a mediados de 1941, los alemanes del Volga fueron deportados, en condiciones atroces, a Siberia, por considerarieles un enemigo potencial, y nunca más ha vuelto a saberse de ellos. Ni los alemanes del Volga ni los japoneses de California representaban, remotamente siquiera, un peligro potencial comparable al de los judíos en el área territorial controlada por la Wehrmacht. Entre aquéllos y los pueblos americano y ruso que les habían dado alberge, no existían precedentes de animosidad, ni conflictos de intereses, como era el caso en el contencioso germano-judío. Su porcentaje con relación a las colectividades nacionales americana y rusa era también más reducido que el de los judíos en el Continente Europeo, o en la zona de éste controlada por el ejército alemán. Finalmente, los japoneses de California y los alemanes del Volga, de haber sido halógenos potencialmente hostiles, sólo habrían contado con el apoyo de Alemania y el Japón, mientras que los judíos contaban con apoyos y

---

[69] A los "Nisei" (americanos de orígen racial japonés, que sobrevivieron a los campos de concentración de Roosevelt se les indemnizó con una cifra equivalente al diez por ciento del importe de sus haberes que les fueron incautados a finales de 1941. Es decir, que tras casi cuatro años de internamiento, el tío Sam (o el tío Sem?) magnánimo, les devolvía un dólar por cada diez que les había quitado. Y si consideramos la erosión del dinero en aquellos años de guerra, más cerca estaremos de la verdad si decimos que la indemnización fue de un dolar por cada quince.

complicidades en todos los países del mundo.

Pese a estas fundamentales diferencias, aún aceptando como válida la cifra imposible de seis millones de judíos exterminados por los nazis, el tratamiento dado por americanos y rusos a sus ciudadanos de origen japonés y alemán fue aún peor y el número de bajas comparativamente más elevado.

LOS DERECHOS DE LA ARITMÉTICA

Si diversos autores, periodistas e historiadores atanto alzado pretendieron, entre el final de la guerra y principios de 1946, que los nazis habían exterminado hasta... ¡once millones! de judíos, mientras otros, más moderados, se contentaban con sólo ocho millones, los violines de la orquesta fueron debidamente acordados dejandó la cifra en siete millones y medio, cifra que resistió tres o cuatro meses hasta oficializarse la de seis millones. Y aunque én el simulacro de proceso a Eichmann en Jerusalen el Fiscal General judío presentó como oficial la cifra de 5.700.000, los "mass media" siguen aferrados, cual náufrago a un salvavidas, a los seis millones y a tal cifra absurda vamos a atenernos.

Según fuentes oficiales judías,[70] el número de judíos que viven en Europa cuando el Nacionalsocialismo accede al poder, en 1933, es de 5.600.000. sin contar los que viven en la Unión Soviética, a los cuales difícilmente pudo llegar a capturar el ejército alemán. Es de aplastante lógica suponer que. los judíos de Ucrania y Rusia Blanca se retiraran hacia el interior de Rusia con el Ejército Rojo y no se quedaran "sur place" para ser llevados a los campos de concentración alemanes. Ahora bien, dos fuentes dispares, una suiza[71] y otra judía[72] coinciden en que el número de emigrantes judíos, entre 1933 y 1945, a Inglaterra, Suecia, Suiza, la Península Ibérica, Canadá, los Estados Unidos, América Latina, Australia, China, la India, Palestina y Africa, fue de 1.440.000.

---

[70] "*The New York Times*", 11 de Enero de 1945, reproduciendo datos oficiales de la "American Jewish Conference".

[71] "*Baseler Nachrichten*" 13-IV-1946.

[72] "*Aufbau*", periódico yiddisch de Nueva York. Articulos del demógrafo israelita Bruno Blau, 13-VIII- 1948.

Estos judíos procedían de Alemania, Austria, Checoeslovaquia y, en menor escala, de Polonia, Rumania y Hungría. Por otra parte, el número de judíos que vivían en los paises neu trales, sin contara los recientes inmigrados, era de 413.128.[73]

Es decir que de los 5.600.000 judíos que vivían en Europa, excluyendo la URSS, en 1933, cuando el Nacionalsocialismo sube al poder, debemos eliminar como posibles víctimas de los nazis a 1.440.000 que logran emigrar a países neutrales y militantes en el bando Aliado, más a 413.128 que ya residían en países neutrales o en la inocupada Inglaterra. Esto reduce la cifra a 3.746.872.[74]

Pero tampoco esta cifra es definitiva. Para llegar a la cifra máxima de judíos que estuvieron dentro del radio de acción de los nazis – lo que no significa necesariamente internados, pues los judíos abundaban en los movimientos de resistencia – hay que descontar a los que vivían en la parte oriental de Polonia y en los paises bálticos, que huyeron a la Unión Soviética después de 1939 y fueron, luego, evacuados fuera del alcance de las tropas alemanas que se internaban en la URSS. Según el historiador judío Reitlinger[75] el número de judíos emigrados hacia la Unión Soviética y, por tanto, a salvo, fue de 1.550.000. Esto nos da la cifra definitiva de 2.196.872. Citaremos, de paso, el testimonio de un periodista israelita, Freilig Foster quien asegura que "desde 1939 hasta la invasión nazi de Rusia. 2.200.000 judíos de los ghettos del Este de Europa encontraron su salvación en la Unión Soviética.[76] Sihacemos caso de este testimonio, la cifra definitiva debe quedar reducida enla diferencia entre la cifra facilitada por Reitlinger, es decir,

---

[73] "*World Almanach*" (Almanaque Mundial), 1942. p. 594.

[74] Tales judíos residían en Inglaterra, Gibraltar, Portugal, España, Suecia. Suiza, Turquía Europea e Irlanda (N. del A.).

[75] G. Reitlinger, "*Die Endlösung*", p. 34.

[76] "*Collier's Magazine*", 9-VI-1945.

1550.000 y esos 2.200.000, o sea que hay que reducir 650.000 más a los que, según ese autor, no pudo llegar el fatal brazo del Führer, con lo cual la cifra definitiva de víctimas potenciales, no efectivas, quedaría reducida a la cifra de 1.546.872.

No obstante, el testimonio de Foster no parece real. Pese a escribir en una revista "burguesa" de los Estados Unidos, ese periodista era conocido por la benevolencia de sus comentarios cuando tocaba el tema que rozara, de cerca o de lejos, a la URSS. De ahí que su artículo, tan prosoviético, presentando a la Meca del Comunismo como la salvadora de los judíos orientales, nos parezca, a priori, sospechoso. Por eso nos quedamos con la cifra antes citada de 2.196.872, a pesar de que otro judío pro-comunista, Louis Levine, Presidente del "American Jewish Council for Russian Relief" (Comité Judeo-Americano de Ayuda a Rusia) declaró en una conferencia que

"... al principio de la agresión alemana contra Rusia, los judíos fueron los primeros evacuados de las regiones amenzadas por los hitlerianos y puestos en seguridad tras los Urales. Así fueron salvados dos milliones de judíos".[77]

Esa alta cifra es confirmada por otro pro-comunista judío, David Berlengson al afirmar que "gracias a la evacuación el 80% de los judíos que vivían en la zona polaca ocupada por el Ejército Rojo en 1939, y en los Países Bálticos pudo salvar la vida, es decir, algo más de dos millones de personas".[78]

La cifra de 2.196.872 puede ser aumentada en, aproximadamente, en 110.000 es decir, el 5% de crecimiento de población, por diferencia favorable entre nacimientos y decesos, porcentaje que nos parece muy "deportivo" por

---

[77] Chicago, 30– X– 1946.
[78] David Bergelson in *Ainikeit*, revista yiddish en Moscú, 5– XII– 1942.

favoreble a la tesis oficial, máxime si tenemos en cuenta que la Judería Europea – de rentas elevadas – siempre ha sido menos fecunda en nacimiento que las de otros continentes, y con mayor razón debió darse esa circunstancia en el azaroso periodo que nos ocupa. Es decir, que la cifra máxima de judíos que, según fuentes judías más favorables a la tesis oficial, pudieron caer en manos de los nazis fue de unos 2.300.000.

Pero hay, aún otra fuente que permite aumentar esa cifra. En efecto, los precedentes cálculos están basados en unos datos oficiales judíos, facilitados por la Conferencia Judeo-Americana, según la cual la población israelita de Europa cuando el Nacionalsocialismo llega al poder es de 5.600.000. Pero según la "Chambers Encyclopoedia", el número total de judíos que vivían en Europa en la época objeto del presente estudio era de 6.500.000, es decir, 900.000 más que los citados por fuentes judías. Es posible que la "Chambers" haya manipulado erróneamente datos de otras agencias judías, aunque lo más probable es que éstas sólo hayan considerado judíos a los inscritos en las sinagogas, lo que explicaría el "décalage" de cifras. No obstante, lo importante a retener de este dato es que la cifra dada por la "Chambers", o sea, 6.500.000 es la más elevada que se conoce. La conclusión final es, pues, que utilizando los datos más favorables a la llamada tesis oficial, Hitler sólo pudo llegar a tener bajo su control a 3.200.000 judíos, es decir, los 2.300.000 a que llegábamos en los precedentes cálculos más los 900.000 de diferencia en más según la generalmente bien informada "Chambers Encyclopoedia".

No queremos insultar al sentido común del lector amigo demostrándole que si Hitler solo pudo tener acceso, en el mejor de los casos, a 3.200.000 judíos, no le fue posible ordenar el asesinato indiscriminado de 6.000.000. Procedamos ahora, a efectos de comprobación, en el sentido inverso. "La mayoría de los judíos alemanes consiguieron abandonar Alemania antes de que la guerra estallara".⁷⁹ También pudieron emigrar 220.000 de los 280.000 judíos austríacos y 260.000 de los 420.000 de los checoslovacos. En total sólo quedaron en Alemania, Austria y Checoslovaquia, después de Septiembre de 1939, unos 360.000 judíos.

En Francia había, en 1939, 320.000 judíos. Según el Fiscal francés en los procesos de Nuremberg, 120.000 de ellos fueron deportados a los campos de concentración, aún cuando el repetidamente citado autor judío Gerald Reitlinger sostiene que la cifra sólo fue de 50.000, basándose en fuentes emanadas de la "Alliance Israélite Universelle".⁸⁰ No obstante, vamos a tomar la cifra más favorable a la tesis oficial, es decir, 320.000 contra los que pudo actuar Hitler. Las colonias judías de Bélgica (40.000), Holanda (140.000), Italia (50.000), Yugoeslavia (55.000), Hungría (380.000) y Rumanía (710.000), en 1939 ⁸¹, totalizan, junta a las ya mencionadas de Alemania, Austria, Checoslovaquia y Francia, 2.055.000 personas. Queda el problema de los judíos polacos, cuya cifra es, siempre, la más difícil de evaluar. Se ha afirmado frecuentemente, sin fundamento alguno, que a consecuencia de la guerra con Polonia el reich obtuvo el control sobre tres millones de judíos suplementario. Esto es sencillamente imposible. Según Reitlinger⁸² el censo de judíos polacos era, en el año de 1938, de 2.732.600, de los cuales 1.170.000 residían en la zona ocupada por los soviéticos y otros 380.000 emigraron antes de la ocupación alemana de la zona occidental de aquél país, lo cual presupone que el número de judíos polacos bajo control alemán fue de 1.182.600, cifra a todas luces exagerada, y a la que se llega sólo si se toman como válidas las cifras de Reitlinger (que incluyen a los judíos que vivían en los Países Bálticos) pero que deben acercarse más a la realidad si se acepta la cifra del

---

[79] *"Unity in Dispersion"*, p. 377. Publicación oficial del Congreso Mundial Judío.
[80] Gerald Reitlinger: *"Die Endlösung"*.
[81] *Id.*, p. 93.
[82] *Id.*, p. 36.

estadístico y demógrafo judío Jakob Leczinsky, de 750.000 personas.

En cualquier caso, si se aceptan las cifras de Reitlinger con respecto a Polonia, las más favorables a la tesis oficial, el número máximo de judíos bajo control alemán fue de 3.237.600, cifra sensiblemente semejante a los 3.200.000 que hallamos en el cálculo anterior, basándonos en las cifras iniciales de 6.500.000 judíos en toda Europa aseveraba la "Chambers Encyclopoedia". Si se aceptan las de Lesczinsky, llegamos a la cifra máxima de 2.805.000, que representaba aproximadamente el punto medio entre la cifra de la "Chambers" (6.500.000) y la del tratadista judío Bruno Blau (5.600.000), que parece gozar de más autoridad en la materia.[83] Podemos, pues, resumir la cuestión diciendo que el número de judíos que pudieron estar bajo jurisdicción alemana, en el transcurso de la II Guerra Mundial fue, como máximo, de 3.237.600, y, como mínimo, de 2.300.000, siendo la cifra de unos 2.800.000 la que parece más ajustada a la realidad. Enfoquemos la cuestión desde otro punto de vista. En 1938, había en el mundo 15.688.259 judíos, según datos oficiales judíos.[84] Diez años des. pués, es decir, después de las persecuciones nazis y del supuesto holocausto de los seis millones de gaseados y cremados, habían, en todos el mundo, entre 15.600.000 y 18.700.000 judíos, según un articulo, aparecido en el diario "The New York Times"[85] suscrito por Mr. Hanson William Baldwin, experto demógrafo. Tomemos como cierta la evaluación más baja, es decir, la más favorable a la tesis oficial de los seis millones de israelitas asesinados, o sean, 15.600.000 judíos, y observaremos que resulta que en los diez años que mediaron entre 1938 a 1948 – época que incluye los años de guerra, de 1939 a 1945, durante

---

[83] Bruno Blau, obtuvo sus datos de la "American Jewish Conference", cuyas fuentes de información sobre la población judía parecen dignas de crédito (N. del A.)

[84] "World Almanac", 1947. Cifra facilitada al referido Almanaque Mundial por el "Comité Judeo-Americano y por la Oficina Estadística de las Sinagogas de América".

[85] Ejemplar del 22– II– 1948. El propietario de este diario es el judío y sionista, Arthur Sulzberger.

los cuales se asegura muy seriamente que Hitler hizo matar a seis millones de judíos – la población judía ha permanecido inalterable, cubriendo, con seis millones de nacimientos, los supuestos seis millones de muertes. Es decir, que en siete años de persecución, y tres años de post-guerra, los judíos supervivientes de la matanza, 16 millones menos 6 millones igual a 10 millones, han logrado, en un alarde sexual sin precedentes en la Historia, un incremento de población del ¡60%! ... Y si se tomá la cifra más alta propuesta por Mr. Baldwin, es decir, 18.700.000 judíos, resultaría que si Hitler, efectivamente hizo matar a seis millones de judíos nos encontraríamos con un incremento de la cifra demográfica de nueve millones, o sea un aumento de tres millones más otros seis millones de nacimientos para suplir los seis millones de judíos pretendidam ente gaseados o cremados por los nazis. Si en 1948 habían en el mundo dieciocho millones de judíos, el nacimiento de nueve millones de judíos durante los diez años del período 1938-1948, o sea un incremento total del 100% es una imposibilidad física. Ni aún cuando todo judío púber se hubiera dedicado, exclusivamente, veinticuatro horas diarias, a practicar el coito con mujeres púberes de su raza, el que ubiesen podido llegar a engendrar, en diez años, nueve millones de retoños está en pugna total con las leyes de la genética, por muy sexualmente obsesos que se quiera suponer a los correlegionarios de Freud.

EL ORIGEN DEL MITO

Si durante la contienda ambos bandos se acusaron mutuamente de la comiSión de actos crueles e inhumanos, tal como mandan los cánones de la llamada "guerra psicológica", las referencias especiales a los malos tratos dados a los judíos se iniciaron en los Estados Unidos, cuando estos eran aún neutrales, a mediados de 1941. En un despacho radiado desde Estocolmo, el 12 de Junio de 1941, se habló de cámaras de gas; el autor de la noticia era el periodista judío Lipschitz (a) Winchell, y los principales periódicos norteamericanos se hicieron eco de la noticia. No obstante, una cosa era innegable; aún cuando la Gran Prensa acusara a los nazis de "todos los pecados de Israel", para utilizar una expresión bíblica, las alegaciones de exterminación masiva de civiles judíos no tuvieron eco destacado en la prensa de los paises Aliados. Solamente a finales de 1944 recrudeció la campaña sobre los campos de extermina cion, pero siempre en noticias de segunda página, Basta para cerciorarse de ello solicitar en cualquier hemeroteca pública, ejemplares del londinense "Times" o su homónimo neoyorquino. Toda acusación del campo Aliado iba seguida de un desmentido alemán, con invitación a la Cruz Roja Internacional a que comprobara la falsedad de tales acusaciones. Acusaciones de unos y desmentidos de otros son normales dentro de los condicionantes de la guerra psicológica.

La relativa lenidad de la campaña propagandística de los Aliados a propósito del tema judío puede explicarse, aunque no afirmaremos que ésta fuera la razón, por la posibilidad de los nazis de acudir al testimonio imparcial de la Cruz Roja Internacional.

Es un hecho que, a mediados de 1944, cuando la victoria aijada parecía segura y Alemania no podía acudir prácticamente a ningún testimonio impatrcial, se multiplicó la campaña propagandística a propósito del tema concentracionario y de las exterminaciones masivas de judíos. No obstante, la mayor virulencia se alcanzó una vez terminanda la guerra, con el vencido adversario practicamente amordazado. Seria necio pretender que el motivo de ese "crescendo" en el tono propagandístico fue debido a la circunstancia de haber podido comprobar los Aliados, "de visu", la realidad de los llamados "campos de exterminio". No se puede sostener que entidades de tan merecido prestigio como el "Intelligence Service", el "F.B.I." o el espionaje soviético ignoraran el supuesto programa de exterminio de los judíos; no se puede sostener que los nazis quemaran a seis millones de personas y tales entidades no se enteraran. Precisamente los Aliados tenían contactos incluso en el Gran Cuartel General del Führer y estaban al corriente del atentado contra Hitler el 20 de Julio de 1944. Es inconcebible, pues, que los Aliados no se enteraran de tan macabro plan y si se enteraron, es aún más inconcebible que, disponiendo, Como disponían, del control de las grandes agencias internacionales de noticias, no armaran un verdadero alboroto, cuando el "leit motiv" de su propaganda consistió, precisamente, en presentar a sus adversarios en el papel de los villanos de la película. Dejando aparte las acusaciones de malos tratos y de asesinatos individuales o en pequeña escala, de judíos, la primera acusación de exterminaciones masivas fue hecha por el Congreso Judeo-Americano y Congreso Mundial Judío, conjuntamente, el 27 de Agosto de 1943, en un informe de 300 paginas que fue entregado a la prensa norteamericana. En él se afirmaba que 3.000.000 de judíos habían sido exterminados en los campos de concentración nazis, mientras que 1.800.000 habían logrado salvarse por haber huido a la Unión Soviética y otros 180.000 a otros paises. En dicho informe no hay ni un indicio de prueba, y sí tan sólo algunos "affidavits" o declaraciones juradas por escrito de sedicentes evadidos de los campos nazis. No obstante fue aceptado por los organismos oficiales norteamericanos, siendo de destacar la virulencia de la presión ejercida por el Departamento del Tesoro, cuyo titular, Henry Morgenthau, sostuvo un verdadero duelo con el Subsecretario de Estado John Breckenridge Long, que se resistía a incluir el tema en la propaganda oficial norteamericana. Finalmente, Morgenthau, con el poderoso apoyo del Secretario de Justicia, Felix Frankfurter y del propio huesped de la Casa Blanca[86] logró doblegar la resistencia de Breckenridge Long y hacer que fueran aceptando, sin control ni verificación de ningún género, los relatos de atrocidades nazis contra los judíos, mandados desde Ginebra por los dos representantes del Congreso Mundial Judío, Paul Guggenheim y Gerhard Riegner. Uno de los relatos transmitidos desde el Consulado norteamericano en Ginebra afirmaba que "un industrial alemán" había informado a Guggenheim sobre una conferencia mantenida en el Gran Cuartel General del Führer en la que se decidió exterminar a todos los judíos pro-soviéticos en manos de los alemanes. Los judíos debían ser confinados en algún lugar del Este de Europa y gaseados con ácido prúsico. Esta información fue enviada a Washington y a Londres por conducto diplomático. El "industrial aleman", cuyo celo en conservar el anonimato se comprende en aquel tiempo, ha continuado recluido en el mismo anonimato hasta hoy, en que tan provechosa podría resultarle la publicidad de su confidencia a Guggenheim. Cuando el

---

[86] El Presidente Franklin Delano Roosevelt, pertenecía a la séptima generación del hebreo Claes Martenszen van Roosevelt, expulsado de España en 1620 y refugiado en Holanda, de donde emigró, en 1650 o 1651 a las colonias inglesas del Norte de América, según investigaciones fueron continuadas por el publicista judío Abraham Slomovitz quien publicó en el "*Jewish Chronicle*" que los antepasados judíos de Roosevelt residían en España y se apedillaban Rosacampo. Robert E. Edmondsson, que estudió el árbol genealógico de los Roosenvert-Rosacampo-Martenszen-Roosvelt dice que, desde su llegada a América tal familia apenas se mezcló con elementos anglosajones puros, abundando sus alianzas matrimoniales con Jacobs, Samuels, Abrahams y Delanos. La propia esposa de Roosevelt era judía y fervorosa sionista. El *New York Times* del 4 de Marzo de 1935 recogió unas manifestaciones de Roosevelt en las que se reconocía su origen judío. (N. del A.)

mensaje fue recibido en el Departamento de Estado fue debidamente evaluado y se decidió que:

"... la publicación de ésta noticia no parece aconsejable en vista de la naturaleza fantástica de las alegaciones y de la imposibilidad de su comprobración".[87]

El mensaje fue, pues, suprimido de la propaganda oficial norteamericana. Inmediatamente, el rabino Stephen Wise (a) Weisz, del Congreso Judeo-Americano, presentó una enérgica protesta ante el Departamento de Estado por la supresión de la noticia. Pero unas semanas después dos personas desconocidas, y que "preferían guardar su anonimato", se presentaron en el Consulado Americano en Ginebra asegurando ser unos judíos que habían logrado huir de unos (sin mencionarlos) campos de exterminio. Aseguraron que los alemanes mataban a los judíos para utilizar sus cadáveres como fertilizantes. De nuevo se informó a Washington por vía, diplomática y entonces el Gobierno de los Estados Unidos, oficialmente, requirió a la Santa Sede que tratara de confirmar esta noticia, así como la anterior, causante de la protesta del rabino Wise. Finalmente, el 10 de Octubre de 1943 el Vaticano. oficialmente, informó al Gobierno de los Estados Unidos, a través de Myron Taylor, que asumía las funciones de Embajador sin Embajada en la Santa Sede, que le era imposible confirmar los informes de severas medidas contra los judíos en el territorio controlado por los alemanes. Casi simultáneamente. Reigner presentó triunfalmente dos nuevos documentos. El primero, según él afirmó, había sido redactado por un "oficial de elevada graduación", miembro del Alto Estado Mayor Alemán y que, naturalmente, deseaba permanecer anónimo. Dicho oficial aseguraba en su informe que habían, en el Este de Alemania, al menos de factorías para el aprovechamiento de los cadáveres judíos, de los que los lamenanes obtenían jabón, grasas y lubricantes, y que

---

[87] A. R. Butz: "*The Hoax of the Twentieh Century*", pag. 60.

se había calculado, por los contables de la Gestapo (!?) que cada cadáver judío valía, en promedio, 50 Reichsmarks. El segundo documento consistía en dos cartas cifradas escritas por un judío suizo residente en Varsovia, en las cuales afirmaba que todos los judíos de la capital polaca habían sido exterminados mediante fusilamientos en masa. Esto se afirmó muy seriamente, en septiembre de 1943, es decir, más de un año antes de que los judíos del ghetto de Varsovia se sublevaran con las armas en la mano y fueran vencidos por las unidades alemanas enviadas en su represión.

Queremos hacer notar la sorprendente semejanza de las acusaciones en cuestión con las formuladas contra Alemania en el transcurso de la I Guerra Mundial: aprovecharniénto de cadáveres para hacer jabón y fertilizantes. Una falta de imaginación y creatividad realmente asombrosa. Sólo el fiscal soviético hizo suyas las acusaciones de las "fábricas de jabón" en el Proceso de Nuremberg – del que más adelante hablaremos – mientras que uno de los pioneros de la literatura concentracionaria, Raul Hilberg, afirmó que tales "fábricas" nunca existieron en realidad.[88]

A finales de Octubre de 1943 el infatigable Riegner se presentó de nuevo ante el Embajador norteamericano en Berna, Harrison, informándole de que había obtenido pruebas de que los nazis estaban exterminando masivamente a los judíos en el territorio ocupado por ellos. He aquí las pruebas: un informador anónimo alemán y un alto funcionario de la Cruz Roja Internacional, naturalmente también anónimo, aseguraban poseer información de primera mano, aunque también anónima, de que los alemanes estaban gaseando o fusilando en masa a los judíós bajo su control. Harrison mandó el informe a Riegner al Departamento de Estado, en Washington, adjuntando una carta personal informando, a su vez, de haber recibido un "affidavit" de Guggenheim, el colega de Riegner, en el que se afirmaba haber recibido

---

[88] Raul Hilberg: "*The Destruction of European Jews*", p. 246.

testimonios que corroboraban las manifestaciones de Riegner. Tales testimonios emanaban de un ciudadano alemán, igualmente anónimo, que había obtenido su información en una conversación sostenida con un funcionario del Ministerio de Asuntos Exteriores – funcionario asimismo anónimo – y de un ex-funcionado del Ministerio de la Guerra, anónimo igualmente. Finalmente, un informador suizo, residente en Belgrado había proporcionado información a Guggenheim, confirmando las acusaciones de exterminios masivos de judíos. Naturalmente, ese suizo, era, también anónimo. Realmente, es muy difícil presentar una acusación basándose en testimonios más gaseosos e inmateriales. Con audacia sin par, Riegner y Guggenheim lo hicieron, y Morgenthau, Dexter White y Wise se encargaron de materializarla en los Estados Unidos.

Precisamente fue el Rabino Wise quien se presentó en la Casa Blanca, ante el Presidente Roosevelt, al frente de una delegación de judíos americanos. entregándole un documento de veinte páginas titulado "Blue Print for Exterminations", basado exclusivamente en la clase de información que acabamos de mencionar. La presión del "lobby" judío, y especialmente de su fracción sionista, forzaron al Gobierno Norteamericano a aceptar las alegaciones de Wise y, en consecuencia, los gobiernos de los países aliados – incluyendo la Unión Soviética – hicieron público un comunicado condenando las "exterminaciones de judíos llevadas a cabo por los nazis".

Junta al "lobby" judío, apoyándole en todo momento en la tarea de oficializar la tesis propagandística de los exterminios en masa de judíos, estuvieron infatigablemente los comunistas y los ultra-izquierdistas de Norteamérica, con Harry Dexter White y los hermanos Hiss a la cabeza.[89]

---

[89] Dexter White, Sub-Secretario del Tesoro y "alter ego" de Morgenthau era un agente soviético, que se suicidó antes de caer en manos de la justicia. También fueron convictos agentes soviéticos Alger Hiss, consejeron especial de Roosevelt y su hermano Donald,

Al término de las hostilidades, los abanderados campeones de la Democracia y el Progreso consideraron necesario actualizar el ignominioso ¡Vae Victis! del bárbaro Brenno y, nombrándose a sí mismso jueces, fiscales y verdu–gos condenaron, en los llamados Procesos de Nuremberg, a los vencidos, basándose en leyes "ex post facto". No vamos a ocuparnos aquí, por escapar del ámbito estricto de la presente obra, del Tribunal Militar Internacional de Nuremberg, de sus pompas y sus obras. Simplemente mencionaremos que, por decisión personal del Presidente Rosevelt, el Juez Samuel Rosenman[90] fue designado representante directo de la Casa Blanca en el llamado "War Crimes Branch" (Sección de Crimenes de Guerra), presidido por el General John M. Weir,[91] cuya misión consisna en juzgar y castigar a los criminales de guerra nazis una vez consumada su derrota". Este "War Crimes Branch", actuó, junto al Tribunal Militar Internacional en los doce procesos de Nurenberg, y posteriormente, en los centenares de procesos llevados a cabo por los vencedores en toda Europa, y no solamente en Alemania.

El "Congreso Mundial Judío" tuvo, prácticamente. el monopolio en la presentación de pruebas contra los denominados "criminales de guerra".[92] Más adelante trataremos de tales pruebas cuando incidan en el tema del presente sujeto. Baste, por el momento, mencionar que fue precisamente el Tribunal Militar Internacional de Nuremberg quien, a priori, admitió como demostrado el plan de exterminio de los judíos, llevado a cabo por los nazis. Así, por ejemplo, el Juez soviético Nikitchenko declaró tranquilamente, antes de los procesos que "...ahora vamos a ocuparnos de los mayores criminales

---

funcionario del Departamento de Estado. Los tres eran judíos. (N.del A.)

[90] Judío, sionista y miembro del "Brain Trust". (N. del A.)

[91] Igualmente judío aunque no miembro del "Brain Trust". (N. del A.)

[92] Según Louis Marschalsko, al menos dos terceras partes del personal que trabajó en los procesos eran judíos. ("*World Conquerors*"), pág. 134.

de guerra, que ya pueden considerarse convictos".[93] No creemos exagerar si afirmamos que ese "juez" estaba ligeramente predispuesto contra los reos.

Pero mayor incidencia a tenido, aún, en la consagración del mito como verdad histórica, la inmensa literatura concentracionaria, que, desde 1945 hasta hoy, se ha vertido sobre un mundo atónito. Se han publicado relatos esperpénticos, con una técnica narrativa y publicitaria adaptada a todas las culturas y mentalidades. Peliculas, conferencias, emisiones radiofónicas y televisivas, martilleando ad nauseam cerebros y retinas del hombre disuelto en la masa. Es comúnmente admitido que, las en su genero, más destacadas obras de la literatura concentracionaria corresponden a cincó autores, todos ellos judíos: Léon Poliatov,[94] Gerald Reitlinger,[95] Lucy S. Davidowicz,[96] Nora Levin,[97] y Raul Hilberg.[98] Todos estos libros tienen un punto en común: se apoyan en el veredicto del tribunal internacional de Nuremberg, y se citan profusamente entre si, aludiendo constantemente a declaraciones de personas como Morgenthau, Dexter White, Rosenman et alia, cual si se tratara de testimonios irrefutables y de probada imparcialidad. También presentan numerosos documentos gráficos, de los que más adelante hablaremos, y que en muchos casos no son más que hábiles fotomontajes. Su falta de valor probatorio se fundamenta en que dan por axiomático lo que, precisamente, se trata de demostrar, estos es, que hubo un plan premeditado del gobierno alemán para asesinar masivamente a los judíos en razón de su procedencia etnica y que el total de víctimas alcanzó los seis millones, parten, para ello, de las conclusiones del Tribunal Militar Internacional de Nuremberg, sobre la validez de cuyas decisiones han opinado de forma desmoledora numerosos

---

[93] Eugene Davidson: "*The trial of the Germans*".
[94] Léon Poliakov: "*Le Troisième Reich et les Juifs*".
[95] Gerald Reitlinger: "*The final solution*".
[96] Lucy. S. Davidowicz: "*The War against the Jews, 1933-1945*".
[97] Nora Levin: "*The Holocaust*".
[98] Raul Hillberg: "*The Destruction of the European Jews*".

miembros del mismo. Sirvan como ejemplo entre varios que se podrían citar, las declaraciones del Juez Norteamericano Charles F. Wennerstrum, que presidió el llamado "caso séptimo" (juicio de los generales alemanes acusados de la ejecución de rehenes), quien de regreso a America y tras presentar la dimisión de su cargo, manifestó:

"Si hubiera sabido antes lo que hoy se, nunca hubiera ido a Alemania a participar en esos juicios... La acusación pública no ha podido disimular que no se trataba de justicia sino de venganza. La atmosfera de los juicios es insana. Se necesitaban linguistas. Abogados, pasantes, interpretes e investigadores eran americanos desde hacia pocos años. Conocían mal nuestra lengua y se hallaban imbuidos de los odios y los prejuicios europeos".[99]

No creemos sea torturar los textos si de las palabras del Juez Wennerstrum deducimos que "abogados, pasantes. intérpretes e investigadores", "que crearon una atmosfera insana" y antepusieron la venganza a la justicia debían ser en su abrumadora mayoría, judíos. Conocían bien el alemán – intérpretes – y mal el inglés, por llevar pocos años en América, y además, se hallaban "imbuidos de los odios y prejuicios europeos".

¿Quiénes podían ser sino judíos emigrados de Alemania antes de estallar el conflicto?

¿Cuántas personas saben, por ejemplo, que el Fiscal General Americano de Nuremberg fue Robert Kempner, un judío nacido en Alemania en 1899, Consejero legal de la Policia de Prusia durante el regimen de Weimar y luego, durante el régimen nazi, abogado del sindicato de taxistas alemanes? ¿Cuántas personas saben que el tal Kempner fue, prácticamente el único abogado de Occidente que apoyó la absurda tesis soviética según la cual la

---

[99] Artículo de Eugen Dubois, sionista, en la "*Chicago Tribune*" del 3-2-1948.

matanza de 15.000 oficiales polácos en el bosque de Katyn fue llevada a cabo por los alemanés y no por los rusos? ¿Cuántas personas, en fin, saben que el jefe del "Staff" encargado de redactar las listas de "criminales de guerra" fue David Marcus, un sionista, miembro de la Hagannah, que perdió la vida en la guerra judeo-árabe de 1948. ¿Cómo puede, seriamente, creerse en la imparcialidad de unas estructuras judiciales cuyos miembros eran, a la vez, juez y parte?

Los creadores del mito fueron, puede decirse que exclusivamente, judíos y, en su aplastante mayoría, sionistas. En segundo plano – y sólo en segundo plano – colaboraron con ellos los comunistas, interesados por las razones más arriba apuntadas, en la supervivencia del rancio mito.[100]

Si en el epígrafe "Los Deréchos de la Aritmética" creemos haber demostrado que el número máximo de personas de extracción racial judia que pudieron estar bajo control alemán en el transcurso de la II Guerra Mundial fue de 3.237.600, el mínimo de 2.300.000, siendo la cifra de unos 2.800.000 la que nos parecía más ajustada a la realidad, vamos a deducir, basandonos en fuentes libres de toda sospecha de parcialidad, la cifra de bajas que, por todos los conceptos, pudieron padecer los judíos en el transcurso de la pasada contienda mundial.

Analicemos el mito, el sacrosanto tabú de los seis millones, sin prejuicios. Tratemoslo, más bien, como un simple problema arjtmético, utilizando para nuestros cálculos la clase de datos que ninguna persona en su sano juicio pueda pretender que emanan de fuentes "anti-semitas".[101] Vamos a

---

[100] Mención especial merecen en tal sentido. Ilya Ehrenbourg, a quien el mismo Lenin llamaba "la ramera al alcance de todos", y Yevgeni Evtouchenko, depurados por "trotzkistas" y ambos judíos. (N. del A.).

[101] Somos conscientes de que "antijudío" no significa necesariamente antisemita, pero, dado el clima imperante, creemos necesaria esa concesión a la inercia mental de los más

referirnos, por ejemplo, a la Encyclopoedia Britannica,[102] en la que podemos leer la siguiente frase, tan interesante como ambigua, a propósito de las víctimas judías en la II Guerra Mundial: "Si sólo una fracción de las atrocidades denunciadas es exacta, entonces muchos **miles** de no combatientes judíos, hombres, mujeres y niños indefen. sos fueron asesinados después de Septiembre de 1939".

Fijémonos bien: los autores de este articulo en la Enciclopedia Britannica hablan de **miles** y no de "millones" de posibles víctimas, y, al principio de la frase, colocan un cauteloso "Si... " "**Si sólo una fracción de las atrocidades denunciadas es exacta...**" ¿Tenían, los autores, base o fundamento para poner en duda la veracidad de tales atrocidades? Aparentemente, sí; pues no es verosímil suponer que la primera enciclopedia del mundo no cuide, controle y verifique el contenido de los artículos de sus muy excogidos colaboradores; más aún si tenemos en cuenta que la editora de dicha enciclopedia es la firma Wagnalls, cuya dirección está encomendada a judíos, y judíos son los detentores de la mayoría de sus acciones. El motivo de las dudas puede radicar en los fraudes Auerbach, Ohrenstein et alia, que más adelante estudiaremos. Limitemonos, de momento, a reproducir una noticia aparecida en el semanario americano "South Carolina Sunday Post":

"El Doctor Aaron Ohrenstein, Gran Rabino de Baviera, ha sido sentenciado a un año de cárcel por fraude. El Gran Rabino ha sido convicto de haber falsificado numerosas declaraciones juradas sobre inexistentes victimas del terrorismo nazi".[103]

Desgraciadamente, ignorámos cuántos cadáveres fabricó ese pío personaje de Jehová y cuántos otros rabinos, doctores y comunes mortales

---

(N. del A.).
[102] *Encyclopedia Britannica*, Vol. XIII, pág. 63-B (Edición de 1953).
[103] "S. C. Sunday Post", 11– VII– 1954.

siguieron su ejemplo. Hemos recopilado unos cuantos de los que, repetimos, más adelante nos ocupamos. Ahora bien: creemos que no es descabellado suponer que ese rabino no era una "rara avis", porque sólo mediante la concatenación de esfuerzos concentrados y altamente organizados de muchos colaboradores eficientes pudo ser posible crear y mantener tan delirante mito.

Y mito – ¡por no decir otra cosa! – es afirmar que quien tuvo bajo su control a tres millones de seres pudo asesinar a seis millones... y aún le sobraron, como mínimo, un par de millones supervivientes que se fueron á los Estados Unidos y a Palestina...(!) Una moderna actualización del bíblico milagro de los panes y los peces. Sólo a título comparativo mencionaremos aquí que el Japón, que lucho – primero contra China y luego contra los anglo-americanos – durante casi nueve años, fue despiadadamente bombardeado y fue la víctima de las dos primeras bombas atómicas, tuvo un total de 3.087.000 muertos "sólamente".

¿Cuántos judíos murieron, en realidad? La cifra generalmente admitida, como sabemos, como saben hasta los parvulitos de Nueva Zelanda por que se lo han introducido a martillazos publicitarios en sus cabecitas es la de **seis millones**, que es fácil de recordar y de repetir. Pero las sedicentes cifras "oficiales", según el Fiscal del Juicio contra Eichmann, en Jerusalen, confirmados posteriormente por el Comité Anglo Americano quedan fijadas – ¡hasta la próxima rebaja! – en la sorprendentemente exacta cifra dé "Víctimas" de 5.721.000.

Admitamos, a efectos puramente polémicos que ésta es la respuesta correcta a nuestra pregunta, y situemonos en 1957, cuando la revista norteamericana "Time" publicó una estadística sobre población judía que armó un cierto revuelo.[104] – Población Mundial Judía en 1938, según datos oficiales de la Oficina Estadística de las Sinagogas de América: 15,7 millones.

- Aumento natural de la población judía entre 1938 y 1957 según datos del Congreso Mundial Judío: 1. millón. Total.:16, 7 millones.
- Menos las víctimas según el Fiscal del Juicio contra Eichmann,. 5, 7 millones.
- Debieran quedar, en 1957:.11 millones. Pero he aquí que según datos proporcionados por el mismo Congreso Mundial Judío, habían, en 1957:
- Judíos en la Unión Soviética. 2 millones.
- Judíos en los Estados Unidos.5,2 millones.
- Judíos en otros países 4,6 millones.
- Lo que totaliza: 11,8 millones.

Once millones ochocientos mil judíos. Es decir, 0,8 millones **más** de los que debieran haber de acuerdo con el primer cálculo. Por consiguiente, un tesmonio de tan excepcional calidad como el propio Congreso Mundial Judío admite, tácitamente, que el número de "víctimas" no puede ser siquiera de 5,7 millones, debiendo rebajarse a 5,7– 0,8: 4,9 millones. Pero, según informa el demógrafo norteamericano Roland L. Morgan, en el censo de la población soviético de 1957, el número de judíos residentes en la URSS era ligeramente superior a los tres millones y no los **dos millones** mencionados por el Congreso Mundial Judío.[105] Si substraemos ese millón "perdido" y ahora "hallado" en Rusia, de la cifra del párrafo anterior deberemos deducir precisamente "ese" millón: 4,9 millones– 1 millón: 3,9 millones.

Ahora bien, si el Congreso Mundial Judío pudo "arreglar" la población judeo– soviética en un tercio, ¿podemos admitir como aceptable la

---

[104] "*Time*", New York, 18– 2– 1957.

[105] Las estadísticas soviéticas fueron publicadas por el periódico judío "*New Russian World*", en Nueva York, 30– 9– 1960. (N. del A.).

sospechosamente baja cifra de sólo 5,2 millones de judíos en los Estados Unidos...? Roland L. Morgan lo niega resueltamente, razonándolo de la siguiente manera: "Según cifras oficiales del Comité Judeo-Americano la población judía de los Estados Unidos era, en 1917, el 3,27 % del total; en 1927, el 3,58 % y en 1937 el 3,69 %. Todos sabemos que, además del aumento natural normal se produjo, en las décadas de los años 40 y 50 un tremendo influjo de inmigrantes judíos – tanto ilegal como ilegalmente – a las hospitalarias tierras americanas. Pero, sorprendentemente, si hemos de creer las cifras del Congreso Mundial Judío, en 1957 el porcentaje había descendido hasta un 2,88 % del total (5,2 millones sobre 180 millones). Esto es imposible. No se puede admitir".[106]

En efecto: ¿cómo pudo ocurrir ese "milagro"? No sería más lógico suponer que, según el demógrafo norteamericano Wilmot Robertson,[107] a mediados de la década de los cincuenta debieron haber en los Estados Unidos entre ocho y nueve millones de judíos, lo que llevaría su porcentaje con respecto al total de la población a un 4,5%? Porque, en todo caso el asumir que el porcentaje descendió por debajo del nivel de 1937 es sencillamente absurdo.

Examinemos esta cuestión desde otro punto de vista. La revista "Time"[108] citando el Anuario de las Iglesias Americanas informa de que hay, en los Estados Unidos, 5,5 millones de judíos "practicantes de la religión mosaica". En otras palabras, si el número total de judíos oficialmente admitidos en el país es de 5,2 millones, resulta que más del cien por cien de los judíos – aproximadamente el 106 por ciento – están inscritos en sus comunidades religiosas. ¿Otró milagro? Que no todos los judíos residentes en los Estados Unidos son practicantes de su religión está corroborado por un artículo apa-

---

[106] Oland L. Morgan, *"The Biggest Lie"*.
[107] Wilmot Robertson: *"The Dispossessed Majority"*.
[108] *"Time"*, New York, 31-X-1960.

recido en el mismo semanario "Time"[109] en el que se afirma que sólo el 10,6% de la población neoyorquina profesa la religión mosaica, a pesar de que el porcentaje total de los judíos en esa ciudad es del 28%, aún cuando creemos, avalados por las obras de Robertson, entre otros, que esa cifra es inferior a la realidad, que más bien debe acercarse al 35%. En todo caso, una cosa es evidente: más de la mitad de los judíos neoyorquinos son religiosamente indiferentes y no se hallan registrados en las sinagogas. Según las estadísticas,[110] el 38% de los americanos son ateos o agnósticos, y el 62% pertenece a una u otra de las diversas religiones. Dando por sentado – tratando, como siempre hacemos, de ponernos en la postura más favorable a la tesis oficial de los seis millones – que los judíos norteamericanos son más religiosos que sus compatriotas neoyorquinos, les aplicaremos, a todos ellos, el porcentaje general del 62%. De manera que si hay 5,5 millones de judíos "practicantes" (62%), deben haber, aproximadamente otros 3,3 millones de "no practicantes" (38 %). Sumando ambas cifras tendremos un total de 8,8 millones de judíos en los Estados Unidos, lo que cuadra con las cifras de Robertson. Además, esta cifra, que es el 4,9% de la población americana, coincide con nuestro anterior cálculo y es, indudablemente, mucho más plausible que la ridículamente baja cifra de 5,2 millones que, con fines evidentemente políticos facilitó el Congreso Mundial Judío. Este exceso en la población judía de los Estados Unidos, es decir, 8, 8 millones-5,2 millones: 3,6 millones nos da derecho a acortar, por tercera y última vez el número de víctimas, pues resulta obvio a la luz de los precedentes cálculos que el número de los judíos americanos ha sido, igual que el de los rusos, "ajustado" en más de un tercio. Y resulta evidente que si no se hubieran producido tales "ajustes" hubiera sido imposible mantener tanto tiempo el mito de los **seis millones** (ahora, ya 5,7 millones) de víctimas judías.

---

[109] "*Time*", New York, 11-II-1957.

[110] Wilmot Robertson: "*The Dispossessed Majority*".

De modo que, finalmente, resulta: 3,9 millones-3,6 millones "descubiertos" en los Estados Unidos: 0,3 millones. Y esta cifra, 300.000 judíos, es el número aproximado de muertos que tuvo esa comunidad a consecuencia de la II Guerra Mundial. Es posible incluso que la cifra haya sido algo más baja, o algo más alta, pudiéndose concluir que el número total de bajas judías debió escilar entre las 250.000 y las 400.000.

Creemos que las cifras y razonamientos presentados más arriba debieran ser mas que suficientes para demostrar que las reticencias y cautelas de la Enciclopedia con respecto al número de victimas judías estaban más que justificadas, pues la más bombástica y desvergonzada campaña propagandística que han visto los siglos multiplicó, de quince a veinte veces, el numero real de bajas judías en la contienda mundial.

Aldo Dami, autor que dista mucho de ser un "pro-nazi", con sangre judía en sus venas y casado con una judía, ha escrito un documentadisimo libro[111] en el que demuestra que el total posible de victimas judías en la guerra fue de seiscientas mil, aunque afortunadamente, dicho total posible no se alcanzó, pues hubo muchos individuos dados inicialmente por desaparecidos en las cámaras de gas y crematorios, que aparecieron, años después, en el nuevo Estado de Israel. Para Dami perecieron, como máximo, medio millón de judíos, incluyendo los que murieron en la sublevación armada del ghetto de Varsovia y las victimas del terrorismo de los movimientos de "resistencia", del consiguiente "contraterrorismo" y de los bombardeos aéreos.

Otro judío, el demógrafo Allen Lesser confesó que "el número de judíos fallecidos en la pasada contienda ha sido profusamente exagerado", y también que, "según se divulgó durante los años de guerra, por parte de las agencias de prensa judaicas, el número de judíos muertos en toda Europa, asciende a

---

[111] Aldo Dami: *"Le Dernier des Gibelins"*.

varios millones más de los que los mismos nazis supieran jamás que hubiesen existido".[112]

De las cifras facilitadas por el escritor judío Jacob Letchinsky se deduce, igualmente, que, como máximo, de trescientos cincuenta a cuatrocientos mil israelitas perecieron en la contienda, por todos los conceptos, y aproximadamente, los dos tercios de esa cifra en los campos de concentración.[113]

La cifra de trescientos mil judíos muertos ha sido sostenida por el periódico suizo "Die Tat", de Zurich[114] que tras un documentado estudio, basado en fuentes neutrales y judías, concluye que "el total de victimas judías en los campos de concentración alemanes durante la guerra es, de aproximadamente, unas 300.000". Esa cifra incluye los fallecimientos a causa de todos los factores, epidemias, muertes naturales, inanición e, incluso, bombardeos de la Aviación Aliada. La propia Cruz Roja Internacional, en documentado estudio aparecido en el periódico suizo "Baseler Nachrichten", y cuya reproducción adjuntamos, afirmó oficialmente que el número de muertos en los campos de concentración fue de 395.000. Esta cifra, emanada de la Cruz Roja, no ha sido, evidentemente, reproducida millones de veces por los periódicos y los locutores de radio y televisión del mundo entero. Al contrario, un espeso muro de silencio ha mantenido a la incómoda cifra en el más discreto de los anonimatos. La Verdad no siempre es cómoda, especialmente cuando contradice los dogmas oficiales. Pero... ¿no parece más digno de fé el testimonio de la Cruz Roja Internacional, al fin y al cabo entidad filantrópica y neutral, que las acusaciones del Congreso Mundial Judío y demás organismos paralelos, que son entidades políticas y no ciertamente

---

[112] Articulo *"Histeria Anti-Difamatoria"*, 1-IV-1946, en la revista judeo neoyorquina *"Menorah Journal"*.

[113] Jacob Letchinsky: *"La situation économique des Juifs depuis la Guerre Mondiale"*.

[114] *"Die Tat"*, Zurich, 19-I-1955.

neutrales en el caso que nos ocupa?

Es importante mencionar que el "Guinness Book of World Records", publicación estadística que goza de buen renombre en el mundo de habla anglosajona, publicó que... "a pesar de haberse repetido frecuentemente que las victimas judías en la última guerra fueron seis millones de personas, de nues tros estudios resulta que el máximo de victimas que hubieron fue de 1.200.000., de los cuales 900.000 en el campo de concentración de Auschwitz".

El Guinness Book simplemente manejó las cifras oficiales que le fueron facilitadas, y a través de las contradicciones de las mismas llegó a la antedicha cifra. Pero es preciso tener en cuenta que tales cifras oficiales estan muy sujetas a caución, especialmente las referentes a Auschwitz, emanadas, como se sabe, de las autoridades polacas.

UNA OBJECIÓN CLÁSICA

Antes de seguir adelante creemos que debemos atenernos ante la objeción que se presenta, siempre, a los que se niegan a reverenciar al ídolo; a los que se niegan a damitir el fraude de esa cifra absurda de seis millones de exterminados. La objeción se formula, invariablemente, después de un sencillo manejo de cifras o la exposición de un razonamiento que prueba la falsedad de la tesis oficial. Entonces, se replica que nadie habría osado inventar un cuento tan extraordinario como el de los seis millones; que nadie podría poseer una imaginación tan delirante y, en el improbable supuesto de que la poseyera, el evidente riesgo en que incurriría al pergeñar tan gigantescas mentiras acabaría por disuadirle de su empeño. Este argumento implica que la mera existencia de la leyenda presupone la realidad de sus partes esenciales, aún cuando aquí y allá pudieran detectarse exageraciones e incluso invenciones. Este argumento parece, superficialmente, muy lógico. Se basa, sobre todo, en la aceptación general de la leyenda; la gente está convencida de que nadie seria tan osado, ni tan cínico, como para inventar una mentira tan colosal.

No obstante, el razonamiento es falso, pues la Historia – y, sobre tódo, la Historia del Pueblo Judío, contada por los mismos judíos – nos proporciona numerosos ejemplos de aceptación popular de mentiras gigantescas, como el éxito trompetero de Josué ante las murallas de Jericó o la histérica caza de brujas en la Alta Edad Media. La aceptación general de una idea no es, precisamente, una credencial de infabilidad. La Tierra era tan redonda en siglo IV como al atardecer del 12 de octubre de 1492, y se movía en el instante en que contra Galileo se fulminaba una condena papal. Que la tesis oficial de los seis millones tenga que ser auténtica porque ha sido aceptada por el consenso general no significa necesariamente que sea cierta. El argumento puede, muy facilmente, volverse del revés con sólo recordar que también en Alemania, en la época hitleriana, existía un consenso general anti-judío, como existía en todo el mundo cristiano en la Edad Media y principios de la Edad Moderna. El argumento de la aceptación general de una determinada tesis no vale, pues, nada en absoluto. La Verdad, con aceptación general o sin ella, siempre será la Verdad. Pretender que el consenso popular es válido cuando se trata de avalar la tesis de los seis millones y es falso cuando se manifiesta en unas votaciones democráticas aplastantemente favorables a Hitler, es una siniestra idiotez que no resiste un examen serio.

Es sumamente irónico que Hitler, en el Capitulo X de "Mein Kampf" anticipara la técnica de la "Gran Mentira" cuando, al descubrir el modus operandi de los agitadores judíos en Alemania, afirmaba que, cuando mayor era una mentira, más probabilidades tenía de ser creída, porque precisamente el hombre medio reacciona afirmando que una enormidad tan grande no ha podido inventarla nadie.

Más irónico es todavía que los más absurdos relatos de exterminios masivos aparezcan en la literatura talmúdica judía y en el Antiguo Testamento. He aquí algunos ejemplos de ello: Adriano, cónsul romano en Egipto en el año 200, exterminó a la población judía de Alejandría, según el Talmud, o le causó importantes bajas según modernos historiadores. Ahora bien: el Talmud afirma que el número de judíos exterminados en Alejandría fue de 1.200.000, cuando según cualquier historiador solvente la población de aquella ciudad en tal época no pasaba de los 500.000, y en ella los judíos sólo eran una relativamente importante minoría.

Digna de mención es, también, la revuelta de Bar-Kochba, un judío que se declaró Mesías en el siglo II de la Era Cristiana, y se sublevó contra los romanos. Aún cuando la población judía de Palestina era, en aquél entonces, de unos 500.000 habitantes, el Talmud asegura que el ejército de Bar-Kochba se componía de 200.000 soldados. Esto es sencillamente imposible; pero sigamos. Bar-Kochba abandonó Jerusalén y se hizo fuerte en la ciudad amurallada de Bethar, pero la ciudad fue tomada por los romanos tras un asedio tremendo y toda la población de Bethar isesinada. Esta es al menos la versión oficial judía. En todas las historias de Roma que hemos podido consultar, desde la de Gibbon hasta la de Mommsen, el episodio de la toma de Bethar se le da una importancia mínima, y tengamos en cuenta que en la batalla de Cannas hubo unos setenta mil muertos y en la cuenta de Zama – tal vez la victoria más importante de Roma en su lucha con Cartago – setenta mil. Rarisimo, pues, que historiadores de la talla de los citados omitan mencionar la toma de Bethar como una gran victoria, pues gran victoria debía ser capturar una plaza defendida por 200.000 guerreros a los que hubo que exterminar en su totalidad. Esto parece casi milagroso que haya sido unánimemente omitido por la totalidad de los historiadores. Mas milagroso aún parece que en la pequeña plaza fuerte de Bethar pudieran cobijarse nada menos que 200.000 guerreros, si tenemos en cuenta que las dimensiones eran de 600 metros de profundidad por doscientos de anchura, según fuentes judaicas de indiscutible calidad.[115] Si la arimética, no miente, para albergar a 200.000 guerreros. con sus lanzas y corazas, y suponemos que sus escuadrones de caballeria, en un rectángulo de 120.000 metros cuadrados, seria preciso distribuirlos de manera que tocaran a ... 0,6 metros cuadrados por guerrero. Estamos por creer que la guarnición de Bethar no murió a causa del ardor bélico de los romanos sino de claustrofobia y asfixia. Y, no obstante, las citadas fuentes judías, insisten en que la lucha fue épica y la resistencia heroica. El mismo Bar- Kochba, era tan fuerte y tan ágil que cogía al vuelo las piedras arrojadas por las catapultas romanas y las devolvía de un sólo movimiento al campo de origen.[116] Debieron transcurrir dieciocho siglos para

---

[115] *Encyclopedia Judaica*, Vol. IV, pag. 735.

[116] Midrash Rabbah.

que una tal proeza fuera repetida por Popeye tras ingurgitar apresuradamente una ración de espinacas.

Para terminar con el abracadabrante episodio de la toma de Bethar, muy seriamente relatado, con pelos y señales, por el Talmud, mencionaremos que el número de judíos exterminados por los romanos, queremos suponer que ya no en Bethar, sino en el resto de Palestina, fue de ... ¡40 millones! Repetimos: Cuarenta millones. Y para ilustrarnos sobre la verosimilitud de la cifra, se asegura que la sangre de los judíos exterminados llegaba hasta los belfos de los caballos romanos y se perdía, como un río, en el mar, cuyas aguas teñía en una extensión de seis kilómetros. Los romanos fueron tan eficientes como los alemanes: la sangre de los judíos fue utilizada como fertilizante de las viñas, y sus huesos para hacer amuletos. La literatura talmúdica no estaba destinada al consumo de millones de lectores, y así sus autores tuvieron una mayor libertad de acción que los inventores del mito de los seis millones, que debieron tener en cuenta el posible es–cepticismo de masas importantes de "gentiles". Y, como señala muy bien A. R. Butz, autor norteamericano que no es precisamente un nazi,[117] puede ser significativo que dos rabinos, Weissmandel y Wise, jugaran un papel tan importante – tal como luego veremos – en el nacimiento del mito, y especialmente en la leyenda del campo de Auschwitz.

La Biblia y, concretamente, el Antiguo Testamento, está llena de relatos muy seriamente creídos por grandes masas de cristianos y suponemos que por la mayoría de judíos: los tratos y pactos particulares de Jehová con "su" pueblo – Pueblo Elegido – , regalándole la Tierra de Canáan y prometiéndole que las naciones y reinos que no se sometan a Israel perecerán... "Y tú, Israel, chuparás la leche de los Gentiles y los pechos de los Reyes...";[118] el episodio

---

[117] Arthur R. Butz: *"The Hoax of the Twentieth Century"*.

[118] *Libro de Isaías*: LX, 10, 12– 16.

del cruce del Mar Rojo, con sus aguas que se separan para que pasen los israelitas y se vuelvan a unir para sepultar al ejército del Faraón persecutor; o el de las murallas de Jericó derrumbándose ante el estruendo de las trompetas judías, o el sol que se para (¡?) al escuchar Jehová la petición que le hace Josué para que este pueda degollar a sus vencidos adversarios antes de que llegue la noche... (¡Admirable!); para no hablar del "maná" en el desierto, de la inaudita pelea entre David y Goliat (probablemente un ingenuo atleta que se presentó al combate y fue sorprendido por una pe drada del mequetrefe David); o del "ángel exterminador" mandado por Jehová atendiendo la demanda de Moisés, para que ejecutara con su espada, con predemitación y alevosía y nocturnidad, a los primogénitos de cada una de las familias egipcias; curioso ángel éste, que descubría a los primogénitos sin ayuda pero en cambio necesitaba que los judíos le indicaran previamente las casas en que vivían egipcios, mediante una seftal, trazada con sangre de cordero en la puerta de las mismas.[119]

Esta estupenda colección de incongruencias la han creído – y muchos, aún la creen – docenas de millones de personas de todas las épocas. La doctrina de consenso general, empero, no le ha proporcionado ni un átomo de verdad. El último reducto de la objección consiste en lo que podríamos llamar "formulación humanitaria". Tras un sin fin de argumentos y de cifras, el bien pensante, que se aferra al mito de los seis millones como un náufrago a un salvavidas, exclama: "Bien. Tal vez no fueron seis millones, pero sólo con que hubiera sido uno, ello constituiría un crimen horrendo". Estamos completamente de acuerdo en que todo homicidio injustificado es un horrendo crimen, pero aún vamos más allá: creemos que todos los homicidios injustificados – tanto si se trata de judíos como si se trata de "gentiles" – lo son igualmente. Y, aparte de que si "sólo fue uno", ya va siendo hora de que se diga, queremos insistir en que el objetivo de la presente obra es demostrar

---

[119] *Exodo*, XII, 21 a 34.

que el mito de los seis millones es completamente falso y que, en todo caso, los que murieron no fue a causa de unas medidas derivadas de una política oficial del III Reich, sino que los avatares de la guerra y de las condiciones generales de vida en los campos de concentración, tema del que vamos a ocuparnos a continuación.

En un principio, la propaganda de los vencedores pretendió que, todos o casi todos, los campos de concentración en territorio controlado por los alemanes habían sido campos de exterminio de judíos y de otros grupos raciales halógenos, como los gitanos. El "Congreso Mundial judío", que admitió en 1948, que tuvo el monopolio de la preparación de las "pruebas" de las atrocidades nazis exhibidas en el Proceso de Nuremberg presentó – tanto en el aludido Proceso como en casi todas las salas cinematográficas del mundo – docenas de películas en las que se mostraba el estado de los campos a la llegada de los libertadores Aliados. Tal vez el film más conocido de los muchos exhibidos fue el que presentaba atroces escenas en el campo de Buchenwald. Durante cuatro años este film fue pasado en los cinematógrafos de los cinco continentes, como preludio de interminables colectas destinadas a aliviar la suerte de los pobres supervivientes y de los parientes de los muertos. Hasta que un buen día se demostró que tal film había sido tomado por orden de las autoridades alemanas, pero no en Buchenwald, sino en Dresde. Se trataba, en realidad, de atrocidades Aliadas; de las víctimas del ataque aéreo llevado a cabo por a RAF contra la ciudad hospital de Dresde, repleta de refugiados del Este. La película fue discretamente retirada de circulación, pero otras siguieron – y siguen – martirizando retinas y cerebros de las masas, especialmente las europeas y sobre todo las alemanas, cuyo complejo de culpabilidad con relación al Sionismo debe ser cuidadosamente entretenido. El Autor recuerda haber asistido, en el Consulado Británico de Madrid, a la proyección de un film "documental" sobre el campo de Bergen-Belsen. En el mismo aparecían numerosas vistas de la famosa cámara de gas, donde mu rieron según unas fuentes unos 100.000 judíos y según otras, más de 400.000. Pero luego, el Premio Nóbel británico, Sir Bertrand Russell, al que ni remotamente podría tildarse de germanófilo, y aún menos de nazi, reconoció[120] que en el campo de Belsen no hubo, contra lo que pretendió la propaganda de los vencedores, ninguna cámara de gas. Hubo, simplemente, una cámara de duchas, que fue filmada y presentada como una "cámara de gas".

El edificio de mentiras fue derrumbándose poco a poco, piedra por piedra; Hasta que el "Institut für Zeitgeschichte" (Instituto de Historia Contemporánea), de Munich, siempre en vanguardia del llamado "resistencialismo" alemán (antinazi), y plagado de hebreos en sus cargos de dirección, se vió obligado a comunicar a la prensa que:

"Las cámaras de gas de Dachau y de Belsen no fueron nunca terminadas ni puestas en acción. Las exterminaciones masivas de judíos empezaron en 1941 1942, en algunos lugares de Polonia, pero, en ningún caso, en territorio aleman".

"En ningún caso en territorio alemán", dice el Instituto de Historia Contemporánea. Pero como es un hecho que, hoy en día, existen instalaciones bautizadas como "camaras de gas" en los antiguos campos convertidos en museos para la edificación de las masas, cuyo complejo de culpabilidad y amor por lo morboso debe ser continuamente atizado, el Instituto de Munich de. biera, en realidad, decir:

"Las cámaras de gas no fueron puestas en funcionamiento durante la guerra, pero fueron construidas por los Aliados, después deja guerra, a efectos probatorios".

El instituto de Munich sabe hacer bien las cosas. Excepto para Juan

---

[120] Sir Bertrand Russell: "*The Scourge of the Swastika*".

Pueblo, que engullirá ingenuamente cualquier cosa que le repita suficientemente la Radio, la Prensa ola Televisión al servicio de las Fuerzas Políticas establecidas, resulta evidente que la historia de las camaras de gas es insostenible. En cuanto a los crematorios, todos los testimonios de primera mano han coincidido en afirmar que se utilizaban para incinerar los cadáveres de los fallecidos a causa de las epidemias, la inanición y los bombardeos.[121] Entonces, los resistencialistas de Munich sitúan las "cámaras de gas" en Auschwitz, en la actual Polonia bolchevizada, donde las autoridades comunistas locales no permiten la realización de ninguna encuesta historica seria, y el historiador se ve obligado a creer en el testimonio de las honorables autoridades comunistas bajo palabra de honor. En el epigrafe "Organización del Boicot contra Alemania" hemos visto que la politica oficial del III Reich favorecía el llamado "Plan Madagascar", el cual, por razones técnicas y, sobre todo, por el desarrollo de los acontecimientos bélicos, no pudo llevarse a cabo. En tales circunstancias, la primera providencia que se tomó fue internar gran parte de los judíos en campos de concentracion, razonándose tal medida en el hecho de que siendo los judíos un enemigo interno que, además, integraba los núcleos de mando de los llama dos "movimientos de resistencia", no podía dejárseles sueltos entre la pobiacion civil por razones elementaJes de seguridad. Como ya hemos visto, los Aliados, americanos y rusos, por no mencionar a los ingleses,[122] procedieron de igual – o peor (!) – manera con

---

[121] Conviene aqui citar el caso narrado por Paul Rassinier (en "*La Mentira de Ulises*") del bombardeo de Buchenwald por la aviación Aliada (Los americanos solían bombardear de noche y arrojaban sus bombas en cualquier aglomeración urbana). Cuando los aliados ocuparon Buchenwald, abrieron las fosas donde yacían enterradas sus propias victimas y fotografiaron la lúgubre escena, para utilizarla como prueba de la brutalidad nazi (N. del A).

[122] En la llamada "Madre de las Democracias", a instancias de Churchill, se impuso un "decreto-ley" (que naturalmente no fue votado por el Parlamento) llamado "18 B Regulation". Segun tal "regulación", cualquier ciudadano inglés simplemente sospechoso – sin pruebas – de sustentar reservas mentales a propósito de la conveniencia de la guerra

sus ciudadanos halógenos o simplemen te sospechosos de deslealtad. Por otra parte, ello es perfectamente comprensible, dado que en las guerras modernas, agónicas y existenciales, los pueblos se juegan su propia vida como tales, y en esas circunstancias es excesivamente candoroso creer que, en plena guerra, se va a proceder a estudiar caso por caso, con todos los formalismos legales, para decidir, según derecho, a qué enemigo potencial hay que internarlo en un campo de concentración, y a cual se le puede dejar transitoriamente libre, otorgándole el beneficio de la duda, que siempre juega a favor del acusado.[123]

Conviene precisamente, además, que no todos los judíos que se encontraban dentro del ámbito político-militar alemán fueron internados en campos de concentración. Cuando los alemanes ocuparon Polonia, en el Otoño de 1939, confinaron a los judíos polacos en ghettos, por razones de seguridad militar. La administración interna de esos ghettos estaba en manos de Consejos Judíos, elegidos por los propios judíos, controlados, a su vez, por una fuerza de policía judía. Para prevenir la especulación, las autoridades alemanas obligaron a los judíos de los ghettos a utilizar unos vales especiales, que hacían el papel de moneda, y sólo tenían curso en el interior de dichos ghettos. Que el confinamiento forzoso en un ghetto precisamente un placer para los internados es innegable, pero de ahí a describir los ghettos como

---

contra Alemania por proteger (?) a Polonia podía ser encarcelado indefinidamente. La medida afectó a unas tres mil personas desde comunes ciudadanos hasta miembros del Parlamento (Mosley) y héroes de la I Guerra Mundial (Almirante Domvile). (N. del A)

[123] Es un hecho histórico bien establecido que los inventores del sistema moderno campos de concentración fueron los ingleses, en la guerra de los Boers, en el Transvaal, a principios de siglo. 120.000 no-combatientes Boers, y 75.000 negros sospechosos de hostilidad hacia Inglaterra, fueron internados em campos de concentración. El coeficiente de mortalidad llegó al 7% anual, y al final de las hostilidades, 20.000 y 10.000 negros – en su casi totalidad ancianos, mujeres y niños – hallaron la muerte. (Ameru, "*The Boer War*" – G.M. Trevelyan "*History of England*").

"centros de exterminación", o de "muerte lenta", como afirman los autores judíos Kogon y Uris, media un abismo. En el ghetto de Varsovia se hallaban concentrados unos 400.000 judíos, mientras otros 500.000 estaban en otros ghettos y algo más de 200.000 en la zona denominada "Gobierno General de Polonia". En julio de 1942, Himmler ordenó que todos los judíos polacos fueran concentrados en campos de detención en donde se aprovecharían como mano de obra. No debemos olvidar que los campos de concentración – con la única excepción de los llamados "campos de tránsito" – estaban ubicados junto a zonas fabriles. En ellos no se encontraban tan sólo judíos – tal como parece dar la impresión la impresionante literatura concentracionaria – sino que sobre todo prisioneros de guerra y elementos asociales. Entre Julio y octubre de 1942, casi las tres cuartas partes de la población del ghetto de Varsovia fueron evacuadas y transportadas a campos de detención y trabajo, habiéndose efectuado el transporte bajo la supervisión de la Policía Judía. Esto, al menos, era la versión oficial o, en todo caso, lo que creía la Administración Penitenciaria Nazi, porque en una visita sorpresa llevada a cabo por Himmler a Varsovia en Enero de 1943 se descubrió que en el ghetto habían muchísimos más judíos – que se suponía se hallaban en campos de concentración – de los que teóricamente debía haber, y que 24.000 judíos registrados como trabajadores en las fábricas de armamento trabajaban, de hecho, ilegalmente, como sastres y peleteros.[124]

Cuando se produjo la sublevación armada del ghetto de Varsovia, los judíos, que "habían practicado masivamente el contrabando de armas, dispararon contra destacamentos de las SS y unidades de la Wehrmacht que custodiaban a columnas de prisioneros, matando a muchos".[125] Los sublevados del ghetto de Varsovia contaron con el apoyo de guerrilleros polacos y del 'Polska Partía Robotnicza", o Partido Comunista Polaco, en el

---

[124] Manvell & Frankl (autores judíos): *"Heinrich Himmler"*.
[125] *Id.*

que los judíos abundaban. En tales circunstancias los ocupantes, atacados por un movimiento de guerrilleros sin uniformar, se comportaron como lo haría, y como siempre lo ha hecho, cualquier ejército, en cualquier época, es decir, se presentaron en el lugar del alzamiento armado y, al negarse a rendirse los sublevados, dispararon contra ellos y los redujeron militarmente, hasta que capitularon. Debe tenerse en cuenta que el proceso de la evacuación del ghetto hubiera continuado pacíficamente de no haber planeado los extremistas judíos la sublevación. Cuando el Teniente General de las SS, Stroop penetró en el ghetto fueatacado con ametralladoras y perdió doce hombres. Los alemanes y polacos que luchaban a su lado perdieron más de cien hombres y más de trescientos resultaron heridos. Los alemanes, entonces, se retiraron al exterior del ghetto y abrieron fuego de artillería, causando a los sublevados alrededor de unos doce mil muertos. Tras capitular, unos 56.000 judíos que habían, en mayor o menor grado, tomado parte en el alzamiento armado, fueron internados en campos de concentración.

En Eslovaquia, los judíos permanecieron, en su mayoria, libres, por lo menos hasta 1943, y muchos de ellos lograron, a través de Rumania y Bulgaria, llegar a territorio turco, huyendo de la tutela nazi.

Algo parecido ocurrió en Grecia, mientras en Serbia y Croacia numerosísimos judíos formaban parte de las bandas de "partisanos" de Tito.

En la Francia de Vichy, entre 150.000 y 200.000 judíos permanecieron sin ser, apenas, molestados, durante toda la guerra. En la Zona Ocupada, numerosos judíos fueron deportados a Alemania y confinados en campos de concentración. La acuciante necesidad de mano de obra impulsaba a los alemanes, cuando el Servicio Voluntario de Trabajo no daba para más, a utilizar prisioneros de guerra, presos políticos y elementos halógenos o social o políticamente peligrosos, como judíos, gitanos, o miembros de sectas juzgadas anti- nacionales, como los Testigos de Jehová.

La política judía del III Reich fue definida, según parece, de forma oficial, en la Conferencia de Gross Wannsee, en las cercanías de Berlín, el 20 de Enero de 1942. Según Léon Poliakov[126] dicha Conferencia estuvo presidida por Reinhardt Heydrich, pero se hallaban presentes representantes de todos los Ministerios del Reich, incluyendo a Eichmann, que representaba a la Gestapo. Poliakov afirma que en Gross Wannsee se decidió el exterminio de todos los judíos bajo control de Alemania, pero no se molesta en aportar pruebas de tal afirmación. Tres autores judíos, muy a menudo citados en subsiguientes procesos por "crímenes contra la Humanidad" – eufemismo que designa el supuesto asesinato de judíos por los nazis – Reitlinger, Manveil y Frankl aseguran que las minutas de la Conferencia de Gross Wannsee están redactadas en un lenguaje impreciso, para camuflar que se trataba de eliminar físicamente a los judíos.[127] Por ejemplo, cuando Heydrich, según los memorandums, afirmaba que había sido comisionado por Goering para encontrar una solución al problema judío, ello significaba que Goering le había dado instrucciones para que procediera a asesinarlos en masa. Según las minutas, Heydrich dijo:

"El desarrollo de la guerra ha hecho imposible la puesta en marcha del Plan Madagascar... El programa de emigración ha sido, ahora, reemplazado por la evacuación de los judíos tan hacia el Este como sea posible, y todo esto con la previa autorización del Führer."[128]

Allí – en el Este – continuaba Heydrich, su trabajo debía ser utilizado. Con tal motivo se había convocado en Gross Wannsee a altos funcionarios del Ministerio de Trabajo.

También según las minutas de la Conferencia citada, los judíos en el

---

[126] Léon Poliakov: "*Le Troisième Reich et les juifs*".
[127] Gerald Reitlinger: "*The Final Solution*".
[128] Manvell & Frankl: "*Heinrich Himmler*".

inmenso ghetto de Europa Oriental – en el Gobierno General de Polonia – a que llegara el final de la guerra, "momento en que se llevarían a cabo conversaciones a nivel internacional que decidirían su futuro". Manveil y Frankl, impertérritos, no se dejaron influenciar por el texto de las minutas, en las que no hay ninguna referencia a genocidio de los judíos europeos. Según ellos "en la Conferencia de Wannsee se evitaron las referencias directas al exterminio de los judíos, pués Heydrich prefería utilizar el término "Arbeitseinsatz im Osten" (asignación de trabajo en el Este). Lo que no explican Frankl y Manveil es porqué debemos traducir "asignación de trabajo en el Este" por "exterminio", rechazando a priori, porque si, que "asignación de trabajo en el Este" signifique simplemente "asignación de trabajo en el Este" y nada más.

La falta absoluta de pruebas documentales que den consistencia a la teoría de que hubo un plan oficial de exterminio de los judíos ha hecho que se adoptara el hábito de reinterpretar los documentos almanes que se conserven. Así, por ejemplo, cuando un documento alemán habla de "deportación", immediatamente se indica que ello significa "exterminación". Los exégetas, naturalmente, omiten precisar en qué se basan para tales interpretaciones. Manveil y Frankl afirman que" se utilizaron diversas expresiones para camuflar la expresión "genocidio". Por ejemplo la palabra "Ausrottung". que puede traducirse por "desenraizar" y también por "deportar", significaba, cuando la empleaban Heydrich, Müller, Himmler, Goering et alia "asesinar". También significaban "asesinar" "aussiedlung", que en alemán corriente pudiera traducirse por "expulsar" y "Überforderung", que significaba, "transportar"(???)[129]

Todo es, pues, simple. Cuando un texto no incrimina a un acusado, se afirma que este se expresa en una especie de lenguaje cifrado. La clave de

---

[129] *Id.*

tal lenguaje esotérico ha sido hallada por la Acusación, que no se digna descifrarlo a los simples mortales, los cuales deben creer al Fiscal, – que es, al mismo tiempo, Juez y Verdugo– cual su éste pontificara ex cátedra. Así, naturalmente, puede llegar a demostrarse lo que se desee. Así, por ejemplo, cuando Reitlinger afirma que cuando Himmler dió la bien conocida orden de mandar a todos los deportados judíos hacia el Este (se refería a los judíos polacos), lo que Himmler quería decir a sus subordinados era "matarlos".[130]

Y, no obstante, bueno será tener presente que los alemanes, tanto antes, como durante y después de Hitler, han tenido siempre una acentuada propensión a la burocracia; a guardarlo todo por escrito, y de manera bien precisa. Esto es como un rasgo nacional alemán, y cualquiera que haya tratado con alemanes en un plano profesional podrá atestiguarlo. No obstante, entre las docenas de miles de documentos de la S.D, la Gestapo, la Abwehr, la Wehrmarcht, la SS, la SA, los famosos y prolijos archivos de Himmler y las propias órdenes directas del Führer en el transcurso de la Guerra no se encuentra ni una sóla orden de exterminio de grupos raciales, ya se trate de judíos, de gitanos, o de quien quiere. Esto ha sido admitido por el Centro Mundial de Documentación Judía Contemporánea de Tel-Aviv, el cual se ve reducido a afirmar, sin pruebas, y haciendo un verdadero "proceso de intenciones" a los jerarcas nazis, que éstos empleaban una especia de lenguaje cifrado. Ahora bien, Ese lenguaje cifrado ¿para qué?, nos preguntamos. ¿Para guardar el secreto del genocidio? ¿Es que puede, seriamente, creerse que si se emplea un lenguaje en clave en las altas esferas del Gobierno, con objeto de matener el secreto, se va. en cambio. a permitir que se conozca en los escalones inferiores del mando?. ¿O es que en tales escalones también se usaba un lenguaje cifrado? ¿Cuando Hitler ordenaba a Himmler que matara a varios millones de judíos utilizaba circunlocuciones y metáforas para disimular. Dios sabe ante quién, mientras que el Sargento SS

---

[130] Reitlinger, *ibid*.

Schmidt le ordenaba crudamente al abo SS Müller que preparara las parrillas de Auschwitz para asar a unos cuantos miles de judíos? ¿No es absurdo suponer que las precauciones llevadas a extremos sibariticos se observaran solo en las altas esferas del mando mientras en los escalones mas bajos. es decir, los más vulnerables y, lógicamente de menor confianza, no se observaran?

Y. si se observaban, ¿no nos hallamos ante el caso, único en la historia, de un "lenguaje cifrado", utilizado por cientos de miles de guardianes. carceleros y funcionarios, lenguaje cuyo código fueron incapaces de descifrar los servicios secretos de tres docenas de países contendientes? Oscar Wilde ha dicho que un secreto entre dos es un secreto a voces y un secreto entre tres un anuncio en una gaceta. Sabido es que el pueblo alemán tiene fama de discreto, pero una tal discreción en ese asunto del "lenguaje cifrado" parece. en verdad, un suceso mágico; casi tan mágico como el de las trompetas de Jericó o el Maná en el Desierto.

Por mucho que quieran torturarse los textos, subvirtiendo el significado de las palabras. la política oficial del III Reich en relación con los judíos fue de "desenraizarlos" (Ausrottung) de Europa, favoreciendo su emigracion a Magadascar. Cuando el desarrollo de la guerra hizo practicamente imposible esa solución. se adopto. transitoriamente, la de deportarlos al Este de Europa, a Polonia y a Rusia Blanca. **Esa era la "Endlösung", la famosa "Solución Final".**

Naturalmente, "Endlösung" se ha traducido por "matanza colectiva", siguiendo en la linea del lenguaje cifrado, tan cara a los cultivadores de la exotica planta del fraude concentracionario. Naturalmente, se arguirá que, además del lenguaje cifrado utilizado por los jerarcas nazis cuando se referian al presente tema, existe la evidencia legal proporcionada por numerosos testimonios alemanes.

Ahora bien: examinemos objetivamente tal "evidencia legal". Un escritor de tan elevada categoría – entre los mantenedores del fraude – como León Poliakov se ve forzado a admitir:

"Las tres o cuatro personas relacionadas con el esquema general del plan para la exterrninacion total de los judíos han muerto. y no queda ningun documento".[131]

No obstante, los muchísimos documentos que. de hecho. quedan, no hablan para nada de los planerde exterminacion. Entonces. Poliakov, Manvell, Frankl, Reitlinger, Kogon y un largo etcetera de autores judíos - por cierto rarisimo que todos sean judíos aluden al ya mencionado lenguaje cifrado y, cuando conviene, a las órdenes verbales. Fantastico, también, eso de las "órdenes verbales", no ya en un estado disciplinado y superorganizado. sino en cualquier estado moderno. Un buen dia, el Führer, en un acceso de colera, llama a Goering y le dice que diga a Heydrich, que éste diga a su inmediato inferior que, en cascada, se vaya diciendo a las personas a quien pudiera interesar, que monten unas parrillas en Auschwitz, y unas cámaras de gas enPolonia – precisamente, en Polonia – con objeto de que el cabo Müller (de las SS), proceda a exterminar, con su pelotón de soldados, a determinado número de judíos.

Manveil y Frankl son, en este asunto, sencillamente deliciosos. Afirman que "la política de genocidio parece haberse decidido después de unas reuniones secretas entre Hitler y Himmler."[132] William Shirer, un autor judío que escribio el conocidísimo libro "Ascenso y Caída del III Reich" guarda, también, sorprendentemente mutismo en relación con las pruebas documentales de la supuesta política genocida nazi. Es con todo suficientemente franco para admitir que la orden de Hitler de que se aniquilara

---

[131] Léon Poliakov: *"Le Troisième Reich et les Juifs"*.

[132] Manvell & Frankl, *id.*

a los judíos nunca fue escrita en un papel. Y asegura que "probablemente fue dada, en forma verbal, a Goering, Himmler y Heydrich, que la transmitieron..."[133]

Manvell y Frankl decididamente imbatibles, nos suministran una "prueba". ¡Al fin una prueba! Hela aquí:

"El 31 de Julio de 1941 Goering envió un memorandum a Heydrich, redactado en los siguientes términos:

"Como suplemento a la tarea que le fue asignada a Usted el 24 de Enero de 1939, de resolver el problema judío mediante la evacuación y la emigración, de la mejor manera posible y en concordancia Con las presentes condiciones ... deberá Usted encargarse de encontrar una solución total (Gesamtlösung) de la cuestión judía dentro del area de influencia alemana en Europa."[134]

En dicho memorandum Goering habla de los medios materales, organizativos y financieros requeridos para llevar a cabo esa tarea. Finalmente se refiere a "la deseada solución final" (Endlösung), refiriendose de forma taxativa al esquema ideal de la emigración y evacuación de los judíos, expresamente mencionado al principio del memorandum. No se menciona para nada la intención o la necesidad de asesinar a nadie, pero Manveil y Frankl, historiadores increíbles – pero aparentemente muy creídos por los tribunales desnazificadores – afirman que eso es, realmente, lo que el memorandum significaba, porque, tras enviarle el memorandum en cuestión, Goering cogió el teléfono y le dijo a Heydrich lo que significaba, en realidad, la "Solución Final": significaba asesinato colectivo de los judíos.

---

[133] William Shirer: *"The Rise and Fall of the Third Reich"* , pág. 1148.
[134] Manvell & Frankl: *"Heinrich Himmler"*, pág. 118.

Evidentemente, con tales recursos dialécticos nos vemos capacitado para demostrár el "yo no existo" y la cuadratura del círculo.

Cuando, más adelante, nos ocupemos específicamente del tema de las cámaras de gas y de los hornos crematorios, volveremos a hacer hincapié en ese impar argumento del lenguaje cifrado, en el que los alemanes, según sus "jueces ", resultaron ser geniales maestros.

Hemos dicho que el Fraude de los Seis Millones, gestado por el "Congreso Mundial Judío", nació en el Tribunal Militar Internacional de Nuremberg. Y así la acusación constituida a la vez en juez y parte, dió rango oficial a la absurda cifra. Desde un principio, los Procesos de Nuremberg, que duraron desde 1945 hata finales de 1949, se apoyaron, tomando como axiomas, en hechos que precisamentre se trataba de demostrar. Se basaron, así mismo, en un legislación "ex post facto", según la cual podían ser condenadas personas por la comisión de hechos que, cuando fueron – o se supone que fueron – cometidos no constituían delito.

Cualquiera que estuviera dispuesto a creer que el genocidio de los judíos europeos quedó demostrado en los juicios de Nuremberg, debiera tener en cosideración la naturaleza de dichos juicios, en los que se olvidaron todas las normas legales en vigencia en los países civilizados. Se llegó a la enormidad de decretar que "el Tribunal no admitiría limitaciones técnicas en la presentación de pruebas". En la práctica esto significó la admision, como pruebas, de testimonios de tercera y cuarta mano; de declaraciones ante el Tribunal empezando por la frase: "me han dicho que..." y, sobre todo, de "affidavits", o declaraciones juradas por escrito El Tribunal admitió más de 300.000 de esos "affidavits". Los abogados defensores[135] no podian obligar a

---

[135] En la mayoría de casos, los acusados no tenían siquiera el derecho a elgir a sus propios abogados defensores, de manera que, en determinadas ocasiones, defensores nombrados por el Tribunal parecían más bien fiscales que defensores, tal como le sucedió a Julius

los autores de los "affidavits" a que se presentaran ante el Tribunal para interrogarles. Más aún, ninguno de los testigos que se presentaron – de grado o por fuerza – a declarar citados por la Acusación, podía ser interrogado por los defensores, ni siquiera por los acusados. Cualquiera abogado defensor podía ser descalificado en el acto "si a consecuencia de sus preguntas al testigo se producía una situación intolerable". No sufreemos sea incurrir en pecado de juicio. temerario si suponemos que tal "situación intolerable" se producía cuando el defensor hacía incurrir al testigó en contradicciones y empezaba así, a demostrar la inocencia de su defendido.

Para patentizar aún más, si cabe, que los procesos de Nuremberg fueron un auténtico linchamiento enmascarado con formulismos legales, se llegó a enormidad jurídica de los miembros de ciertas organizaciones nazis, como las SS o las SA, eran considerados culpables en principio, debiendo demostrar su inocencia ante el Tribunal. En todos los cuerpos legales del mundo, cuando se juzga a un hombre, se parte del supuesto de su inocencia, y en virtud del principio "in dubio proreo", todos los casos o situaciones que presentan el menor resquicio a la duda razonable se interpretan a favor del acusado. La acusación es quien debe demostrar que el acusado es culpable, y no éste que es inocente. Esto es de una lógica elemental: la prueba negativa, la demostración de que uno no ha hecho algo es, muchas veces, imposible.

El Juez Wennerturm, a quien ya hemos aludido, y que presidió uno de los tribunales afirmó que, a parte de que la Acusación presentó pruebas notoriamente falseadas e hizo lo posible para que no se exhibieran documentos oficiales alemanes capturados por los Aliados cuando tales documentos podian servir de descargo a los acusados, el noventa por ciento de los miembros del Tribunal, asi como sus auxiliares "entre bastidores" eran personas que, por motivos raciales, odiaban a los alemanes, y más

---

Streicher.

concretamente a los nazis, y deseaban vengarse. Un alemán no nazi, Mark Lautern, escribe:

"La mayor parte de los testigos de la Acusación son judíos, y también lo son los miembros de la oficina del Fiscal, empezando por Robert Kempner y su "segundo". Morris Amchan... Ya van llegado todos: los Salomons, los Schlossbergers y los Rabinovichs, miembros del personal de la Acusación Pública".[136]

Lo único que preocupaba a los autores de aquél linchamiento legal era conseguir guardar un minimo de apariencias, para no escandalizar demasiado a los periodistas, especialmente a los de países neutrales.[137]

Aparte de los 300.000 "affidavits" y de los 240 testigos, de los que casi las tres cuartas partes eran judíos, el Tribunal de Nuremberg exhibió, también, triunfalmente, el testimonio de varios alemanes, nazis en su mayor parte, que habian confesado su participación, o la de sus superiores jerárquicos, en actos de genocidio contra la comunidad judía europea. Personalmente, somos muy escépticos sobre la validez de las "confesiones espontáneas", presentadas por la Acusación en procesos criminales. Lógicamente, más debemos serlo en los procesos políticos, y si cabe, más aún en los político-militares. Se ha dicho que la Justicia militar es a la Justicia, lo que la Música militar es a la música. Por si alguien albergaba dudas a tal respecto, le basta examinar, con espiritu crítico e imparcial, los entresijos de Nuremberg.

---

[136] Mark Lautern: "*Das Letzte Wort über Nürnberg*". pag, 68.

[137] Ello no logro, pues no solo periodistas suecos, suizos, españoles. portugueses, argentinos, sino también americanos, ingleses y franceses denunciaron la monstruisidad jurídica. Incluso políticos y militares de tanto relieve como el Senador Taft, candidato a la Presidencia de los EEUU y el Mariscal Montgomery, calificaron peyorativamente aquellos "juicios" (N. del A).

El General de las SS, Oswald Pohl, Administrador General de los Campos de Concentración, y Jefe del Departamento de Economía y Administración de las SS, fue apaleado durante meses. Su cabeza introducida en cubos llenos de excrementos y sometido a un régimen carcelero de aislamiento total, recibiendo una alimentación reducida a lo indispensable para mantenerle vivo. Finalmente, cuando se presentó ante el Tribunal, Pohl admitio haber firmado un documento en el que se afirmaba haber visto personalmente una cámara de gas en Auschwitz. Pohl relató las sevicias de que había sido objeto, y afirmo que nunca hubieron cámaras de gas en Auschwitz ni en ninguna parte; Pohl fue condenado a muerte, sin más pruebas que una declaración jurada por escrito, arrancada bajo la tortura.[138] El caso de Pohl es todavia más escandaloso si se toma en consideración que fue el mismo quien ordenó el procesamiento del Jefe del Campo de Buchenwald, Karl Koch, por dirigir una banda de carceleros que practicaban la corrupción y colaboraban con ciertos presos en el robo de paquetes de víveres de la Cruz Roja, que luego eran vendidos en el mercado negro. Pohl respaldó en todo momento al Juez del Servicio Jurídico de las SS Konrad Morgen, que condenó a muerte a Koch.[139]

Otro General de las SS. Erich von dem Bach-Zelewski firmó también una declaración jurada en la que acusaba a Himmler de haber presidido y contemplado personalmente el asesinato, por fusilamiento, de cien mil judíos

---

[138] El Senador Norteamericano Joseph McCarthy declaró a la prensa que la condena de Pohl era una ignominia y que el Tribunal no logró presentar una sóla prueba contra él (N. del A.)

[139] La esposa de Koch fue condenada a muerte por los tribunales de Nuremberg, bajo la acusación de haber fabricado lámparas con piel de judíos. Pero el General en Jefe de las tropas de Ocupación Americanas en Alemania, Lucius D. Clay, encontró tan absurda esa acusación que redujo su pena a cuatro años de cárcel. Intervino entonces el Rabino Stephen Wise, quien organizó tan bombástica campaña de prensa que Ilse Koch fue procesada de nuevo, por el Gobierno de Alemania Federal, al salir de prisión, y condenada a cadena perpetua. En 1967, se suicido, colgándose en su celda (N. del A.)

polacos y rusoblancos, en Minsk. En la declaración jurada de Von dem Bach-Zelewski incluso se afirmaba que mientras Himmler permanecía impasible observando la macabra escena, Bach-Zelewski casi se desmayé [140]. Examinemos muy seriamente esa declaración. Supongamos que esos fusilamientos se llevaban a cabo por tandas de cincuenta personas. Nos parece que esa cifra es incluso excesiva, pues al fin y al cabo, cincuenta personas alineadas para ser fusiladas ocupan – teniendo en cuenta sus dimensiones y la separación entre cuerpo y cuerpo – unos cincuenta metros, lo que parece más respetable para un campo de tiro. Pero en fin, aceptemos los cincuenta fusilados por tanda Maravillémonos, de paso, de la borreguil resignación de los destinados a ser fusilados, que ven como sus compañeros van siendo ejecutados, impertérritos se presentan en el matadero. Pero sigamos. Para cargar el fusil, apuntar, disparar, acercarse a los ejecutados, darles el golpe de gracia, retirarlos y traer otros cincuenta presos, poniéndolos en formación para continuar el macabro juego hacen falta, por mecanizados y eficientes que sean los ejecutores alemanes, no meflos de cinco minutos, pero vamos a dejarlo en tres minutos, para lo cual hace falta una rapidez de película de Charlot en la época del cine mudo. Pues bien, si Himmler contempló impasiblemente la ejecución de los cien mil judíos rusos y polacos, necesitó desperdiciar cien horas de su tiempo, que nos atrevemos a suponer no podía malgastar, en época de guerra, por sádico y demente que se le quiera suponer. El ser humano capaz de permanecer cuatro días seguidos – aunque le traigan la comida sobre el terreno – sin dormir y escuchando el estruendo de cincuenta disparos cada minuto y medio (conviene no olvidar los tiros de gracia) sencillamente, no se ha inventado todavía. En 1959 Bach-Zelewski repudió sus acusaciones ante un Tribunal de Alemania Occidental, manifestando que le fueron arrancadas por la fuerza: había sido suspendido con correas que amarraban sus muñecas y apaleado con bastones; había recibido innumerables puntapiés en los testículos, se le había amenazado con

---

[140] Willi Frischauer: *"Himmler, Evil Genius of the Third Reich"*.

entregar a su familia a los rusos y creía – no podía afirmarlo – haber sido drogado.

En capitán Dieter Wisliceny cayó en manos de los comunistas checos y fue "interrogado hábilmente" en la cárcel comunista de Bratislava. Al cabo de un año de "interrogatorios" Wisliceny – que había sido adjunto de Eichmánn – se convirtió en una verdadera piltrafa humana. Firmó entonces un "affidavit" en el que se acusaba de genocidio a multitud de jerarcas nazis. Que el documento le fue dictado a Wisliceny está demostrado por el hecho de que, a pesar de conocer muy poco de lengua inglesa, el redactado era impecable. En todo caso, Wisliceny intentó retractarse posteriormente, pero el Tribunal le cortó la palabra.

También se arrancaron confesiones de genocidio contra los judíos a personalidades como el General de las SS Sepp Dietrich y al Coronel Joachim Peiper.[141] Aunque luego se retractaron, los tribunales de Nuremberg se negaron a registrar tales retractaciones.[142]

El Juez Norteamericano Edward L. Van Roden, que intervino en el proceso a los guardianes del Campo de Dachau, declaró que las sentencias se dictaron basándose en testimonios falsos. Investigó también las actividades de la Oficina del Fiscal en aquél proceso, describiendo sí los métodos por ellos

---

[141] Peiper, primero condenado a muerte, luego indultado por los propios americanos por falta de pruebas, y finalmente condenado por un Tribunal de Alemania Federal, por ejecución de rehenes (a pesar de que los propios americanos le habían hallado inocente de tal acusación) se fue a vivir a Francia de incógnito. Un periodista local, comunista, descubrió su paradero y lo publicó en un periódico. Al cabo de unas semanas la casa de Peiper era dinamitada y él perecía con su familia. No se ha encontrado a los culpables. (N. del A.)

[142] "Sunday Pictorial", 9–1–1949 El senador norteamericano Joseph McCarthy escribió en ese semanario que los procesos de Nuremberg, si algo demostraban, era la inocencia de la mayoría de los acusados y la mala conciencia de los acusadores.

empleados: "... introdujeron cerillas bajo las uñas de los presos y les prendieron fuego; les arrancaron los dientes; les rompieron las mandíbulas; los aislaron en confinamientos solitarios y les dieron una alimentación pobrísima; de. los 139 casos que investigué, 137 guardianes alemanes sufrieron puntapiés en los téstículos. Estos eran los medios habituales para obtener confesiones, empleados por la Oficina del Fiscal. Al menos el 90% de tales "investigadores" procedían de Alemania y habían obtenido la nacionalidad americana muy recientemente".[143] He aquí los nombres de esos "investigadores americanos".

Teniente Coronel Burton F. Ellis, Presidente del Comité de Crímenes de Guerra, y sus ayudantes: Raphael Shumacker, Morris Ellowitz, William R. Perl, Harry Thon, John Kirchbaum y Robert E. Byme. Sólo este tiltimo era americano de nacimiento. Todos los demás, judíos europeos, incluyendo al Consejero legal del Tribunal, el Coronel A.H. Rosenfeld.

Otra persona que declaró, bajo torturas, que había ordenado la ejecución por fusilamiento de 90.000 judíos en Rusia y Ucrania fue el General de las SS Otto Ohlendorff, comandante de la unidad "Einsatzgruppe D", especializada en la lucha contra los guerrilleros. Ohlendorff servía bajo las órdenes directas del Mariscal de Campo Manstein, del Undécimo Ejército. Ohlendorff no compareció ante el Tribunal hasta 1948, es decir, bastante tiempo después de la celebración de los principales procesos de Nuremberg, cuando su declaración jurada, firmada bajo tortura, había servido para condenar a numerosos soldados y funcionarios alemanes. Ante el Juez, Ohlendorff denunció los malos tratos de que había sido objeto y retiró, por consiguiente, su declaración El Tribunal no admitió su retractación y fue condenado a muerte. En realidad, lo curioso, e históricamente admitido hoy día, es que las tropas alemanas, en Ucrania y los Países Bálticos, debieron intervenir

---

[143] Déclaración del Juez Van Roden, aparecida en el *Washington Daily News*, el 9-1-1949.

numerosas veces para evitar "pogroms". Otras veces no lo consiguieron, pues lo que acontecía en casi todas las ciudades conquistadas por la Wehrmacht era los escasos judíos que no habían logrado huir a tiempo, acompañando al Ejército Rojo en su retirada, eran asesinados por la población civil que, por el sólo hecho de abundar tanto los judíos en la G.P.U. y en el aparato estatal comunista, asimilaban judaísmo y comunismo.

La acción de los "Einsatzgruppen" afetados al Ejército de Von Manstein ha sido profusamente exagerada, El Fiscal General Soviético en Nuremberg Rudenko, afirmó que ésa unidad antiguerrillera había dado muerte a un millón de judíos. Pero el historiador británico Robert T. Paget[144] como el judío William Shirer[145] demolen ese mito. El número total de baja causadas por los "Einsatzgruppen" a los guerrilleros comunistas fue de unas noventa mil de los que sólo una parte – segun Paget el 10% y según Shirer el 15% – eran judíos.

En cuanto a la cifra de los Seis Millones, desmentida por la Aritmética, no reposa más que en un vago testimanio de un tal Doctor Wilhelm Höttl que declaró, en el Proceso de Nuremberg, haber oido a Eichmann (?) evaluar el número de judíos asesinados en los campos de concentración en unos cuatro millones, más otros dos millones por "otros procedimientos". Observemos el carácter indirecto de ese testimonio... cuyo único apoyo es, sólo, la palabra de honor del tal Höttl. Pero, ¿Quién era Höttl? Se sabe que durante la guerra fue miembro de las SS... y también un agente de los servicios secretos británicos. El periódico londinense "Week End"[146] inició, el 25 de Enero de 1941, una serie de revelaciones sensacionales bajo el titulo: "Our Man in the SS". (Nuestro hombre en las SS). Ese hombre era Höttl.[147]

---

[144] R. T. Paget: *"Manstein, his Campaigns and his Trial"*.
[145] William Shirer: *"Rise and Fall of the Third Reich"*.
[146] Semanario *"Week End"*, Londres 25 a 29 Enero 1961.
[147] Para completar el retrato de Höttl diremos que en 1942 fue hallado "deshonesto,

Es altamente importante tener en cuenta que el testimonio de Höttl. una persona que trabajó sucesivamente para dos servicios de espionaje, el inglés y el ruso, y fue condenado por los alemanes, bajándosele varios peldaños en el escalafón de las SS por actividades comerciales deshonestas – sea el único que atestigua en favor de la tesis de los Seis Millones. Este Höttl, que tras trabajar para ingleses y rusos, trabajó también para el Contraespionaje Americano, escribió libros semipornográficos con el pseudónimo de Walter Hagen. En su affidavit del 26 de Noviembre de 1945 afirmó, no que él supiera, sino que "Eichmann le dijo una vez en Budapest en .1944, que un total de seis millones de judíos habían sido exterminados". Es rarísimo, es más que sospechoso, que, siendo un agente inglés o tal vez, ya, un agente doble anglo-ruso durante la guerra, Höttl no pusiera en conocimiento de rusos e ingleses tan espeluznante cifra, que tan útil hubiera sido a los Aliados, cuyos servicios de propaganda presentaban a los alemanes, lógicamente, como "los malos".

Así, pues, casi treinta años después de Nurember, el único testimonio en favor de la cifra oficial de los seis millones de judíos exterminados por los nazis resulta ser una persona a la que ningún tribunal del mundo otorgaría el menor crédito. [148] Al analizar el Fraude de los Seis Millones, dos consideraciones se presentan de inmediato, a la mente de cualquier

---

tramposo, poco recto" en un informe que las SS hizo sobre él por un asunto de compra-venta de terrenos a Polonia. En 1953, ese "agente británico" fue arrestado por la Policía Militar Americana en Viena por haberse mezclado en el caso de espionaje Verber-Ponger, dos judíos que trabajaban para la URSS. El 1961 firmó un "affidavit" para ser usado en el proceso contra Eichmann.

[148] Tampoco los principales acusados alemanes en Nuremberg otorgaron crédito alguno a la fábula. Goering y otros negaron resueltamente su realidad. Los demás afirmaron no saber nada de ejecuciones masivas de judíos. Hess, Seyss-Inquart, Von Papen, Jodi, Von Neurtah y Doenitz también lo negaron. Sólo condicionando los testimonios presentados a que fueran verdaderos aceptaron más o menos como táctica de defensa (casos Streicher y Kaltenbrunner), la tesis de los genocidios, sin entrar en la cuantía de los seis millones (N. del A.)

observador imparcial.

a) ¿Para qué matarlos?
b) ¿Para qué matarlos de esa manera, precisamente?

En efecto, ¿para qué matarlos? El problema del III Reich era, al enfrentarse a fuerzas muy superiores en número, el de la mano de obra; el "manpower" como lo llaman los modernos tecnócratas. Parece, pues, muy raro que, disponiendo de tantos judíos – seis millones más los supervivientes, según la tesis oficial los alemanes los mataran, en vez de utilizarlos, precisamente, como mano de obra. Las técnicas alemanas de aprovechamiento de trabajo de producción en cadena permitian, además, sacar partido de cualquier obrero, débil o robusto, hombre o mujer, en mayor o menor grado, claro está. Entonces, repetimos nuestra pregunta: ¿Para que matarlos? Dejando aparte los llamados "campos de tránsito" de prisioneros, en los demas campos de concentración se habian instalado factorias. En Auschwitz, por ejemplo, se fabricaba, entre otros materiales, caucho sintético. El profesor norteamericano Arthur Butz, que no es ciertamente un nazi, escribe a este respecto:

"Siendo lo que eran las condiciones económicas, el Gobierno Alemán hizo todo lo que estuvo en su mano para utilizar a los internados en los campos de concentración como mano de obra. Los prisioneros de guerra eran utilizados de acuerdo con las Convenciones de Ginebra y La Haya, que el Gobierno Aleman siguió escrupulosamente, según admitieron luego sus propios adversarios. Así, por ejemplo, los prisioneros de guerra occidentales, ingleses y franceses sobre todo, eran empleados sólo cuando ciertas transformaciones legalistas a trabajadores civiles podían llevarse a cabo. En cuanto a los prisioneros de guerra rusos, eran utilizados indiscriminadamente como mano de obra, ya que al no observar la Unión Soviética las reglas de las Convenciones de La Haya y Ginebra, Alemania se desligó, en reciprocidad, de tal trato con respecto a los prisioneros rusos."[149]

El número de personas registradas en el sistema concentracionario alemán, hasta 1943 era de 224.000, y un año más tarde – 1944 – 524.000. Esas cifras se refieren sólamente a campos denominados por los propios alemanes "campos de concentración", y no incluyen los llamados "campos de tránsito", el ghetto de Theresienstadt, el del "Gobierno Central" de Polonia, u otro cualquier tipo de establecimiento cuya finalidad fuera aislar a determinados grupos étnicos.[150] Sumando, pues, las 524.000 personas internadas en 1944, a los demás internados en lugares no específicamente llamados campos de concentración, todo ello representaba una importante mano de obra, aún cuando los alemanes continuaran deficitarios en ese aspecto.

Aquí, un inciso nos parece imprescindible: No hubo "campos de concentración" exclusivamente para judíos, pero esta observación debe aclararse, pues habían tres clases de judíos desde el punto de vista oficial alemán.

1– Los judíos internados por razones punitivas o de seguridad.

2– Los judíos no sospechosos específicamente, utilizados como mano de obra– igual que los del grupo anterior– en general, mejor tratados.

3– Las familias judías (mujeres, ancianos no útiles para el trabajo), que estaban internados en los llamados "Durchgangslager", o campos de tránsito.

Pues bien: si, como dicen los mantenedores del Fraude, hubo, como mínimo, seis millones de judíos – los supuestamente gaseados y cremados –

---

[149] Arthur R. Butz: *"The Hoax of the Twentieh Century"*.
[150] *Id.*

más los supervivientes, pongamos, en total, siete millones ¿por qué privarse de tan numerosa, y barata, mano de obra?

¿Cómo no se dieron cuenta, los nazis, del potencial humano que desperdiciaban, al ejecutarlos masivamente? ¿Tan estúpidos eran? ¿Y si eran; efectivamente, tan estúpidos, cómo fue posible que fuera necesaria una coalición cuasi-mundial, durante seis años, sólo para someter a un pueblo gobernado por estúpidos?

¿No constituye, la anterior pregunta, un tremenmdo insulto a los pueblos de los países Aliados y sus respectivos gobiernos, por haber necesitado de seis largos años, luchando al final en una proporción de veinte contra uno, y todo ello para someter a un hato de fanáticos y sangrientos borregos, que arrojaban piedas contras su propio tejado al privarse de seis millones de obreros que trabajaban gratuitamente?

Hitler, se ha dicho, odiaba a los judíos, y quiso exterminarlos. Bien. Admitido. Hitler no llevaba a los judíos en el corazón, y nunca hizo de ello un misterio. No obstante, otra pregunta, sencilla pregunta, se nos ocurre: Si Hitler quiso exterminar a los judíos, a todos los judíos, ¿Por qué no lo hizo? Tiempo para hacerlo lo tuvo de sobras. ¿Porqué, pues, no mando matarlos?

En el periódico norteamericano "International Tribune",[151] reproducido por otros dos periódicos americanos – ambos dirigidos por judíos – el "New York Times" y el "Washington Post", apareción un artículo en el que se mencionaba que "unos 500.000 judíos residentes en Israel han estado en campos de concentración alemanes". Es más, el Autor conoce personalmente a judíos que no viven en Israel, sino en España, en Marruecos, en Australia, en Nueva Zelanda, en el Canadá, en los Estados Unidos, en Italia, en Holanda, en Suiza, en el Líbano, etc... y que también sobrevivieron a los campos de contentración

---

[151] "The International Tribune", New York, 11–VI–1973.

nazis.

Pues bien: aún dando por cierta la cifra de medio millón de supervivientes en Israel – que son muchos más – entonces resulta evidente que Hitler no dio orden alguna de exterminarlos. Es obvio que Hitler y su régimen no tenían ningún plan ni ningún deseo específico de matar a los judíos, pues les sobró tiempo para hacerlo, y no lo hicieron. Puestos a matar. a seis millones, ¿por qué detenerse precisamente en esa cifra y no acabar, de una vez, el trabajo eliminando al medio millón sobrante? Decididamente aquellos nazis debían ser muy estúpidos.

Pero esa estúpidez no se limitaba a destruir deliberadamente un enorme potencial humano en mano de obra, dejando sobrevivir – ¿para qué? – a más de medio millón. La estupidez nazi parece haber alcanzado niveles patológicos. Por ejemplo: Según los famosos "affidavits" triunfalmente exhibidos por la Acusación de Nuremberg, y aceptados por el Tribunal era corriente que los supervivientes del "Holocausto" hubieron estado en tres, cuatro o más campos de concentración. De manera que la técnica del exterminio perpetrado por los nazis consistía, pongamos por caso, en capturar a un judío en Burdeos, llevarle a Alemania, y, desde alli vía Bergen-Belsen, Dachau y Mathausen, transportarle a Auschwitz, precisamente a Auschwitz, donde era – suponemos que según el estado de ánimo del comandante del campo – ya gaseado, ya introducido en un horno crematorio. ¿Por qué tantas complicaciones? ¿Por qué utilizar trenes, emplear guardianes, servicios burocráticos y de intendencia, haciendo pasear por media Europa a aquellos futuros cadáveres?

¿No hubiera sido infinitamente más sencillo obligar al judío de Burdeos a que cavara su propia fosa, pegándole un tiro sobre el terreno, y haciéndole luego enterrar por la siguiente víctima? Este sencillo sistema fue puesto, en práctica, en España, durante la pasada guerra civil; concretamente en

Paracuellos del Jarama (Madrid). ¿No parece raro que no se les ocurriera una solución tan sencilla y barata a los nazis?

Al fin y al cabo, de ese modo, con un simple gasto de seis millones de cartuchos, se hubiera evitado la construcción de los crematorios. Sabemos que incinerar un hombre cuesta dos mil pesetas, y un fusil ametrallador, cuatro mil – sin contar el costo de la construcción de los crematorios – los alemanes podían dotar de un fusil ametrallador a tres millones de soldados, es decir, a casi todos los hombres del Arma de Infantería que luchaban en Rusia.

Por otra parte, llevar "de paseo" a esa inmensa masa de siete millones de hombres, mujeres y niños – seis y medio, o siéte, con los supervivientes del "hobocauto" – y asignándoles aunque sólo fueran dos soldados para vigilar y custoriar a cien presos, representaba de 130.000 a 140.000 hombres, más otros 15.000, como mínimo, en servicios auxiliares, burocráticos y de Intendencia. En total, pues, de doce a trece divisiones que se podrían haber mandado a luchar en Rusia, en vez de tenerlas paseando por todo el Continente.

Aqui, creemos que se impone otra pregunta: ¿No parece imposible que siete millones de paseantes los muertos más los supervivientes no fueran vistos por la población civil de media Europa? Y si fueron vistos ¿Cómo no se enteraron los famosos servicios secretos Aliados?

No puede calcularse el carbon y la electricidad despilfarrados en el paseo de siete millones de judíos a traves de Europa Pero solo suponiendo que desde el lugar de origen hasta el de destino fueran en viaje directo. sin transbordos lo que parece imposible pero vamos a aceptarlo como hipótesis más favorable al punto de vista oficial fueron necesarios no menos de 2.300 trenes de veinte vagones cada uno, suponiendo que en cada vagón de mercancías se inquivieran 150 judíos... lo que ya es aprovechar bien el espacio (!). Además, debían instalarse, a lo largo del itinerario, cantinas provistas de alimentos y agua. con personal para atenderlas. ¡Cuantas complicaciones y cuánto gasto. en plena guerra, y todo para que el judío de Burdeos fuera a morir a Auschwitz! ¡Auschwitz! Justamente, Auschwitz está muy cerca de Katyn, en cuyos bosques los hombres de la N.K.W.D. dieron muerte. por el acreditado sistema comunista del tiro en la nuca, a quince mil oficiales y suboficiales del Ejercito Polaco. Previamente les habian hecho cavar sus propias fosas a las futuras victimas. Los nazis. que. ya no nos cabe la menor duda. debieron de ser unos tontos de solemnidad, se habian olvidado de Paracuellos del Jarama; al fin y al cabo habian ya transcurrido casi seis años y alli "sólo" mataron a nueve mil personas. Pero lo de Katyn era reciente, para ellos, y habían restos de quince mil, cada una con el tradicional tiro en la nuca. ¿Como no cayeron los nazis, con una sencilla asociación mental de ideas, en el tiempo, el dinero, los hombres – guardianes, carceleros, funcionarios – los trenes, los materiales de construcción para cárceles, barracones, crematorios y cámaras de gas, que habrían ahorrado con la simple adopción del sistema Katyn? Más sencillo todavía. El sistema Katyn como el sistema Paracuellos fue llevado a la práctica en condiciones de extrema urgencia. Las tropas alemanas se aproximaban y los quince mil oficiales polacos eran un lastre para los soviéticos. En tales circunstancias, fue preciso que los muchachos de la N.K.W.D. gastaran quince mil cartuchos alojados en otras tantas nucas polacas. Ahora bien: los alemanes tuvieron tiempo de sobras para ejecutar a sus judíos, de haberlo querido hacer: tuvieron seis años, si contamos a partir del comienzo de las hostilidades, y doce, si contamos desde el momento en que subieron al poder en Alemania. De manera que pudieron haber llevado a cabo la "Operación Israel" sin gasto alguno. No hubieron sido precisos ni siquiera seis millones de cartuchos – munición cuantitativamente importante y que les hubiera ido muy bien a los sitiados de Stalingrado, por ejemplo – sino que les hubiera bastado con seis millones de martillazos en el occipucio. Tal vez las anteriores consideraciones pudieran parecer frívolas a un observador causal, pero de lo que no puede haber duda es de que son lógicas dentro del planteamiento oficial del problema de los Seis Millones. Es decir que si los nazis ejecutaron a seis millones de judíos mediante procedimientos tan rebuscados y barrocos como caros e ineficaces – pues todavía permitieron que se les escaparan con vida de medio millón a un millón, según fuentes judías – tenian, forzosamente, que ser unos redomados cretinos. Y si tal eran ¿qué calificativo aplicar a sus vencedores, que les superaban en número y en materias primas, en una proporción no inferior al veinte por uno, y que para vencerles necesitaron seis largos años de guerra sin cuartel y estuvieron ellos mismos al borde de la derrota?

Más arriba mencionamos que el precio de costo de una incineración se halla sobre las 2.000 pesetas. Hemos obtenido este dato del propio cementerio de la Almudena de Madrid. Si convertimos esta cantidad en gasolina, tendremos que cada cuerpo precisa por lo menos de cincuenta litros de combustible. Esta cantidad no resulta rara si tenemos en cuenta el combustible que fue necesario para quemar el cuerpo de Hitler. Ciertamente, a un gobierno en guerra el precio de cada incineración le resultará más bajo, pero igualmente le resultaría más bajo el precio del combustible – a pesar de obtenerlo, Alemania, mediante la destilación del carbón –, asi, pues, la cantidad de litros parece lógica. En total, para incinerar a seis millones de judíos se necesitarían trescientos millones de litros. Trescientas mil toneladas. La producción completa teórica de combustible sintético obtenido por Alemania, a plena producción, durante dos meses. Bastante más si se tienen en cuenta los efectos de los bombardeos Aliados contra los centros de producción de combustible sintético alemán y de los pozos petrolíferos de Ploesti, en Rumania. Según Albert Speer,[152] Ministro de Armamentos del Reich, la falta de combustible, de energía, fue causa decisiva de la derrota militar alemana,

---

[152] Albert Speer: "*Memorias*".

hasta el punto de que en Diciembre de 1944 – justamente cuando, según la tesis oficial del "Holocausto", se hallaba én pleno apogeo el exterminio de los judíos – para disponer del combustible necesario para la ofensiva de las Ardenas se tuvo que ahorrar durante meses y aún se contaba con que las fuerzas alemanas se aprovisionarían del combustible capturado al enemigo.

Si tenemos en cuenta que un carro de combate consume aproximadamente diez litros por kilómetro, podremos calcular que la energía consumida para quemar a los judíos hubiese bastado para hacer marchar durante siete mil quinientos kilómetros a las veinte divisiones blindadas de la Wehrmacht que empezaron la ofensiva en Rusia. En efecto, veinte divisiones blindadas totalizan cuatro mil carros de combate. A diez litros por kilómetro, representan 40.000 litros. Y avanzando sobre 7.500 kilómetros, nos da la cifra apabullante de los 300.000.000 de litros que se utilizaron, según la tesis oficial, en quemar a los judíos.

Moraleja: la batalla de las Ardenas no terminó reexpidiendo a ingleses y americanos a la Rubia Albión porque el combustible que necesitaban angustiosamente los tanques alemanes se estaba empleando en Auschwitz para quemar a unos individuos que hubieran podido ser eliminados sin el menor gasto de energía, aparte de la energía necesaria para asestar los ya aludidos martillazos en el cráneo.

Pero ya que estamos metidos en cálculos, tomemos el problema desde otro ángulo. Aceptemos, a efectos puramente polémicos, que los nazis asesinaron a seis millones de judíos, y añadámosles los quinientos mil supervivientes, según fuentes igualmente judías. Esto da un total de seis millones y medio de personas, de las que no creemos constituya una exageración suponer que un quince por ciento podían ser utilizadas en las minas de carbón o en la destilación del mismo para obtener carburante sintético. Esto nos da, aproximadamente, un millón de trabajadores. En las diversas fases de la producción de carburante sintético – desde la extracción del carbón en las minas hasta la destilación del mismo en las plantas industriales – los alemanes empleaban, en 1943, una mano de obra evaluada en dos millones de personas. Apelamos al sentido común del lector: Si desde Winston Churchill, en sus "Memorias", hasta Eisenhower en su "Cruzada en Europa", pasando por el ya aludido Ministro alemán de Armamentos, Albert Speer, existe unanimidad total en que el punto más débil de Alemania era la escasez de combustible, ¿puede concebirse que no sólo despilfarraran los nazis nada menos que trescientos millones de litros, sino que precisamente materializaran tal despilfarro en la incineración de una potencial mano de obra que iba a permitirles incrementar su producción de combustible en un cincuenta por ciento? Con un cincuenta por ciento de combustible los tanques de Rommel no se hubieran detenido, con sus motores vacíos, ante un enemigo a la desbandada, a la vista del Canal de Suez. Con un cincuenta por ciento más de combustible la "Operacióin ciudadela", al Nordeste de Moscú, hubiera sido una batalla de aniquilamiento y no una operación de desgaste saldada con una retirada, Con un cincuenta por ciento más de combustible los tanques alemanes, en vez de permanecer parados en la nieve, hubieran penetrado por el frente, hecho trizas, en las Ardenas y vuelto a ocupar Paris que ya americanos y gaullistas abandonaban precipitadamente. Con un cincuenta por ciento más de combustible, en fin – y sin olvidarnos del estúpidamente despilfarrado en los crematorios – los científicos alemanes hubieran llegado antes a la producción de la bomba atómica. Bien sabido es que en la carrera hacia esa – entonces – arma absoluta, los alemanes llevaban ventaja. Los anuncios de Goebbels sobre las "armas secretas" que pondrían fin a la guerra no eran, contra lo que afirmaban los Aliados, fanfarronadas propagandísticas. Si los Aliados tardan unas cuantas semanas más en materializar su victoria, puede asegurarse que el resultado de la contienda hubiera sido diametralmente diferente. Esto lo han admitido personalidades tan dispares y de tanta calidad como Churchill y Einstein.

Venciendo en cualquiera de las tres batallas que no pudieron coronarse con un espectacular triunfo por falta de combustible, los alemanes hubieran ganado no unas semanas, sino vanos meses. El signo de la guerra hubiera cambiado. Para su desgracia y, al mismo tiempo, para bendición del Estado de Israel, el principal beneficiario del Mito de los Seis Millones, los nazis no se dieron cuenta del combustible que despilfarraban y de la mano de obra gratuita de que se privaban.

No cabe duda. ¡Los nazis eran unos estúpidos!

¡Si llegan a ser listos!

TRAGEDIA Y COMEDIA

En toda gran tragedia aparece, siempre, un elemento cómico, a veces grotesco. Junto a la angustia de Hamlet, las payasadas de Rosenkrantz y Guildenstern; el célebre monólogo hamletiano mientras aóaricia la calavera de Yorick, otro payaso; las metafísicas elucubraciones del Caballero de la Triste Figura y las agarbanzadas cuitas de su fiel Sancho. La tragedia, del Mito de los Seis Millones – tragedia para Alemania, incluso para los alemanes aún por nacer; tragedia para Europa y para todo el Occidente; tragedia, como más adelante demostraremos, para el pueblo palestino, no podía ser una excepción. Al estudiar el Mito nos hemos encontrádo con situaciones verdaderamente grotescas, pues el histrionismo de los mantenedores del fuego sagrado les ha jugado una mala pasada. Hemos encontrado auténticos "gags", verdaderos chistes dignos de una antología del humor negro. Antes de pasar a un análisis de los esencial que sobre los principales campos de concentración se ha dicho, un pequeño intermedio humorístico nos ha parecido refrescante.

El fiscal Joseph Kirschbaum, judío nacido en Alemania y naturalizado americano, convocó ante el Tribunal que juzgaba a los acusados de crímenes contra la Humanidad en el campo de Dachau, a un tal Jacob Einstein, con objeto de que testificara de que el acusado Menzel, guardián del campo, había dado muerte a su hermano, Simon Einstein. Cuando Menzel respondió que el tal hermano se hallaba en buena salud y, de hecho, sentado a unos tres metros de distancia del propio Kirschbaum, éste arrojó un legajo de papeles a la cabeza del pobre Jacob Einstein y le dijo: "¿Cómo diablos quieres que lleve a ese cerdo a la horca si tú eres lo bastante estúpido para traer a tu hermano a esta sala?".[153] Este no fue un caso aislado. Cuando el Coronel A. H. Rosenfeid, Juez Principal de los acusados del campo de concentración de Dachau abandonó su puesto en 1948 para trasladarse a los Estados Unidos, los periodistas le preguntaron si se habian ejercido "presiones físicas y morales" contra los acusados para que declararan de acuerdo con los deseos de la acusacion. su respuesta fue:

¡Claro que si! De otro modo, hubiera sido imposible hacer cantar a esos pájaros".[154] Un testigo de la Acusación. sin duda un humorista, cuyo nombre era Krath y su origen étnico judío, declaró ante el Tribunal de Frankfurt que juzgaba los crímenes del campo de Auschwitz que él había trabajado en el laboratorio dental del campo y había visto al personal alemán arrancando los dientes de oro de miles de judíos recién asesinados, y antes de ser llevados a los crematorios. Añadió que "... casi cada día los asesinos de las SS se llevaban un camión lleno de dientes". Bien. Ya tenemos algo que llevarnos a la boca, si se nos excusa la expresión. "Casi cada día los asesinos de las SS se llevaban un camión lleno de dientes". Esta declaración nos permitirá manejar algunas cifras que demostrarán la alta calidad y la integridad moral de ese testigo.

Con objeto de ponernos, como siempre. del lado más favorable a la interpretación de la tesis oficial judia, y para que el numero de gaseados destinados a ser cremados sea más bien subestimado que exagerado, partiremos de los siguientes supuestos:

1) Cada judío pensionista de Auschwitz poseia el juego completo de dientes con que le dotó Jehová. es decir. 32. Eso, al principio.

2) Porque, luego, cada judío los había perdido todos, sustituyéndolos – todos, los 32- por otros tantos dientes de oro.

---

[153] Arthur R. Butz: *"The Hoax of the Twentieth Century"*, pág. 24.
[154] *Id.*, pág. 25.

3) Los asesinos de las SS. en vez de usar un camión, usaban una carretilla estilo jeep.

4) "Casi cada día" vamos a considerarlo como "un día sí y otro no".

Creemos, modestia aparte, hacer gala de un espíritu deportivo que merecería los plácemes del más exigente gentleman británico.

Supongamos que el jeep llevaba una plataforma de trasporte de 160 por 250 por 60 centímetros. Esto da una capacidad de 2,4 metros cúbicos. Suponiendo que cada diente judío tuviera dos centímetros de largo por 6 milímetros de ancho y otros tantos de grueso, obtenemos una capacidad total, por cada boca de 32 dientes igual a 23 centímetros cúbicos. De manera que cada jeep llevaba un 1.382.400 dientes pertenecientes a 43.200 gaseados destinados a ser incinerados. Es decir, que cada día se gaseaban – como preludio a su incineración -- 21.600 judíos. Lo que daba, sólo en un año, la cifra de 7.884.000 gaseados. Para ser luego incinerados. Y sólo en Auschwitz. Y eso incluye a los judíos con dentaduras completas de oro. El inefable testigo, señor Krath, no fue arrestado en el acto por el Juez, por desacato al Tribunal. Porque desacato y ultraje es suponer que el Tribunal pueda tener tan descomunales tragaderas. El Juez, tampoco ordenó que el testigo fuera internado en un manicomio Simplemente. ordeno que se tornara nota de su declaración jurada. que fue incorporada al dossier.[155] Otro testigo. Aaron Sommerfeldt hizo ante el Tribunal de Düsseldorf que se ocupaba de los crímenes del campo de Belsen esta original deposición:

"Los SS mataban durante toda la semana, pero nunca en domingo". Evidentemente. esta declaración persigue un doble objetivo: por una parte ironiza sobre la festividad cristiana del domingo. Por otra, reactiva la vieja mentira del anticristianismo nazi. al "descansar", jocosamente los SS, los

---

[155] *"Evening Press"*, Dublin, 21 de Diciembre de 1964.

domingos, en que no mataban a judíos. Sommerfeldt identifico a un acusado, antiguo guardián del campo de Belsen, diciendo que le había visto "apuñalar y luego ahorcar" a un judío el 18 de Octubre de 1942.

Ese "juicio" se celebró en Düsseldorf el 13 de Enero de 1965. Admiremos nos del "golpe de vista" del buen Aaron que reconocio. veintitres años despues, con ropajes civiles, a un hombre que, cuando le vio cometer ese crimen, llevaba traje militar, y en unas circunstancias en que el testigo decia estar bajo intensa presion psiquica, y tambien temeroso de que le sucediera a el lo mismo. Fantastica. su memoria. Fantastico tambien, que recordaba la hora, y la fecha exacta el 18 de Octubre de 1942. Admirable memoria. Con una sorprendente laquna, no obstante. Que. segun el abogado defensor, el 18 de Octubre de 1942 era, precisamente. domingo.[156]

El celo de algunos propagandistas judíos para explotar el tema de los exterminios en Auschwitz no sólo ha devaluado la supuesta capacidad judía para la Aritmetica sino que tambien ha servido para mostrar en cuán poco estiman ellos la inteligencia de sus lectores.

Lino de tales propagandistas es Olga Lengyel, que, en su libro, "Cinco Chimeneas"[157] comprobar los más nimios detalles sobre las cámaras de gas y los crematorios. Y afirma: "Desde 1941, hubo en servicio cuatro hornos crematorios. y el rendimiento de esta inmensa planta de exterminación aumento extraordinariamente".

"Trescientos sesenta cadáveres cada media hora, que era el tiempo que se precisaba para reducir la carne humana en cenizas, totalizaba 720 cadáveres por hora, osea 17.280 al dia. Y los hornos, con asesina eficiencia funcionaban dia y noche. Ademas, debemos tener igualmente presentes los

---

[156] "*Nationalist News*", Dublin. Enero de 1965.

[157] Olga Lengyel: "*Five Chimneys*", Panther Books, Londres, 1959.

"pozos de la muerte", inmensas piras que podían incinerar otros ocho mil cadáveres al día En números redondos, los nazis quemaban unos veinticinco mil cadáveres diarios."[158]

Bien. A efectos puramente polémicos, vamos a tomar como ciertas, como lógicas, las palabras de la Señora Lengyel, aún cuando más adelante demostraremos la inexistencia de esos "hornos gigantes". Ciñamonos, exclusivamente a la deposición de ese testigo, que compareció citados por la acusación en varios procesos antinazis y su testimonio fue, muy seriamente, aceptado por los respeptivos Tribunales.

Según la Señora Lengyel, hubo 25.000 cadáveres diarios. Eso totaliza, al año, 9.125.000. Olvidándonos del período transcurrido entre 1940, cuando empieza a funcionar el campo de Auschwitz, hasta las supuestas instalaciones de los "cuatro nuevos hornos gigantes", tendremos que la cifra de seis millones de judíos exterminados por los nazis es falsa. Ya no se trata de seis millones, sino de **¡Treinta y seis millones y medio!**.. sólo en Auschwitz. Una cifra que es superior al doble de la totalidad de la población judía en el mundo, en 1939, según fuentes judías.

Insistimos en que el anterior cálculo sólo lo hemos hecho para demostrar una vez más, la ligereza con que se citaban cifras ante los Tribunales y el desparpajo cón que éstos las aceptaban. Un testigo que, bajo juramento, hubiera hecho tal deposición ante cualquier Tribunal del Mundo, exceptuando Nuremberg, hubiera sido arrestado, en la sala, por orden del Juez, por manifiesto perjurio.

Otto Hoppe, un guardián del campo de Dachau, estuvo en la cárcel, desde 1949, en que fue condenado a cadena perpetua por "crímenes contra la Humanidad", hasta 1965. Sus "crímenes contra la humanidad" consistían en

---

[158] *Id.*, p. 80-81.

haber dado muerte – según el testimonio de varios judíos – a un tal H.S. De Griessen y a un antiguo miembro del Reichstag llamado Asch. Huelga precisar que, según la Acusación, De Giessen y Asch eran judíos. Pero a mediados de 1965 se descubrió que De Giessen estaba vivo y gozaba de excelente salud, y que el diputado Asch nunca existió.[159]

Tal vez fue en el proceso de Frankfurt, incoado contra los guardianes del Campo de Auschwitz, donde se batieron todos los records de maligna estupidez. El abogado defensor fue amenazado por el Juez con ser llevado ante un Tribunal de "desnazificación" por osar poner en duda la veracidad de las declaraciones de un testigo presentado por la Acusación; dos testigos de la Defensa, Georg Engeishall y Jacob Fries, tras deponer en favor de los acusados, fueron detenidos en plena Audiencia. Finalmente, a los acusados no se les permitía hablar; sólo podían hacerlo cuando les interrogaba el Juez o la Acusación, y no se les permitían más respuesta que "sí" o "no".

Fue, precisamente el Proceso de Frankfurt contra los guardianes del campo de Auschwitz el que superó todas las cotas de parcialidad por parte del Tribunal. Como ya se había demostrado, por organismo de indudable "cachet" democrático, que en toda Alemania no existieron, jamás, cámaras de gas, los mantenedores del Fraude de los Seis Millones se aferraron desesperadamente a la tesis de que tales cámaras existieron y funcionaron sólo en siete campos, ubicados en Polonia, el principal de los cuales era, con mucho Auschwitz.

Se había logrado demostrar que en los veintitrés principales campos de concentración alemanes no hubo tales cámaras de gas, a pesar de haberlas "filmado" numerosas películas propagandísticas angloamericanas. Pero al llegar a Auschwitz... "con la Iglesia comunista hemos topado". Allí se

---

[159] *"Europe Action"*, Coburg, 20–IX–1965.

acababan las actividades de los comités de investigación, que tropezaban con la "palabra de honor" de las autoridades comunistas polacas, atestiguando que allí hubieron cámaras de gas, dándose el asunto por terminado.

Pues bien, para demostrar que en Auschwitz tampoco existieron las llamadas "cámaras de sas" quiso trasladarse a Frankfurt Paul Rassinier, ex-alcalde de Belfort, miembro del Partido Socialista S.F.I.O. (Sección Francesa de la Internacional Obrera), miembro del "maquis" que luchó contra los alemanes, inválido de guerra al 90 por ciento e internado en diversos campos de concentración alemanes. Los abogados defensores de los guardianes acusados solicitaron su presencia como testigo de descargo. ¡Pero las autoridades Oeste-Alemanas le denegaron el visado de entrada! Huelga decir que dicho visado no se negó a numerosos "supervivientes" que, procedentes de Israel, los Estados Unidos y el Este de Europa, se presentaron en Frankfurt para declarar como testigos de cargo. Tiempo habrá de ocuparie con el necesario detenimiento de la general actitud oficial del Gobierno y de los funcionarios de la llamada República Federal Alemana.

EL CAMPO DE DACHAU

Cuando las tropas aliadas occidentales penetran en Alemania, la campaña propagandística desatada por las grandes agencias internacionales de noticias acerca de las atrocidades alemanas y, concretamente, de los campos de "exterminio", se hallaba en todo su apogeo. Es un hecho que cuando los americanos ocuparon el campo de Dachau, inmediatamente fotografiaron "cámaras de gas", "crematorios" y montones de cadáveres. Es evidente que un montón de cadáveres es lo que más se parece a otro montón de cadáveres. Perogrullada. Es cierto. Pero también es cierto que lo que caracteriza a esta época nuestra de intoxicación mental y de lavado de cerebro colectivo es, precisamente, el olvido de Perogrullo. Pues tales montones de cadáveres que aparecían monótonamente en la prensa, tanto podían ser de Dachau como de cualquier otro lugar. Y así, por ejemplo, luego resultó que uno de aquellos macabros montones, que se decían haber sido fotografiados en Dachau, por los fotógrafos de las libres democracias, habían sido fotografiados en Dresde, por los fotógrafos de la "Gross Deutchsland" tras el bombardeo inglés de aquella ciudad-hospital.

Es un hecho también, que nunca hubieron "cámaras de gas" en toda Alemania. En realidad, no las hubo en ningún lugar de Europa, pero, hasta ahora, sólo se ha admitido oficialmente su inexistencia en Alemania. Basta con recordar la conocida declaración del Instituto de Historia Contemporanea de Munich (en el que trabajan numerosos judíos) que, textualmente, afirmaba: "Nunca hubieron cámaras de gas en ningún campo de concentracion situado en el territorio del antiguo Reich".[160] No obstante, los americanos afirmaron

---

[160] *Instituto de Historia Contemporanea*: Declaración del 19-VIII-1960.

que tales "camaras de gas" existian. Luego. súbitamente. se hizo el silencio, al comprobarse que las pretendidas "camaras de gas" no eran más que unos "baños-ducha" para despiojar (lamentamos la palabra, pero no hay otra, y. además, es la traducción literal del alemán y del inglés) a los internados, especialmente a los prisioneros procedentes del Este.

Pero si se dejó de hablar de "cámaras de gas" en Dachau, sí que se organizó un clamoreo inmenso a proposito del crematorio gigante instalado en aquel campo. Durante mucho tiempo, todo el mundo estuvo convencido de que en tal horno se incineraban los cadáveres de los gaseados judíos. aunque luego, al demostrarse la inexistencia de las "camaras de gas", se aseguró que las victimas eran directamente incineradas, es decir, quemadas en vivo. Aparte de que no debe ser tarea fácil colocar a unos individuos en unos hornos, recomendandoles que se estén quietos mientras se ponen en marcha las parrillas que deberán reexpedirlos "ad patres" convenientemente tranformados en cenizas, el procedimiento de ejecucion sigue pareciéndonos barroco, costoso en tiempo y en energia y rebuscado. Nos recuerda demasiado aquellas películas americanas de la serie Fantomas en que el bueno y la chica, atados de pies y manos ante los malos. armados hasta los dientes, eran encerrados en una cámara hermetica. Al cabo de unos angustiosos instantes. empezaba a manar el ugua de un grifo colocarlo en el techo; primer plano del bueno, sosteniendo a la desmayada chica con sus manos. por encima de su cabeza. mientras el liquido elemento llega, inexorablemente, a su barbilla. Entonces, la Policia logra abrir las compuertas, salvando la vida de los protagonistas, los cuales todavía llegan a tiempo de capturar a Fantomas en el momento en que va a poner pie en la frontera mejicana con el maletín conteniendo el millón de dólares. El lavado de cerebro colectivo, llevado a cabo por la 'mass media", ha logrado que la infantil y fantomática historia del crematorio de Dachau sea aceptada por ignaras masas de crédulos lectores, auditores y televidentes, los cuales no parecen haberse interrogado sobre el por qué del "modus operandi", tan inutilmente complicado de los verdugos nazis. Teniendo en sus manos a una inerme masa de prisioneros, a los que se asegura que deseaban exterminar ¿por que no hacerlo a garrotazos, o, máxime, a tiros, en unos dias, en vez de complicarse la existencia con crematorios, por no hablar de las super fantomaticas 'cámaras de gas"?

Se argüirá que esta pregunta no constituye, ni directa ni indirectamente, una prueba; que no pasa de ser un indicio. Que los nazis podían estar poseídos de locura diabolica, como Fantomas. Pues bien:

"El arquitecto Karl Johann Fischer, de Munich. internado por los americanos, despues del final de la guerra, en Dachau, se presento voluntario para proceder a la limpieza del crematorio, del que se contaban horrores. Lo que pude ver y constatar sobrepasó mis previsiones. Aquellos hornos, recientemente construidos, no estaban, siquiera, secos; la albañileria todavía no había cuajado del todo. Ademas, todas las partes metálicas estaban nuevas y no habían conocido jamás el contacto con el fuego. Allí no se hubiera podido asar un perrito, ni siquiera un volátil, pues aquellos cuatro hornos no reunían las condi ciones necesarias para ello. Aquellas construcciones de diletantes, que querían hacer pasar como hornos creamtorios, no poseían ni siquiera una chimenea..."[161]

Del anterior testimonio se deduce que los "libertadores" americanos, no sólo mantuvieron en funcionamiento el campo de Dachau, limitándose a la substitución de los anteriores internados por militares y civiles alemanes, sino que además se apresuraron a construir unos ridículos hornos crematorios atribuyendo su construcción y su uso a los nazis. Según el testigo Gerhardt Rossberger, antinazi, y responsable alemán del campo de Dachau, desde Mayo hasta Septiembre de 1945, es decir, durante los cinco primeros meses

---

[161] *"Deutsche Wochen Zeitung"*, 6-V -1977.

de la post-guerra "en el campo de concentración de Dachau habia, antes de 1945, un pequeño crematorio, destinado a la incineración de las personas que morían victimas del tifus, pero nunca hubo ninguna cámara de gas. Los agentes americanos Howard y Strauss intentaron transformar el vestíbulo del crematorio en una "cámara de gas", pero cuando el mayor Duncan, americano y comandante del campo, se enteró del proyecto, rehusó su autorización".[162]

El detalle de la chímenea olvidada, según el mencionado testimonio del arquitecto Fischer, quiso ser corregido más tarde, a principios de la década de los cincuenta, en que los americanos construyeron dicha chimenea, según otro testigo, alemán pero antinazi, Horst Kreuz, de Munich. No obstante, tampoco esta vez se hicieron las cosas bien, pues los constructores se olvidaron de ensuciar hornos y chimeneas con hollín, detalle que fue corregido más tarde. Stephen F. Pinter, abogado del Departamento de la Guerra de los Estados Unidos, que sirvió en Alemania. con las fuerzas de ocupación, por un periodo de seis años, manifestó, en el semanario católico "Our Sunday Visitor", lo siguiente:

"Estuve en Dachau diecisiete meses, después de la guerra, como Fiscal del Departamento de Guerra, y puedo atestiguar que en Dachau no hubieron ni cámaras de Gas ni crematorios. Lo que se mostraba al público como cámaras de gas no era más que un minúsculo crematorio para incinerar a personas que morían de enfermedades infecciosas, y precisamente para evitar la propagación de infecciones, muy especialmente el tifus. Se nos dijo que había una cámara de Gas en Auschwitz pero como estaba en la Zona de Ocupación Rusa no pudimos comprobarlo por no habérnoslo permitido las autoridades rusas. Por lo que pude investigar, en mi calidad de Fiscal del Ejército de los Estados Unidos, durante mis seis años de postguerra en Alemania y Austria, hubo un

---

[162] *Id.*, 7- V– 1977.

elevado número de judíos que murieron, pero la cifra de un millón, ciertamente, no se alcanzó. Yo interrogué personalmente a miles de judíos, ex– internados en campos de concentración alemanes y me considero tan bien informado como el que más en este sujeto".[163]

Recalquemos que el señor Pinter ostentaba el cargo de Fiscal en el War Departament, es decir, en el Ministerio de la Guerra de los Estados Unidos.

Dachau era uno de los más antiguos campos de concentración alemanes, y albergaba mayoritariamente a presos políticos austríacos, presos comunes y, al final de la guerra, también soldados prisioneros, procedentes del frente del Este, en su mayoría. Naturalmente, también habían presos judíos, no englobados en las categorías que acabamos de enumerar. Los presos eran utilizados como trabajadores en fábricas cercanas, aunque también se dedicaban al cultivo de una plantación de hierbas medicinales instalada junto al campo y a secar pantanos y zonas cenagosas de las cercanías. El avance de las tropas rusas en el frente del Este forzó a las autoridades alemanas a evacuar cada vez más hacia el Oeste a su impresionante masa de prisioneros de guerra. Más del ochenta por ciento de esa masa estaba compuesta de rusos. Los bombardeos de la aviación aijada habían conseguido crear en Alemania, sobre todo a partir de mediados de 1944, una situación caótica. Como es lógico en una situación bélica, el suministro de abastecimientos, así como de armas y municiones para los soldados que luchaban en el frente gozó de absoluta prioridad. Lüego, venían, por este orden, los suministros de víveres a la población civil y a los presos, militares y políticos. La guerra de bloqueo practicada por Inglaterra, y secundada desde su entrada en la guerra a finales de 1941 por los Estados Unidos, contribuyó notoriamente al fomento del hambre en Alemania, sobre todo a 'partir del Otoño de 1944. Las consecuencias las pagaron, como era de esperar, la población civil y, aún más

---

[163] "*Our Sunday Visitor*", 14-VI-1959.

que ésta, los internados en los campos de concentración.

A principios, de Marzo de 1945, Kaltenbrunner dió la orden de permitir la presencia en cada campo de concentración, de un delegado del Comité Internacional de la Cruz Roja. Estos delegados tenían por misión supervisar la entrega de alimentos a los presos. Una parte de esos alimentos procedía de países neutrales.

El 29 de Abril, la mayor parte de los guardianes y empleados administrativos alemanes a cuyo cuidado estaba encomendado el campo, se retiraron hacia el Este; en vista de la inminente llegada de las tropas americanas. Sólo quedaron algunos guardianes al mando del teniente SS Wickert y el delegado de la Cruz Roja. Según los escritores judíos Franz Lenz y Nerin E. Gun, que se hallaban presentes en Dachau en el momento de la llegada de los americanos, lo primero que éstos hicieron fue ametrallar a los alemanes que iban a entregarles el campo. Ni los indefensos perros guardianes escaparon a esa suerte. El motivo de esos ametrallamientos fue, según afirman los citados autores judíos,[164] la indignación provocada en el jefe del destacamento americano por el hallazgo de un tren de mercancías en el que se encontraron unos quinientos cadáveres. Se trataba, principalmente, de prisioneros de guerra rusos, muchos de ellos enfermos del tifus, que quedaron abandonados en una vía muerta de la estación de ferrocarril de Dachau, tras un bombardeode la aviación anglo-americana, unas semanas antes del abandono del campo por la mayor parte de los guardianes alemanes. Butz afirma[165] que la versión de Gun y de Lenz es falsa en lo que se refiere al ametrallamiento colectivo de los guardianes; en todo caso, el delegado de la Cruz Roja omitió mencionar el "incidente" en su informe.

---

[164] Nerin E. Gun: "*The Day of the Americans*" y Johann M. Lenz: "*Christ in Dachau*", aun cuando la probable autora de ésta última obra fuera la Baronesa Waldstein.
[165] Arthur R. Butz: "*The Hoax of the Twentieth Century*".

Según afirma el ya citado Fiscal norteamericano Pinter,[166] encontrar cadáveres en los trenes alemanes hacia finales de la guerra no era nada extraordinario, incluyendo los trenes ordinarios de pasajeros. A finales de Enero de 1945 llegó a Berlín un tren con ochocientos refugiados civiles, todos ellos muertos de frío.[167] El indescriptible caos creado por los bombardeos de los Aliados hacia que para un viaje de un par de horas se invirtieran, a veces, ocho días, sin alimentos y sin calefacción. En el caso de Dachau, a donde afluían, desde Enero de 1945, muchos prisioneros de guerra rusos, la situación era todavía más grave debido al aludido bombardeo de la población, que afectó necesariamente al servicio de suministros al campo de concentración, a parte de que en el mismo, según Rassnier, cayeron también numerosas bombas.[168] En ese campo, según fuentes americanas, se encontraron a unos 35 ó 40 mil prisioneros de guerra soviéticos,[169] casi todos ellos en avanzado estado de infección tífica, y muy desnutridos. Los baños-ducha para despiojar (las, en un principio llamadas "cámaras de gas") eran demasiado reducidos; no daban abasto para la población del campo. En los cuatro pri meros meses de 1945 se produjeron quince mil muertes a causa del tifus.[170] En 1946, el Secretario de Estado del Gobierno "autónomo" de Baviera, Philip Auerbach, descubrió, en Dachau, una placa en la que podía leerse:

"Esta zona se considerará, desde hoy en adelante, como el altar del sacrificio de 238.000 judíos que aquí fueron asesinados en los hornos crematorios".

---

[166] Stephen F. Pinter, *Id*.
[167] Christopher Burney: *"The Dungeon Democracy"*.
[168] Paul Rassnier: *"La Mentira de Ulyses"*.
[169] Boletín de la *"American Association for the Advancement of Science"*. (Asociación Americana para el Progreso de la Ciencia).
[170] Boletín de la Cruz Roja Internacional, 1947.

Este señor Auerbach, por cierto un judío, de profesión abogado, se especializó en demandas judiciales al titulado gobierno de Baviera para obtener sumas inmensas de dinero en concepto de "reparaciones" a los familiares de los judíos gaseados y cremados en Dachau. Hasta que un buen día se demostró que tales "victimas" – y, menos aún, sus "familiares" – no existieron nunca, y que todo no pasaba de ser una burda estafa. Y el señor Auerbach fue a la cárcel.

Hoy en día, la placa de los "238.000" ha desaparecido, por ser la cifra manifiestamente imposible y por no haberse podido aún llegar, en Occidente, al inconmensurable cinismo del Este donde se mantiene todavía el mito de Auschwitz. La placa ha sido discretamente quitada. Porque tras sucesivas rebajas impuestas por la Aritmética, se ha llegado a la cifra máxima de 20.600 muertes, la mayoría causadas por el tifus y la desnutrición en los últimos meses de la guerra.

El Cardenal Faulhaber, Arzobispo Católico de Munich, informó a los americanos de que, durante los bombardeos aéreos de la capital bávara en Septiembre de 1944 perecieron treinta mil personas. El propio Arzobispo pidió a las autoridades alemanas que incineraran los cuerpos de las víctimas en el crematorio de Dachau. Desgraciadamente, ese plan no pudo llevarse a cabo. El crematorio, que sólo poseía un horno – que se utilizaba para incinerar a los internados que morían de muerte natural y especialmente de enfermades infecciosas – no podía hacerse cargo de aquéllos 30.000 cadaveres, según le informaron a Su Eminencia las autoridades del campo.

De ello se deduce que todavía menos hubieran podido los nazis incinerar a los inicialmente pretendidos 238.000 judíos. Disponiendo – como. se ha demostrado – de un crematorio con un sólo horno, el número máximo de judíos qie podían crernar los nazis, diariamente, era de doce. O sea, 4.480 judíos al año. Con lo que, para cremar en Dachau a los supuestos 238.000

judíos, hubieran sido precisos setenta y dos años. Es decir, que las complicadas ejecuciones debieran haber continuado ininterrumpidamente hasta el año 2013, suponiendo que, como se dice, empezaran en 1941. Además, y tomando como promedio 2,5 kgs. de cenizas por persona, hubieran debido aparecer nada menos que 595 toneladas de cenizas. Casi seiscientas toneladas de ceniza, que es una substancia ligera, de mínima densidad. Hubieran debido aparecer verdaderas montañas. ¿Dónde están? ¿Cómo no se fotografiaron esas montañas de ceniza?

Ralph W. McInnis, un jurista norteamericano que fue Jefe Administrativo para la División de Relaciones Culturales y Educación del Programa de Desnazificación de Alemania, dimitió de su cargo en señal de protesta por las resoluciones del Tribunal de Nurenberg, regresó a los Estados Unidos y escribió un libro[171] sobre los abusos de las tropas de Ocupación Aijadas en Alemania y sobre los que se atribuían a los nazis. Al hablar del campo de Dachau McInnis dice:

> "Estando de permiso visité el campo de Dachau... Al principio no vi ninguna razón para sospechar una burla, pero después de un examen mas detenido de este cepo para turistas me vi obligado a llegar a la conclusión de que yo y millones de otros confiados americanos habíamos sido victimas de noticias arregladas. En el interior de la cámara de gas (?) un curioso observador puede constatar que se halla ante un burdo fraude. De hecho, el engaño era demasiado perfecto, demasiado limpio, pues la cámara de los horrores estaba nueva y brillante, sin una mancha, rasguño, señal o deterioro que atestiguase que alguien había muerto allí".

Todavía tenían que pasar años para que el Instituto de Historia Contemporánea de Munich afirmase oficialmente que ni en Dachau ni en

---

[171] Ralph W. McInnis: *"Managed Atrocities"*.

ningún otro lugar de Alemania o Austria habían habido cámaras de gas. Pero, no obstante, cuando el comunista checo Franz Blaha, judío, declaró ante el Tribunal de Nuremberg que "la cámara de gas de Dachau fue terminada en 1944 y el doctor Rascher me encargó que vigilara las primeras víctimas; había ocho o nueve personas, de las que tres continuaban vivas, y las demás tenían los ojos enrojecidos, etc. etc..."[172], el Tribunal, que no se consideraba obligado por las reglas técnicas de la administración de pruebas (articulo 19) no se las pidió y el hecho, declarado de notoriedad pública (articulo 21) fue considerado como demostrado.

A consecuencia del perjurio del Doctor Blaha, muchos acusados alemanes fueron a la horca, pero a él nadie le pidió cuentas.

Entretanto, el museo de horrores de Dachau continúa abierto al público. La placa de los 238.000 judíos muertos ya no está. La "brausebad" o sala de baños es presentada como lo que fue, una sala dedespiojamiento y nouna cámara de gas. Y los "238.000" gaseados y cremados se han transformado, de momento, pues la cuenta sigue bajando, en 20.600 como máximo posible, por desnutrición y enfermedades infecciosas. Esta deflación hasta el 10 por ciento de la cifra original, continuará bajando hasta un ó un 6 por ciento, y un día será aplicada a la mítica cantidad de los seis millones.

---

[172] *Debates de Nuremberg*, Tomo V, pág. 75.

BERGEN-BELSEN

Si Dachau fue el museo de horrores exhibido por los americanos, el campo de concenctración de Bergen-Belsen fue la versión inglesa del mismo tema. Cuando las tropas de Montgomery capturaron el campo de Bergen-Belsen en el norte de Alemania, encontraron numerosos cadáveres esparcidos por doquier. Esos cadáveres insepultos fueron profusamente fotografiados y exhibidos en la prensa de todo el mundo. De hecho, tales escenas, que también se verían en los campos de Buchenwald y de Dachau tenían menos que ver con una política de "exterminación" deliberada que las mismas escenas acaecidas en Drede, en febrero de 1945, tras el raid aéreo anglo-americano, cuando muchísimos más cadáveres que en Belsen fueron encontrados esparcidos por el suelo, insepultos. Los muertos de Belsen fueron la consecuencia de una total pérdida del control de la situación, y no de una política deliberada que, evidentemente, hubiera sido llevada a cabo con más sentido del orden... y de la higiene. Escenas equivalentes podrían facilmente haber existido en cualquier país invadido simultaneamente, desde los cuatro puntos cardinales, por ejércitos enemigos, y siempre bajo el peso de tremendos bombardeos aéreos que hubieran causado toda clase de desordenes culminando en un verdadero caos.

La causa principal de los decesos en Belsen fue una epidemia de tifus. Todos los comentaristas están de acuerdo en que el tifus era una amenaza constante en todos los campos de concentración alemanes, y que los portadores del virus eran, en la inmensa mayoría de los casos, los prisioneros de guerra procedentes del frente del Este. Por tal razón se desarrolló en toda

Alemania un estado de auténtica histeria colectiva de miedo al tifus.[173] Las autoridades sanitarias alemanas debieron tomar medidas enérgicas para intentar contrarrestar las epidemias. El tifus era esparcido por el piojo común y, lógicamente, las contramedidas consistían en eliminar los piojos que venían en tren con los prisioneros rusos. De manera que toda la literatura concentracionaria, real, semi-real, o inventada, independientemente del campo de que se tratara, coincide, al menos, en el procedimiento empleado por los guardianes de los campos de concentración alemanes a la llegada de un convoy de presos militares o internados políticos: desnudarse, cortarse el pelo, ducharse en los edificios apropiados – llamados "cámaras de gas" por los amateurs del lenguaje criptográfico – y vestirse con trajes nuevos, o los viejos tras cuidadosa desinfección.[174]

En octubre de 1944 se produjo una avería en los baños-ducha de Bergen-Belsen, razón por la cual varios trenes de prisioneros de guerra soviéticos – en su mayoría turkestanos, kirghizes y siberianos – ingresaron su humano cargamento sin previo despiojamiento.[175] Esto fue fatal para las condiciones sanitarias del campo. Además, a partir de noviembre de 1944 Belsen fue considerado un Krankenlarger, es decir, un campo para enfermos, de manera que, dentro de lo posible, todos los enfermos de los diversos campos de concentración eran enviados allí.[176]

El escritor inglés, y antinazi, Derrick Sington, cuenta[177] que las tropas inglesas que se hicieron cargo del campo de Belsen se vieron desbordadas por la situación y más de la cuarta parte de los internados que se hallaban enfermos a su llegada perecieron n menos de un mes. El libro "The Golden

---

[173] Gerald R. Reitlinger: *"The Final Solution"*.
[174] Elle A. Cohen: *"Human Behaviour in the Concentration Camps"*.
[175] Christopher Burney: *"The Dungeon Democracy"*.
[176] David Maxwell Fyfe: *"The Belsen Trial"*.
[177] Derrick Sington: *"Belsen Uncovered"*.

Horizon", de Cyril Connolly[178] contiene un notable relato del bien conocido periodista y escritor inglés Alan Moorehead, acerca de lo que ocurrió en Belsen después del cese de hostilidades, en mayo de 1945.

"El campo de concentración de Belsen es tristemente célebre a causa del hecho de que una epidemia de tifus se declaró allí en el curso de los últimos meses de la guerra, a consecuencia de la falta de avituallamiento debida a los bombardeos que habían destruido las vías de acceso y hasta las cañerías de agua potable. Esta epidemia causó la muerte de centenares de detenidos. Los ingleses llegaron cuando la situación se había vuelto francamente desastrosa, trajeron víveres, agua y medicamentos, hicieron quemar los cadáveres y las barracas infectadas y empezaron a torturar a los guardias del campo de concentración.

"Verdaderamente poseídos de un entusiasmo digno de los Cruzados de la Democracia los nuevos administradores del campo – de nacionalidad británica – se embriagaron con los horrores que cometieron, sin experimentar asco alguno por ellos, y sin avergonzarse de exhibir a sus víctimas ensangrentadas a los periodistas que acudían en masa a Bergen-Belsen; hasta parecían estar orgullosos de su trabajo como si se tratara de una proeza deportiva.

"El campo estaba bajo el mando de un joven médico inglés y de un capitán del cuerpo de ingenieros militares, ese capitán parecía estar de excelente humor... Cuando nos acercamos a las celdas de los SS, el sargento inglés que les vigilaba se puso a vociferar como un loco. El capitán nos dijo sonriente: "Les hemos interrogado esta mañana temprano... Me temo que no esten muy presentables". Hicieron entrar a los periodistas en las celdas que estaban abarrotadas de hombres tendidos

---

[178] Weidenfeld and Nicholson, Londres.

por el suelo, manchados de sangre y quejándose.

"Un prisionero suplicó que le mataran de una vez. El sargento inglés le dijo que lo harían gustosamente una vez hubiera firmado la declaraciónjurada que le habían presentado varias veces.

"Los testimonios que sirvieron para ahorcar como criminal de guerra a Kramer. el comandante del campo. se obtuvieron de esta guisa. afirma el nada sospechoso Moorehead . quien testifica: 'Puedo afirmar que. al menos en el campo de concentración de Bergen-Belsen. los detenidos no sufrieron salvo, tal vez, casos aislados ningun mal trato de parte de los alemanes... Los presos no fallecieron a causa de las torturas de sus guardias, sino a consecuencia de las epidemias y porque el avituallamiento estaba completamente desorganizado en los ultimos meses de la guerra".

Originariamente. Belsen era un campo de la Wehrmacht para albergar prisioneros de guerra heridos. A mediados de 1943, las SS se hicieron cargo del campo con el propósito, entre otros, de convertirlo en una "base de transito": un campo de concentración para criminales comunes, para presos procedentes del Este y para judíos de origen holandés y sefardí (griegos, turcos y yugoeslavos). Los que predominaban, era los judíos holandeses, unos 5.000 muchos de ellos expertos talladores de diamantes, que trabajaban para los alemanes. Esta era la única significación industrial de importancia en este campo.

En un principio se dijo que en Beisen había cámaras de gas, y, naturalmente, crematorios instalados con el propósito de quemar a los judíos. ya previamente gaseados, ya en vivo. Luego, oficialmente, se abandonó la tesis de las "cámaras de gas" y en cuanto al crematorio de dos hornos, se admitió igualmente que su uso principal era la incineración de cadáveres portadores de virus tificos. Un relato muy objetivo de lo sucedido en Belsen nos lo da el libro del Doctor Russell Barton, del Cuerpo de Sanidad del Ejército Británico, que visitó varios campos de concentración alemanes al termino de la guerra, y estuvo un meses en Belsen. Según el doctor Bartón el brigadier Glyn Hughes. el oficial médico británico que tomó el mando del campo de Beisen en abril de 1945, "no creía que se habían producido atrocidades en el campo". Había habido, eso si. hasta finales de 1944, "disciplina y trabajo duro". Desde principios de 1945 hasta el final de las guerras las condiciones se deterioraron, debido especialmente al caos creado en toda Alemania por los reveses militares y, sobre todo. por los efectos de los bombardeos de terror de la aviación aliada. "Muchos internados en Belsen han escrito articulos en la prensa o hecho declaraciones en el sentido de que los alemanes les trataron con brutalidad, pero tales declaraciones deben ser interpretadas de acuerdo con las necesidades de la propaganda" segun el aludido Barton.[179]

La desnutrición de los presos fue completamente inevitable, y solo se produjo en los cuatro o cinco últimos meses de la guerra. Dice Barton:

"Hablando con los presos llegué a la conclusión de que las condiciones de vida en Belsen no fueron malas hasta finales de 1944. Los barracones estaban ubicados entre los pinos, y cada uno de ellos estaba provisto de lavabos, retretes, duchas y estufas".[180]

También se explican las causas de la desnutrición en los últimos meses:

"Cada vez era más difícil, en 1945, llegar hasta el campo de Belsen. Cualquier cosa que se desplazara en una autopista era bonbardeada. En tan caótica situación mi opinión personalles que los alemanes, dadas las circunstancias, consiguieron administrar Belsen con relativa eficiencia

---

[179] Russell Barton: "History of the Second World War". Vol. 7. no.15.
[180] Russell Barton: Id.

hasta los últimos días.

Cuando los ingleses llegaron hubo violentas disputas entre los internados para obtener buenos lugares en las colas para la distribución del rancho. Las disputas fueron tan violentas que los tanques ingleses debieron intervenir. Más de un millar de internados perecieron a causa de la bondad de los soldados ingleses que entregaron sus raciones de carne en lata y chocolatinas a los presos en avanzado estado de desnutrición"

El número de muertos atribuido a Belsen se cifró en un principio en unos 300.000, pero pronto tan absurda cifra fue abandonada para quedar fijada en 60.000, de los cuales 50.000 eran judíos. Hace algún tiempo, los líderes sionistas armaron un alboroto enorme en torno a los planes francés y alemán occidental de excavar las fosas que se encuentran junto al campo de Bergen-Belsen. El gobierno francés quiere enterrar en suelo francés los restos de cierto número de judíos de nacionalidad francesa, que se afirma murieron en dicho campo.

La intensidad del griterío proferido por los líderes sionistas para impedir la excavación de las fosas de Belsen puede parecer chocante al observador inexperto. Pero una investigación más seria nos lleva a concebir sospechas por lo que se refiere a los temores judíos en este asunto. Es harto conocido que los Aliados, tras la rendición de los guardianes alemanes de varios campos de concentración, utilizaron esos campos para sus propias finalidades. Después de liberar a los judíos y a otros elementos internados en un campo, los Aliados los llenaban con soldados alemanes prisioneros de guerra, civiles afectos al Partido Nacional-Socialista y, en general, de toda clase de personas sospechosas de poco celo democrático. Muchas decenas de miles de alemanes perecieron en esos campos después de la guerra, hecho que, aún a pesar de haber sido practicamente silenciado por la Gran Prensa Mundial, ha podido emerger a la luz pública por su notoria e innegable evidencia.

Por ejemplo, se ha sabido que, a principios de 1969, los albañiles que trabajaban junto al que fue pequeño campo de concentración de Hechtsheim, cerca de Mainz, desenterraron accidentalmente una fosa común que contenía los cadáveres de cerca de mil soldados alemanes, vistiendo sus uniformes. Hallazgos similares han sido hechos en otros campos. Ya hemos visto como en Dachau, todo el contingente de guardianes SS fue ejecutado a ráfagas de ametralladora tras haberse rendido a los americanos. Sus cuerpos fueron enterrados en una fosa común, que fue abierta hace unos meses.

Todo eso nos permite comprender porque los lideres sionistas se oponen tan tenazmente a la reapertura de las turnas de Belsen. que se supone contienen los cadáveres de 50.000 judíos muertos, si no en las ya oficialmente inexistentes "cámaras de gas", si a causa de las torturas inflingidas por los nazis. Hay, sin lugar a dudas, decenas de miles de cadáveresenterrados en Belsen. Pero ¿de quién? Ciertamente de internados, judíos y no judíos, pero también de alemanes, con el agravante de que estos murieron, no en tiempo de guerra – la cual puede explicar, sino justificar, muchas cosas – sino en tiempo de paz.

EL MITO DE ANA FRANK

Fue precisamente en el campo de concentración de Bergen-Belsen donde, en marzo de 1945, se dice que murió la niña judía Ana Frank. El libro que cuenta los horrores de su historia concentracionaria apareció en 1952, con el título "Diario de Ana Frank", convirtiéndose inmediatamente en un "best-seller". Desde entonces se han hecho, sólo en lengua inglesa, cuarenta y dos ediciones y una película en Hollywood. El padre de la niña, Otto Frank, en royaltyes sólo, por la venta del libro, ha hecho una fortuna. También ha ingresado mucho dinero por los derechos sobre la película y las versiones teatrales que se han hecho en numerosos idiomas. Esta fortuna la ha amasado, no lo olvidemos, gracias a la venta de un libro que cuenta la historia de la – se asegura – tragedia real de su hija. Según afirma, atinadamente, el escritor inglés Harwood,[181] "...apelando directamente a la emoción del público, el libro y el film han influenciado literalmente a millones de personas, ciertamente a muchas más que cualquier otra historia de esa clase. Y, no obstante, sólo siete años después de su publicación inicial, la Corte Suprema del Estado de Nueva York estableció que el libro era un fraude".

La verdad sobre el Diario de Ana Frank fue revelada, en primer lugar, por el periódico sueco "Fria Ord", en 1959, en una serie de artículos diarios aparecidos en marzo. En abril de aquel mismo año, la revista americana "Economic Council Letter"[182] resumió los artículos de su colega sueco, con la siguiente gacetilla: La Historia nos proporciona muchos ejemplos de mitos que

---

[181] Richard Harwood: *"Did Six Millions Really Die?"*
[182] *"Economic Council Letter"*, New York, 15-4-59.

tienen una vida más rica y más larga que la verdad, y que, sin duda, pueden llegar a ser más efectivos que la verdad.

"El Mundo Occidental, durante varios años, ha podido enterarse de las vicisitudes de una niña judía, a través de lo que se ha afirmado que fue su diario personal, personalmente escrito por ella Pero ahora, una decisión de la Corte Suprema del Estado de Nueva York nos informa de que el escritor judeo-americano, Meyer Levin, ha recibido, o deberá recibir, por orden del juez, la suma de 50.000 dólares que deberá pagarle el padre de Ana Frank, en concepto de honorarios por el trabajo de Levin en el libro titulado precisamente El Diario de Ana Frank".

Una triste historia, en verdad. Un señor se hace millonario gracias a una lacrimógena historia, que dice haber escrito su hija, muerta. Luego para pagar al autentico autor de la historia tiene que ser llevado a los tribunales. Y, por favor, que no se diga que todo esto es una maquinación antisemita. Si el demandado, y condenado a pagar, Otto Frank, era judío, también lo eran el demandante, el autor Meyer Levin, así como el Juez, Samuel L. Coleman.[183]

Naturalmente, que el Diario de Ana Frank es una farsa, destinada a formar parte del arsenal ideológico de los mantenedores del mito, lo saben muchas personas – aparte, claro es, de los beneficiarios del Gran Fraude de los Seis Millones – pero la gran masa del público lo ignora. Y no obstante, como fraude, es de los más burdos que se han llegado a concebir y su éxito hace dudar

---

[183] Lo referente al caso Weyer Levin Otto Frank está archivado en la Oficina del Condado de Nueva York (New York County Clerk's Office), con el número 2241.1956, y también en el "New York Supplement, II Serie 170, y en 5, II Serie 181. Otto Frank apeló contra la cuantía de la sentencia, alegando vicio de forma en la demanda. Le fue dada razón. La sentencia fue casada, y todo terminó en un arreglo amigable entre el padre de Anna Frank y el autor de "su" libro, Meyer Levin. Así obtuvo Otto Frank una rebaja en la cifra a pagar (Harwood, *op. cit.*).

muy seriamente por lo menos. dudar de la capacidad mental del hombre disuelto en la masa. Veamos. El Diario de Ana Frank se ha vendido al publico como si fueran las auténticas memorias de una niña judía de Amsterdam, que, a la edad- de doce años, escribía sus vivencias en unos cuadernos, mientras ella y cuatro familiares judíos se escondían en una buhardilla durante la ocupación alemana. Eventualmente fueron detenidos y mandados a Bergen-Belsen, donde se dice que la niña murió, probablemente del tifus. El "se dice" se. basa en el testimonio de su padre Otto Frank, el cual, al salir del campo de goncentración al final de la guerra, regresó a su casa de Amsterdam y, casualmente, encontró el diario de su hija, escondido en una cavidad entre la viga y el techo.

¡También es casualidad ir a encontrar el diario en sitio semejante, caramba! ... ¿Qué debía. estar buscando el viejo Otto Frank, entre la viga y el techo'. ¿Qué raras cabriolas debió hacer Ana Frank para encaramarse por la pared y esconder su obra literaria en sitio semejante? ¿Qué providencial coincidencia fue necesaria para que mientras la joven literata se entregaba a sus ejercicios de alpinismo interior, los otros cua tro ocupantes de la habitación, incluyendo su padre, miraran a otro lugar?. Y en cuanto a la obra en si, ¿puede, realmente, creerse que una niña de doce años escribirá, en la segundo página de su Diario, un ensayo filosófico sobre lo que va a escribir tal diario, y en la tercera página una historia de la familia Frank, antepasados incluidos? ¿Es lógico que una niña de doce años, que vive confinada en una buhardilla esté al corriente de las medidas antijudías de los nazis, incluyendo fechas y nombres propios? ¿No es descorazonador pensar que millones de personas han podido creer en la autenticidad de este "Diario"? ¿No es increíble que por el mero hecho de haber osado poner en duda la autenticidad del Diario, el Profesor Stielau, de Hamburgo, fuera expulsado de su cátedra, en 1957? Hemos dicho que el Diario de Ana Frank era, no sólo un fraude, que eso está establecido por sentencia de juez, – y de juez judío, además – sino que era un fraude burdo. Paul Rassinier, ex-miembro de la Resistencia

Francesa, miembro de la Sección Francesa de la Internacional Obrera, deportado por los alemanes, pensionado en media docena de campos de concentración e inválido de guerra al 90% afirma[184] que las ediciones francesa, alemana e inglesa del Diario difieren fundamentalmente, y que la escritura que dice ser la de Ana Frank, fotocopiada, en el libro "Spur eines Kindes" del alemán Ernst Schnabel. difiere totalmente de la escritura de Ana Frank en el manuscrito original, escritura que, por cierto, se parece muchísimo a la de su buen padre, Otto Frank.

El caso de Ana Frank es el más espectacular, pero es un caso aislado. Por ejemplo, cuando, en 1954, se discutía sobre la necesidad de rearmar a Alemania Occidental, a lo que se oponía el entonces Primer Ministro Francés, el sefardita Pierre Méndes France, aparecieron, con notoria oportunidad, las "memorias" del niño Rubinowich, otro adolescente judío muy dotado para la literatura lacrimógena. Estas "memorias" aparecieron, por cierto, en un cubo de basura (sic). Inmediatamente la Gran Prensa, armó un alboroto de mil diablos, recordando que los alemanes eran unos desalmados y la cuestión del rearme se aplazó. Simultáneamente el Shylock israelita exigía otra libra de carne a Alemania para alimentar a su colonia de Palestina. Más importante que el caso mencionado fue el de Emmanuel Ringelblum versión oriental de Ana Frank; claro que en masculino y de más edad. El tal Ringelblum escribió "Notes from the Warsaw Ghetto: the journal of Emmanuel Ringelblum" (Notas del Ghetto de Varsovia: el Diario de Emmanuel Ringelblum). Ringelblum, según él mismo afirma, había sido un líder en la campaña de sabotaje contra los alemanes en Polonia, asi como en la revuelta del Ghetto de Varsovia en 1943, hasta que fue arrestado y ejecutado como partisano en 1944. El diario está lleno de referencias fantásticas sobre crueldades alemanas, todas ellas

---

[184] Paul Rassinier: "*Le drame des Juifs Européens*"; pag. 42. Editions des Sept Couleurs. Rassinier muestra las fotocopias de ambas escrituras que no dejan lugar a dudas. Se trata de la escritura de dos personas diferentes. (N. del A.)

gratuitas y barrocas, como siempre, y especialmente, de crueldades contra niños y niñas judíos. MacGraw-Hill, los editores de la versión inglesa del libro se vieron forzados a admitir que no se les permitió ni siquiera echar un vistazo al manuscrito original, guardado en. Varsovia, y si solo a una versión expurgada por el gobierno comunista polaco. Ringelblum en el Este. Ana Frank en el Oeste. "Diarios" y "Memorias" que son triunfalmente presentados como pruebas por los sacerdotes que mantienen vivo el culto al Mito de los Seis Millones. Pruebas que son completamente inválidas como documentos históricos.

RAVENSBRÜCK, BUCHENWALD, DORA. ETC... ETC... ETC...

Hemos hablado, con cierto detenimiento, de los campos de Dachau y de Bergen Belsen, por el hecho de haber sido presentados, por americanos e ingleses, respectivamente, como prototipos de las antesalas del infierno que eran, según la propaganda de los vencedores, los campos de concentración. No obstante, no vamos a estudiar, ni siquiera someramente, lo que se ha dicho de todos los campos. Sería excesivamente prolijo, y además escaparía del ámbito de este libro, que simplemente se propone demostrar que no hubo una politica oficial y deliberada de Alemania con el propósito de exterminar a los judíos. y que la cifra de seis millones de muertos supera. entre quince y veinte veces, a la realidad. Damos por supuesto que hubo abusos en los campos de concentracion alemanes como los hubo en los campos de concentracion aliados, especialmente en los soviéticos, en cuyo caso. la palabra "abuso" es un eufemismo. Nos limitaremos a unas cuantas observaciones sobre lo que se ha dicho de los principales campos de concentración, dejando para el final, y con mucho detenimiento, el campo de Auschwitz, refugio final de la acosada mentira de los Seis Millones.

El SS Obersturmbannführer Sühren fue condenado a muerte y ahorcado por haber hecho construir y utilizar, a partir de Marzo de 1945, una cámara de gas en el campo de Ravensbrück, situado en el territorio del Reich. Ya sabemos que luego se admitiria. oficialmente, que no hubo cámaras de gas en todo el territorio aleman. No obstante, Sühren firmo una declaración de culpabilidad que el Tribunal que le juzgaba admitió a pesar de que el propio

Sühren quiso retractarse afirmando que le habían arrancado la firma bajo tortura. A otros doce funcionarios de Ravensbrück se les arrancaron confesiones bajo tortura, y fueron todos ellos ahorcados. El Jefe de la Policía de Weimar, Walter Schmidt, fue brutalmente interrogado por los americanos, que le presentaron un montón de fotografías en las que invariablemente aparecían impresionantes grupos de cadáveres, para demostrarle cómo se habían ensañado los nazis con los prisioneros del campo de Buchenwald, cerca de Weimar. Schmidt declaró que todas esas fotos él mismo había ordenado que se hicieran oficialmente.

"Los muertos de las fotografías eran ciudadanos de Weimar, incluyendo algunos presos del campo que trabajaban en Weimar, y que habían resultado muertos en los bombardeos aéreos de la ciudad. Como no había posibilidad material de dar sepultura a tantos muertos, éstos fueron llevados a Buchenwald para ser incinerados en su crematorio, a tal efecto instalado. Más tarde nos enteramos de que el Arzobispo de Munich, Cardenal Faulhaber, había hecho unas declaraciones parecidas respecto a unos montones de cadáveres, que fueron encontrados por los americanos en un vagón de Dachau, y fotografiados como víctimas de los nazis. También estos muertos en los bombardeos aéreos de Munich tenían que ser incinerados en el crematorio de Dachau..."

Norbert Masur, del Congreso Mundial Judío, relata que en sus negociaciones con Himmler para el intercambio de presos judíos por camiones, del que más adelante hablaremos, éste le manifestó que en momento de ocupar el campo de Buchenwald, los tanques americanos, abrieron, inopinadamente, fuego y alcanzaron el hospital del campo. Como el edificio era de madera, pronto se convirtió en una tea ardiente. Entonces se fotografiaron los cadáveres que había dentro y así se obtuvo material para esa propaganda que achaca a los alemanes la ejecución de innumerables atrocidades.

Por cierto que Himmler, que hubiera podido aportar un testimonio de primera calidad para elucidar el drama de los campos de concentración, se suicidó (¿o fue suicidado?) con rara oportunidad cuando cayó en manos de los ingleses al término de la guerra.

Uno de los campos de que menos se habló de "cámaras de gas" y de crematorios, pero más que brutalidades individuales fue el de Dora. Dubois, un sionista – no judío – americano, manifiesta que en cierta ocasión en que funcionarios del Departamento del Guerra de los Estados Unidos le mostraban fotos esperpénticas del campo de Dora, le dijeron: "Esta clase de material ha estado llegando desde Berna desde 1942... Tenga presente que es el testimonio de judíos hablando de judíos... Esto no es más que una campaña de ese judío, Morgenthau, y de sus asistentes".

El Fiscal S. F. Pinter, del Cuerpo jurídico del Ejército de los Estado unidos al que ya hemos citado anteriormente, escribió en una revista norteamericana en 1958:

"Según informa la Agencia Associated Press, los checos han enterrado con toda solemnidad las cenizas de 3.000 judíos rusos, franceses, yugoeslavos y polacos que fueron asesinados por los nazis en el campo de concentración de Flossenburg. Por las investigaciones que llevé a cabo personalmente, me consta que esta información es falsa. Pues cuando a principios del año 1946 fui a Alemania como juez militar con el rango de Coronel, el campo de Flossenburg aún no había sido examinado, recibí de las competentes autoridades militares todos los documentos oficiales del campo, y me llevé un camión lleno de ellos a Dachau... puedo declarar con toda seguridad que durante los años de subsistencia' del campo de Flossenburg allí no perecieron ni siquiera trescientas personas, si bien sea por ejecuciones o por otras causas".[185]

Mucho se ha hablado, recientemente, en la prensa española, y concretamente en la de Barcelona, del campo de Mauthausen, en Austria, donde los nazis exterminaron a varios miles de catalanes. Dichos catalanes eran exilados residentes en Francia, a donde habían ido tras la guerra civil de España. Muchos de ellos, según propia confesión habían colaboradó con los movimientos de resistencia franceses, no teniendo, pues, nada de particular que fueran internados, como elementos potencialmente peligrosos, en campos de concentración. Ahora nos dicen, los supervivientes, que hubo muchos que murieron en las cámaras de gas, y otros en los crematorios.

Evidentemente, estos señores se aprovechan de que España, y esto independientemente de sus transitorios regímenes políticos, es el país en él que se puede decir cualquier cosa, a condición de que esté en la línea democrática, en la seguridad de que será creída a pies juntillas por la gran mayoría. Por tal razón, ellos insisten en la tontería de las cámaras de gas y en el fantomático sistema de los hornos crematorios. Insisten, cuando oficialmente, desde el bando de los creadores del Fraude, desde el muy democrático Instituto de Historia Contemporánea, se niega resueltamente que hubieran existido cámaras de gas en todo el territorio del Réich, y Austria, terruño de Hitler, formaba parte del Reich hasta 1945. De manera que, además de judíos, los alemanes también gasearon y cremaron a rusos, gitanos, ucranianos, y catalanes. De todo ello se deduce que los cálculos mínimos que ofrecemos en el epígrafe "Algunas consideraciones lógicas", deben ser notoriamente superados. Si sólo con los Seis Millones de judíos exterminados los alemanes renunciaron a incrementar su producción de combustible en un 50 por ciento y además despilfarraron alegremente, en crematorios, el combustible – o su coste – necesario para poner en

---

[185] S. F. Pinter: *"Deutsche Wochenschrift"*, Saint Louis, 20-XI-1958.

movimiento 20 divisiones blindadas a lo largo de 7.500 kilómetros, si luego añadimos los millones de rusos, gitanos, ucranianos... y catalanes (lo que faltaba) resulta que los nazis, por su manía de imitar a Fantomas, decididamente, perdieron la guerra. ¡Inconcebible![186] El 20 de julio de 1978, era detenido en Rio de Janeiro un tal Franz Wagner, acusado de haber sido Jefe del campo de concentración de Sobibor en Polonia, donde se dió muerte, según las denuncias presentadas por los estados de Israel, Alemania Federal, Polonia y Austria, a un millón de judíos.

Dejando a parte la ridiculez de que en el campo de Sobibor – que no era de los 15 mayores – pudieran haberse exterminado nada menos que un millón de judíos, se da la curiosa circunstancia de que un verdugo de tal magnitud era completamente desconocido hasta ahora. Y más curiosas todavia parecen las declaraciones de Franz Wagner:

"En Sobibor yo era carpintero, y me dedicaba a construir casas para los oficiales y prisioneros".[187]

No hace falta ser adivino para vaticinar que, si finalmente las autoridades brasileñas ceden a las presiones y acceden a la extradicion. habrá un nuevo linchamiento legal, al caso se le dará bombástica publicidad en la prensa mundial. y Alemania Federal pagará nuevas indemnizaciones al Estado de Israel. Cuando fueron linchados todos los generales, se empezó con los coroneles. Luego hubo de extraer con fórceps del anonimato al Teniente Coronel Eichmann.

---

[186] Aunque algunos autores han pretendido dar vida a la tesis de que los alemanes gasearon "x millones" de miembros de otros grupos raciales, no ha prosperado ni ha obtenido el respaldo oficial, que el Sionismo se ha reservado en exclusiva para si. (N. del A.)

[187] *"Deja"*. Bilbao. 3 IX. 1978.

Ahora se recurre a los carpinteros. A ese paso, en el año 2.000 se descubrirá en el Paraguay a una octogenaria que fue mujer de la limpieza en casa de una brigada de Intendencia en el campo de Maidanek, y se descubrirá que es la responsable del apaleamiento, fusilamiento, gaseamiento y posterior incineramiento de tres millones de judíos.

AUSCHWITZ-BIRKENAU

El varias veces aludido Instituto de Historia Contemporánea. más de la mitad de cuyos miembros son judíos. pese a que se vio forzado a admitir que las cámaras de gas nunca funcionaron en el territorio del Reich. preciso que "las exterminaciones masivas de judíos empezaron en 1942. en algunos lugares de Polonia, pero, en ningún caso, en territorio alemán".

En ningún caso en territorio alemán, dice el Instituto Este Instituto sabe hacer bien las cosas. Excepto para Juan Pueblo, que engullira ingenuamente cualquier cosa que le repita suficientemente la Radio, la Prensa o la Televisión al servicio de los poderes políticos establecidos, resulta evidente que la historia de las cámaras de gas es insostenible. En cuanto a los crematorios, todos los testimonios de primera mano han afirmado que se utilizaban para incinerar los cadáveres de los numerosos fallecidos a causa de las epidemias, la inanición y los bombardeos. Entonces, los resistencialistas de Munich sitúan las "cámaras de gas" en Auschwitz, en la actual Polonia bolchevizada, donde las autoridades locales no permiten ninguna encuesta histórica seria, y el historiador se vé obligado a creer en el testimonio de las honorables autoridades comunistas polacas bajo palabra de honor. (*sic*)

Esos "lugares de la Polonia ocupada" citados por el muy oficioso Instituto de Munich son: Chelmno, Belzec, Maidanek, Seibidor, Treblinka, Stutthof y Auschwitz- Birkenau. Por lo que se refiere a los seis primeros, la existencia y funcionamiento de las "camaras de gas" no ha sido atestiguada más que por el llamado "Documento Gerstein", del que más adelante hablaremos, y que presentó tal número de falsedades y exageraciones que el propio Tribunal de

Nurenberg lo rechazó. Queda, pues, Auschwitz-Birkenau, el mayor de los campos de concentración nazis, ubicado en Polonia, y donde se han "colocado" como último refugio, las exterminaciones masivas, mediante las "cámaras de gas", de los judíos. Antes de seguir adelante, queremos llamar la atención sobre una coincidencia fantástica. Los alemanes tenían, aproximadamente, medio centenar de campos de detenidos, aunque sólo 30 merecieran el pomposo titulo de campo de concentración. De estos 30, y tras haberse asegurado inicialmente que todos poseían sus cámaras de gas, luego, al irse demostrando que tal aseveración era falsa, se aseguró muy seriamente que sólo poseían tal tipo de instalación 7 campos, situados en Polonia, es decir, en territorio ocupado por el Ejército Rojo. Auschwitz, concretamente, en la Alta Silesia, era étnicamente territorio alemán y fue reincorporado al Reich en 1939, al hundirse Polonia. Evidentemente, era posible – al menos, era matemáticamente posible – que los nazis instalaran cámaras de gas en 7 de sus 30 campos de concentración, y que estos 7 campos de. concentración, provistos de cámaras de gas fueran los que cayeran en manos de los soviéticos, mientras que los otros 23 desprovistos de cámaras de gas – tal como se admitió oficialmente nueve años después – cayeran en manos de americanos e ingleses. Esto es matemática. mente posible. Como es posible que arrojemos 30 monedas al aire; 23 blancas y 7 negras; y que al caer sobre el tapete las 23 blancas salgan cara y las siete negras salgan cruz. Es el mismo caso. La posibilidad matemática de que esto ocurra es, exactamente, igual al cociente del factorial 23 dividido por el factorial 30, es decir, que hay una posibilidad contra 2.035.800. (Una contra dos millones, treinta y cinco mil ochocientas).

No cabe duda. La posibilidad existe. Algo remota, esto parece innegable. pero existe. Tras haberse afirmado que en Dachau, Belsen, Buchenwald, Dora, y demás campos ocupados por los occidentales hubieron cámaras de gas, la investigación histórica, dirigida por los ocupantes o por entidades contando con su placet, ha debido admitir, bien a regañadientes, que en tales campos no hubieron – o, más exactamente, no llegaron a funcionar – pues alguien las construyó después del final de la guerra – las fatídicas cámaras de gas. Como en los países "socialistas" la investigación histórica no ha podido llevarse a cabo por haber opuesto una rotunda negativa las autoridades polaco-soviéticas, se ha admitido, oficialmente, que en los 7 campos precitados si hubieron "cámaras de gas", aduciéndose, como prueba, la palabra de honor del Gobierno Polaco. Delicioso. Resulta refrescante, en este mundo materializado, comprobar con qué rara unanimidad se acepta, como prueba incontrovertible, sólido como la roca de Jehová en el Monte Sinai, la palabra de honor de un Gobierno, que ignora, sin duda, lo que se llama "razón de Estado" que tantas mentirijillas diplomáticas ha alumbrado.

Sin ocurrírsenos, ni por asomo, poner en duda la palabra del honorable Gomulka, nos permitiremos recordar que, hasta ahora, nunca la palabra de honor de un gobierno, y menos aún, de un gobierno interesado, se ha considerado irrefutable prueba histórica. Por consiguiente, vamos a estudiar, con cierto detenimiento, el caso de Auschwitz.

La revista australiana "Perseverance"[188] publicó la siguiente gacetilla que reproducimos in extenso por considerarla de gran interés:

"Día tras día siguen comentándose las supuestas atrocidades nazis y la gente sigue creyéndolas sin pararse a pensar si tales y tantos crímenes son lógica y matemáticamente posibles. Klaus Losch, se paró a pensar en que todo esto fuera falso y a través de todos los datos que pudo recoger, ha reconstruido este estudio, basándose, además, en la capacidad de trabajo de un moderno horno crematorio existente actualmente en la ciudad alemana en que vive, Bocholt.

"Se ha dicho en la mayoría de los reportajes, que sólo en Auschwitz

---

[188] "*Perseverance*", Merredin, Australia, 1 5-V- 1977.

murieron unos tres millones de seres humanos. Pues bien: teniendo en cuenta que el campo de Auschwitz operó durantes cuatro años, para conseguir llegar a la cifra de tres millones de asesinados, debieron ser incineradas 750.000 personas por año, lo que quiere decir 62.500 cada mes, o sea, 2.083 cada día. De acuerdo con posteriores declaraciones hechas por los propios testimonios de cargo y admitidas por el Tribunal de Frankfurt que juzgó a los guardianes del campo de Auschwitz, estos crímenes se efectuaban por la noche, para guardar el secreto.[189] Por lo tanto, los 2.083 individuos debían ser asesinados y quemados en las doce horas nocturnas, operación que debió repetirse durante 1460 días (los cuatro años de servicio).

"Segun se afirmó, los restos de las victimas fueron enterrados. El peso de la tierra o arena, es un 40 por ciento mayor que el del cuerpo humano; si consideramos un peso de 120 libras (unos 60 kg) de peso por cuerpo humano, eso significa 168 libras de tierra, o sea que cada día se debieron quemar 124 toneladas de carne humana, lo que corresponde a 174 toneladas de tierra que se ha debido remover para enterrarlos. En esos cuatro años 254.000 toneladas de tierra debieron ser removidas y puestas en algún sitio. Al final de la guerra debería existir un muro de tierra alrededor de Auschwitz de 18 pies, es decir, de cinco metros y medio de altura. ¿Dónde está?

"Se ha dicho que los cuerpos fueron quemados, pero esto es totalmente imposible. Las siguientes cifras se basan en datos obtenidos en el. actual crematorio de Dortmund. Consideremos que en la guerra usaban carbón en vez de gas, como en los modernos crematorios de hoy

---

[189] Aún cuando ya lo hemos comentado, queremos resaltar de nuevo la imposibilidad práctica de guardar u secreto conocido por miles de personas, desde Hitler hasta el último guardián de un campo. (N. del A.)

en día. La incineración de un cuerpo humano de peso mediano necesita hoy día 30 metros cúbico; de gas, y una densidad de calor que requiere 325 kilos de carbón. Para incinerar 2.083 cuerpos diarios son necesarios 60.490 metros cúbicos de gas, o 677 toneladas de carbón por día; 677 toneladas de un material tan vital en periodo de guerra, y durante cuatro años. Es imposible que usaran tal cantidad considerando la crítica situación militar de aquellos días. "Veamos otro cálculo más. Hoy día los modernos hornos necesitan de dos horas y media para quemar un cuerpo. Aún pretendiendo que existieran cien instalaciones de hornos en Auschwitz, serían necesarios .15 años – ¡quince años! – para quemar tres millones de cuerpos, en 12 horas diarias. El campo sólo operó durante cuatro años.

"Las cenizas de un cuerpo pesan aproximadamente dos kilos y medio. Tres millones de cuerpos producirían 7.500 toneladas de cenizas. Dada la escasa densidad de la ceniza, se hubieran producido gigantescas montañas de ceniza. ¿Dónde están? ¿Qué fue de ellas?"

El Doctor Scheidl, alemán aunque no nazi, y ex-internado en Auschwitz, escribe:

"Después de la guerra, Auschwitz fue herméticamente cerrado al exterior. Nadie pudo visitarlo. Desapareció totalmente tras el Telón de Acero. Cuando se volvió a abrir, dijeron que los alemanes habían volado las cámaras de gas, y al mismo tiempo los hórnos fueron expuestos a la vista del público. Ese hecho, por si mismo, demuestra la mentira. Según los planos (sin duda, falsos, pero admitidos como verdaderos por el Tribunal de Frankfurt) las cámaras de gas debieron estar en el sótano, y los hornos encima. En esto han coincidido todos los testigos de cargo. Ahora bien: ¿Cómo se las arreglaron los alemanes para volar el sótano y dejar intacta la parte superior? Esto es física y técnicamente imposible".[190]

Como este es el último campo de concentración en el cual pueden dar al fraude de los Seis Millones una cierta plausibilidad, los sionistas se aferran con psicopático frenesí a las absurdas cifras de Auschwitz. La última demostración la ha proporcionado Simon Wiesenthal, el auto-nombrado perro sabueso que persigue a supuestos responsables nazis de crímenes contra los judíos. En marzo de 1973, la revista alemana "Deutsche Buerger Initiative", de Frankfurt, publicó un panfleto, editado por el Doctor Manfred Roeder, Fiscal del Tribunal de Hesse, titulado "Die Auschwitz Luege" (La Mentira de Auschwitz). El Doctor Roeder cita una frase del conocido abogado judío, Benedikt Kautsky, internado en Auschwitz durante tres años, quien manifestó:

"Estuve en los mayores campos de concentración de Alemania, incluso en Auschwitz. Pero debo testificar, en verdad, que en ningún campo vi, jamás, una cámara de gas".[191]

El panfleto editado por Roeder contiene las manifestaciones de un testigo ocular, Thies Christophersen, que estuvo un año en Auschwitz. A pesar de que el panfleto es una serena y ponderada refutación de la cifra de los Seis Millones en general, y de los tres o cuatro millones atribuidos a Auschwitz en particular, Simon Wiesenthal tuvo la osadía de exigir al Gobierno de Alemania Occidental que retirara de la circulación el folleto, como insultante a la memoria de los Seis Millones de judíos gaseados por los nazis. Naturalmente1 el aterrorizado Gobierno de Bonn cedió a las exigencias de Wiesentahl, sujeto, que, incidentalmente, se pasea por medio mundo tomándose "su" justicia por su mano raptando y asesinando, sin que ningún gobierno se atreva a aplicarle la ley.

---

[190] Franz Scheidl: *"Geschichte der Verfemmung Deutschlands"*.

[191] Benedikt Kautsky: *"Teufel und Verdammte"*.

Hace muchos años, cuando las escuelas proporcionaban educación, además de enseñanza, nuestros libros contaban la historia del mentiroso que se da cuenta de que un cierto número de mentiras son necesarias para "demostrar" su primera mentira. Este simple ejemplo forma la base de la afirmación judía de ser un pueblo perseguido, y la primera mentira sobre campos de exterminio ha debido, forzosamente, tener una secuencia de mayores y mejores mentiras. Una gran mentira tiene infinitamente más éxito que una mentira pequeña. El asesinato de seis judíos podría ser facilmente examinado y demostrarse que es falso; pero seis millones de asesinatos son demasiados para ser fácil y rápidamente sometidos a un examen critico. En el Proceso de dejadas de lado. En ningún tribunal del mundo – al menos, en ningún tribunal de un Frankfurt contra los guardianes del campo de Auschwitz, todas las reglas de la jurisprudencia han sido país civilizado – un reo será acusado de haber cometido un número vago e indeterminado de asesinatos. Pero en Frankfurt se acusó a los guardianes de haber dado muerte... "de dos y medio a cuatro millones de personas". Las cifras ya no significan nada... En ningún tribunal civilizado se presumirá culpable al acusado mientras no se haya renunciado un sentencia. Cualquier periodista que presuma la culpabilidad del acusado será castigado con presidio por ultraje al Tribunal y el proceso será suspendido. En Frankfurt, todo era al revés. Allí, los periódicos y otros órganos de "desinformación" pública desataron una campaña de falsedades e injurias contra los acusados antes del juicio, durante el juicio y después del juicio. Cuando un fontanero del campo de Auschwitz fue absuelto, se organizó una campaña de prensa poniendo en duda la honorabilidad de los jueces. Un cambio notable en la parodia jurídica de Frankfurt fue la sustitución del jurado – ¡una institución tan democrática! – por una serie de jueces, cuidadosamente nombrados a dedo. De este modo se evitaba que el sorteo designara a un jurado de mentalidad independiente que fuera capaz de dar un veredicto no acorde con lo que se había prejuzgado.

Los procesos de Frankfurt intentaron – y en muchos casos lograron –

sobrepasar en pintoresquismo los procesos de Nurenberg. Omitiremos las referencias a un montón de cosas que se admitieron como evidentes, tales como la quema de bebés judíos en gigantescas piras, el asesinato de unos judíos por un SS provisto de una metralleta, porque los judíos en cuestión discutían acalorada mente y no le dejaban dormir, etc., etc. Un chico judío contó una escena tan horripilante, que él mismo se puso a llorar. Los periodistas lloraron. Los jueces lloraron. El Jurado en pleno lloró. Y al día siguiente el juez debió guardar cama, por sentirse indispuesto tras el drama que había escuchado el día anterior. Incidentalmente, el chico promotor de tan lacrimógena orgía, tenía 17 años, y recordemos que los juicios de Frankfurt se celebraron en marzo de 1964, veinte años después del drama. Claro que el chico contaba una historia que a su vez le había contado alguien.[192] Una testigo judía que lucía unas antiparras respetables y que declaró que no pudo divisar las atrocidades de Auschwitz demasiado claramente debido a la debilidad de su vista, reconoció, 20 años después, al "acusado" Hoffmann, que entretanto, se había dejado crecer la barba y se hallaba a 50 metros de distancia.[193] No obstante, nos detendremos a examinar un par de "pruebas" admitidas por el Tribunal que, a nuestro juicio merecen atención, no por su valor intrínseco, sino por reflejar el desprecio que determinados judíos sienten por la inteligencia de los no-judíos. La primera fue la declaración – admitida por el Tribunal – de que el pelo de las cabezas de los prisioneros de Auschwitz se utilizaba para fabricar cuerdas para ser usadas por los submarinos. Lo que más nos admira, personalmente, es la precisión de las declaraciones. No bastaba con decir que el pelo se utilizaba para fabricar cuerdas. Debían ser cuerdas para submarinos. Este pelo, presumiblemente, no era suficientemente fuerte para acorazados. Nos imaginamos al comandante de un U-Boote, en medio del Atlántico, a la luz de la luna, murmurando:

---

[192] *"Nationalist News"*, Dublin, Marzo 1964.
[193] *Id.*

"Ya no es el mismo pelo ensortijado de los rabinos de antes de la guerra... Lós judíos de ahora usan demasiado tónico capilar y perfume y esto debiita las fibras de las cuerdas".

Lo que sorprende es que esas cuerdas de pelo no se utilizaran en las horcas, que, sin duda, debían estar diseminadas en el campo de Auschwitz como narcisos en un claro del bosque. La segunda historia es una verdadera joya. Es la historia de un soldado de las SS, que fue hallado convicto de haber mandado a su casa un lingote de oro hecho con las extracciones de dientes de... "20.000 a 100.000 judíos gaseados"... Decididamente las cifras no significan nada y 80.000 más o menos es una insignificancia. Supongamos cuatro dientes de oro por boca; ese lingote de oro ha debido hacerse al menos, con 80.000 dientes, o con 400.000 si aceptamos el presupuesto máximo de 100.000 gaseados. Suponiendo que sólo se emplearan dos minutos por extracción – tiempo rápido para una mandíbula en pleno rigor mortis – , el tiempo necesario para recuperar estos dientes de oro seria, para usar el moderno argot técnico 2.666 horas dentales (mínimo) o 13.334 horas dentales (máximo). Uno está tentado de decir que los dentistas de Auschwitz no tenían un sindicato que les protegiera eficazmente.

Thies Christophersen, a quien ya hemos aludido, niega resueltamente que existiera el "crematorio gigante", con una enorme chimenenea, cerca del campo de Auschwitz.

"Cuando salí del campo, en diciembre de 1944, no ví ninguna chimenea, ni grande ni pequeña".[194]

¿Existe hoy ese misterioso edificio, con su gigantesca chimenea...? Pues no. El autor "concentracionario" judío, varias veces citado por nosotros, Reitlinger, afirma que fue completamente demolido en octubre de 1944, aún

---

[194] Thies Christophersen: *"La Mentira de Auschwitz"*, pág. 37.

cuando Chnstophersen niega que existiera tal demolición. No obstante, Reitlinger no es, en este caso, un testigo de primera, sino de segunda mano. A él se lo dijo un colega judío, el dóctor Bendel, y este Bendel es el único testimonio de la existencia y posterior demolición del "horno gigante". Mejor dicho, era el único testimonio, porque cuando Reitlinger le citó en su libro, ya había muerto.

Reconozcamos que la situación es extrañamente típica. Cuando se llega a un punto en el que se precisa una evidencia, en el sentido legal del término, una prueba, entonces... el edificio fue demolido, el documento "se extravió", las órdenes fueron "verbales". Otra cosa curiosa: el único acusado que no apareció en el Proceso de Frankfurt fue Richard Baer, el sucesor de Rudolf Höss como Comandante de Auschwitz. A pesar de hallarse en perfecto estado de salud, murió súbitamente era su celda de la prisión, dos días antes de empezar el proceso, "de manera extremadamente misteriosa".[195] Baer siempre había mantenido su versión de que en Auschwitz nunca existieron cámaras de gas, ni nunca creyó que tales cosas hubieran existido jamás en ningún campo de concentración alemán.

Según Christophersen, en fin, Auschwitz-Birkenau no era más que un gigantesco complejo insustrial, donde se fabricaba, especialmente, caucho sintético y en el que, si ciertamente se empleaba a los internados en trabajos forzosos, nunca tuvieron lugar exterminios masivos de judíos ni de ningún otro grupo étnico. Como cualquier gran complejo industrial Auschwitz fue organizado de manera sistemática pensando en dárseler la mayor eficiencia posible. Las personas recién llegadas, y sin empleo, eran, de momento, acuarteladas en Birkenau, donde estaban instalados los campos de tránsito. Allí mismo estaban los campos para judíos y gitanos. Así mismo, las personas enfermas, muy en fermas ó moribundas eran igualmente enviadas a Birkenau,

---

[195] *Id.*

y si tomamos las cosas en tal sentido sí que puede afirmarse que Auschwitz era un "campo de la muerte". Con tal motivo, habían más hornos crematorios que en otros campos: cuatro, según Rassinier y muchísimos más según los diversos autores judíos, que se contradicen entre ellos hasta límites increíbles.

Otra contradicción se produce en el caso de la única prueba documental de la existencia de las "cámaras de gas", un documento triunfalmente exhibido por la Acusación en Nurenberg y posteriormente en Frankfurt.[196] Se trata de una carta de la Administración General de los Campos de Concentración dirigida a la casa Topf & Söhne, de Erfurt, en la que se solicita el suministro, no de cámaras de gas, sino de "hornos crematorios" y de unos llamados "baños duchas". Estos "baños duchas" son, según los mantenedores del Fraude, las célebres "cámaras de gas". Cuando los abogados defensores, en Nürenberg o en Frankfurt, preguntaban a los testigos de la Acusación en qué se basaban para llegar a tal conclusión, éstos respondían que los alemanes no eran tan estúpidos para formular claramente órdenes tan comprometedoras para ellos y que "baño ducha" significa, en lenguaje de código, "cámara de gas". Naturalmente no se molestaban en explicar dónde y cómo habían descubierto ellos la clave de tan abracadabrante código.

En cambio, pretenden haber encontrado una orden de cierto "alto jefe" nazi, en el sentido de que dejaran de utilizarse, temporalmente dichas "cámaras de gas"... de dónde hay que concluir que los alemanes eran muy estúpidos o muy listos, según conviniera a los razonamientos de la Acusación. Pero es que, además, no han hallado tal orden, sino que simplemente se apoyan en un testimonio de segunda mano, de un tal Kurt Becker, un oficial de las SS, que se lo "oyó decir" a Himmler. Este Becker salvó su vida protegiendo a la judía húngara Baronesa Weisz.

---

[196] Juicios de Nurenberg: Documento N. 1 1450/ 42/ B 1/ H.

El gas utilizado en las "cámaras de gas" era el Zyklon B.

El Zyklon B era un bien conocido y ampliamente utilizado insecticida, producido por la "Deutsche Gesellschaft fur Schädlingsbekämpfung" (DEGESCH). Antes de la guerra había sido vendido en todos los mercados del mundo como insecticida de primera clase. Durante la guerra lo utilizó la Wehrmacht y fue también muy empleado en los campos de prisioneros y de concentración y, naturalmente, fue empleado en Auschwitz. La constante amenaza del tifus causado por los piojos, y los calamitosos resultados de un alto forzoso en las medidas de desinfección en Belsen, hicieron que los alemanes extremaran las medidas de precaución en Auschwitz, donde ya en 1943 hubo una epidemia de tifus que fue de tal magnitud que debieron de suspenderse los trabajos en las plantas industriales de caucho sintético. En vista de la gran importancia del complejo industrial de Auschwitz para el esfuerzo de guerra alemán, no es sorprendente que el Zyklon B fuera usado en grandes cantidades en Auschwitz y su región circundante, incluyendo Birkenau, para la prevención de epidemias. Hagamos referencia, de paso, al hecho de que los alemanes eran los pioneros en gases tóxicos, mucho más baratos que el insecticida Zyklon B, y de efectos más prácticos para el objetivo que se supone. Al terminar la guerra, se confirmó que los alemanes habían descubierto los tres gases tóxicos más poderosos de los conocidos hasta entonces: el Tabun, el Sarin y el Somán. El llamado Somán produce los efectos más terribles. Al cabo de unos segundos de aspirarlo, los hombres quedan sometidos a un estado de colapso convulsivo al que sigue la muerte segura, en cuestión de unos minutos. Cuando un neurogas (Tabun o Sarin) pasa a través de la piel en cantidades efectivas, deja sentir sus efectos rápidamente y sobreviene la muerte al cabo de uno o dos minutos. Al final de la guerra, los alemanes estaban provistos de 7.000 toneladas sólo de Sarin; cantidad ésta más que suficiente para exterminar a los habitantes de más de

30 ciudades del tamaño de Paris.[197] Es decir, que si hubieran querido realmente los alemanes gasear a sus judíos, les bastaba con concentrarles en una reducida zona de la estepa rusa arrojando sobre la misma una ínfima parte de los gases letales que tenían almacenados.

Es absurdo que disponiendo de tales gases fueran a emplear un insecticida tan conocido en Alemania como el DDT en América y, después de la guerra, en Europa.

Los autores del Fraude saben muy bien que la mejor manera de "colar" una mentira es servirla aderezada con fragmentos de verdad, tengan o no relación con el caso. Además, es imprescindible, para autentificar un fraude, lograr una "doble interpretación" de los hechos. Esto se logró en Auschwitz mejor que en ningún sitio. Por ejemplo:

a) No sería demasiado injusto el sobriquete de "Campo de la Muerte" que se le adjudicó a Auschwitz, puesto que allí eran mandados, los considerados, en principio, enfermos graves, precisamente por disponer de las mejores facilidades médicas. Los mitómanos de los Seis Millones lo llamaron "Campo de la Muerte" por haber sido, según ellos, un campo de exterminio.

b) El Zyklon B era utilizado para desinfectar, pero según otros, para exterminar.

c) Las "selecciones" de personal eran necesarias por la naturaleza de los trabajos que se realizaban en la zona industrial de Auschwitz; pero se alegaba que esas "selecciones" tenían como finalidad escoger a los presos que se iban a gasear, y, posteriormente, a cremar.

d) Cuando se hacía desnudar a los presos y luego se les obligaba a entrar en los "baños ducha" era para proceder a su despojamiento, pero los

---

[197] Brian Ford: "Armas Secretas Alemanas".

del Fraude afirman que era para gasearles.

e) Existían crematorios convencionales en Auschwitz-Birkenau. Para incinerar los cadáveres de los fallecidos por causas naturales o inherentes a un campo de concentración normal, según unos. Los crematorios eran para cremar a los gaseados e, incluso, a judíos vivos, según otros.

f) El mal olor que se percibía en el campo era debido al proceso de hidrogenación en la fabricación del caucho sintético. No. No era eso. Era el hedor de la carne quemándose en los hornos...

En realidad, esa "doble interpretación" sólo sirve para personas muy influenciadas por la propaganda, Las segundas alternativas propuestas en los cinco primeros puntos son obvias mentiras. En todo caso, son indemostrables, y no debemos nunca olvidar que en los sistemas jurídicos de todos los países civilizados, se aplica el principio "in dubio, pro reo". En caso de duda, se resuelve a favor del reo. En cuanto al sexto punto, el del hedor de los cadáveres asándose, es un error de los cultivadores del Fraude. Nunca debieron haber hablado de mal olor en su historia; si se nos permite un fácil juego de palabras, eso del mal olor, "huele mal". Es el clásico hecho excesivo. El querer demostrar demasiado. No hace falta ser un Gustave Le Bon, un Sorel, un gran especialista de la psicología de las masas para comprender que una multitud que percibe el hedor de los cuerpos quemados de sus camaradas, con los que ha estado conviviendo horas antes, cae presa del pánico, se produce la histeria colectiva y los guardianes de los miradores deben agotar su munición ametrallando a la despavorida muchedumbre. No obstante, en toda la ingente literatura concentracionaria no hemos leído un solo relato de pánico colectivo. ¿No es esto increíble? Ya no nos circunscribimos al caso particular de Auschwitz. Nos dicen los Kogon, los Reitlinger, los Uris, los Hilberg, y demás apóstoles de este tipo de literatura, que en todos los campos los alemanes, gradualmente, iban exterminando a los judíos. Es inconcebible que los parien tes y amigos de los exterminados estuvieran tan "distraídos" que no se dieran cuenta de que estos habían desaparecido tras una sesión de despiojamiento. "Ante la creencia en un daño inminente, la multitud se desmanda. Se producen, entonces, actos inauditos de heroicidad y de desesperación, hasta que llega la histeria colectiva que sólo puede ser controlada y dominada por la violencia serena de unos pocos".[198] La Historia nos demuestra que esta observación es atinada. Por ejemplo, al final de la pasada guerra mundial, los croatas y los rusos anticomunistas de Vlassov que, faltando a sus promesas, los angloamericanos entregaron a los comunistas, se rebelaron, al enterarse de lo que se tramaba y, desarmados, se enfrentaron a sus guardianes. Hubo más de 15.000 suicidios; los hombres mataban a sus mujeres y luego se abrían las venas. Los pseudo-historiadores concentracionarios no citan ni un sólo caso de revuelta en los campos. ¿Tan diferentes eran los judíos de rusos, croatas y, en general, de cualquier otro grupo humano? Habrá que creerlo así.[199]

Podría escribirse un grueso volumen exclusivamente dedicado a narrar los falsos testimonios perpetrados en conexión con el tema de Auschwitz. Nos limitaremos a mencionar el caso Nyiszli.

El comunista húngaro Mikios Nyiszli declaró ante el tribunal que le escuchó muy seriamente, y luego lo publicó en un libro espeluznante[200] que, en su calidad de detenido- empleado en el campo de Auschwitz, se veía obligado a colaborar con los alemanes en la manipulación de los crematorios y las cámaras de gas. Dice Nyiszli: "25.000 personas, judíos, gitanos, rusos,

---

[198] Gustave Le Bon: "*Psychologie des Foules*".

[199] Y no obstante, hay motivos para creer que los judíos, ante la muerte, son extremadamente humanos. Basta con leer a Arthur Koestler en "El Cero y el Infinito", donde nos describe las actitudes de sus correligionarios trotzkystas en el momento de ser llevados ante el pelotón de ejecución: lantos, pataletas, ataques de histeria, pérdida del control de la propia fisiología, etc. En cambio, en Auschwitz, se iban impertérritos a la cámara de gas. ¡Inaudito!

[200] Miklós Nyiszli: "*SS-Obersturmführer Mengele*".

ucranianos, etc., fueron cremadas en Auschwitz desde prinicipios de 1940 hasta 1944. Otro marxista como Nyiszli, pero no comunista, sino socialista, el ya aludido Paul Rassinier, respondió en su sensacional obra "Le Mensonge d'Ulysse" que:

> "... 25.000 personas diarias durante casi cinco años supondría más de 45.000.000 de cremados, en Auschwitz sólo; y con cuatro hornos crematorios de quince parrillas cada uno – afirmación de Nyiszli que no responde siquiera á la versión oficial – a tres cadáveres por parrilla, harían falta. doce años para acabar de cremarlos a todos".

Rassinier pagaría su fidelidad a la Aritmética con un proceso en difamación que contra él entabló la Asociación de ex-deportados franceses, donde los marxistas tienen predominio casi absoluto. El proceso terminó con un "no ha lugar", lo que, dado el clima político de la época, constituyó un sorprendente éxito.

En el curso del proceso, Rassinier declaró que hizo esfuerzos denodados para ponerse en contacto con el tal Nyiszli, al que parecía habérselo tragado la tierra. Finalmente, consiguió entrevistarse con el traductor de la obra al francés, un tal T. Kremer (otro judío). Rassinier no pudo llegar a obtener la certeza de que el tal Nyiszli existió verdaderamente. Dos años más tarde apareció una traducción inglesa del libro, titulada, simplemente "Auschwitz". El traductor era Richard Seaver, otro Judío,[201] y el editor Bruno Bettelheim, de la misma raza. Nyiszli – si es que llegó a existir realmente – había ya muerto por entonces, toda vez que en el copyright del libro se especifica que el détentor del mismo es una tal "N. Margaretha Nyiszli", viuda del autor. Igualmente se específica en la anteportada del libro que el autor, Miklós

---

[201] Observemos que autores y editores de este tipo de literatura son siempre judíos, nunca Gentiles. (N. del A.)

Nyiszli, era doctor por la Universidad de Breslau en 1930.

Según Rassinier es prácticamente imposible poner de acuerdo los datos suministrados por las diversas ediciones (alemana, inglesa y francesa); es más, incluso es imposible obtener una consistencia interna dentro de una misma edición. En la edición francesa de 1960 sé puede leer que "sesenta hornos podían incinerar varios miles de cadáveres diarios", pero unas páginas después afirma que cada uno de los crematorios reducía a cenizas, diariamente, 10.500 cadáveres. Es una cifra realmente impresionante, pero lo chocante es que sólo dos páginas atrás el autor se contradice al afirmar que los hornos podrían cremar a 6.500 cadáveres diario, como máximo. En una palabra, una confusión total de datos y cifras.

Rassinier, que no pudo hallar un sólo testigo que hubiera conocido al tal Nyiszli, no pudo, tampoco, localizar a su viuda, que se supone cobraba los derechos de autor. Es muy importante tener en cuenta que Miklós Nyiszl, que se supuso, en un principio, que había declarado personalmente ante el Tribunal de Nuremberg, resultó luego que testificó por medio de una declaración jurada, tipo de testimonio que no se admite como prueba ante ningún tribunal del mundo, sino como simple indicio o corroboración. No ha sido posible demostrar la existencia del tal Nyíszli, ni tampoco que una persona de tal nombre se doctorara en la Universidad de Breslau en 1930, pues al ser anexionada esa ciudad por Polonia en 1945, los archivos de la Universidad pasaron bajo control del Gobierno Polaco, que no permitió que Rassinier investigara en ese sentido. Realmente, parece, por lo menos, sospechoso, qué si Nyiszli estaba en las listas de doctorados, el gobierno Polaco, principal defensor de la tesis de que Auschwitz fue un campo de exterminio, no permitiera esa investigación que debiera hacer resplandecer "su" verdad.

LOS "EINSATZGRUPPEN"

Cuando se produjo el ataque alemán contra Rusia, en junio de 1941, el Führer declaró que la guerra contra el Bolchevismo no se iba a llevar de acuerdo con las reglas tradicionales de combate. Esta declaración anticipaba una idéntica política bélica soviética, que incluía el uso de partisanos, es decir, de fuerzas irregulares, inidentificables por ir vestidas de paisano, que atacaban tanto los objetivos bélicos como los no bélicos. Los códigos de Justicia Militar de todos los países del mundo prevén la pena de muerte para el partisano capturado en acción. El Código alemán no podía ser una excepción, como no lo eran ni el inglés, ni el francés, ni el americano, ni el soviético, y ello por la sencilla razón de que un ejército no puede dejarse apuñalar impunemente por la espalda. Debieron tomarse medidas para contrarrestar las actividades de los partisanos y a Himmler se le confirieron "plenos poderes para tomar las medidas que considerara necesarias bajo su propia responsabilidad". Está claro que esto sólo puede significar la aplicación de la pena de muerte contra los partisanos y las personas que colaboraran con ellos. El poco agradable trabajo fue asignado a los "Einsatzgruppen" de las S.D., cuyos efectivos totales eran de unas 3.000 personas. Un autor tan poco sospechoso de "nazismo" como el judío Dawidowicz ha reconocido[202] que la actuación de los "Einsatzgruppen" era absolutamente necesaria, dadas las actividades de los partisanos, que no seguían las reglas de la guerra entre países civilizados.

Ya hemos mencionado en varios ocasiones que los judíos constituían, de hecho, una amenaza contra la retaguardia alemana en el curso de la guerra.

---

[202] Lucy S. Dawidowicz: *"The War against the Jews, 1933-1945"*.

No sólo por el alzamiento del ghetto de Varsovia y el atentado contra Heydrich, sino por las actividades de los diversos movimientos de resistencia, en las que los judíos, por propia confesión, eran legión. De manera que, desde esta perspectiva, es evidente que los "Einsatzgruppen" debieron ejecutar a muchos judíos y, naturalmente, a muchos no-judíos. La cifra máxima de judíos partisanos ejecutados por el Einsatzkommando es de 90.000, que nos parece elevadísima, y que procede de fuentes judías.[203] Esa es la cifra máxima dada por judíos, que, como de costumbre - excepto en el total funesto de los Seis Millones – difieren enormemente entre. si. Montgomery Belgion, norteamericano, supone que los judíos que debieron perecer a manos de los Einsatzgruppen fueron unos 15.000, aproximadamente, aún cuando afirma que el cálculo es difícil y arriesgado.[204]

No obstante, el papel de los Einsatzgruppen como luchadores contra las guerrillas fue aprovechado por los partidarios del Gran Fraude para atribuirle, otra vez, una "doble interpretación". Lós Einsatzgruppen debían luchar contra los guerrilleros pero, además, debían exterminar a todos los judíos que encontraran, guerrilleros o no.

Parece contrario al simple sentido común que una fuerza especializada de sólo 3.000 hombres actuando en la inmensidad de la estepa rusa debiera dedicar una parte de su tiempo a objetivos no militares. Para ese menester lo lógico hubiera sido emplear tropas regulares, o de policía, pero no unidades especiales de primer rango cuyo concurso era requerido a cada instante. Pero aún hay más: el modus operandi de los Einsatzgruppen no poseía la práctica sencillez que los genocidas de Katyn o de Paracuellos del Jarama inmortalizarían. Los Einsatzgruppen debían operar, como parece preceptivo en el esquema del Gran Fraude, según el varias veçes aludido estilo de

---

[203] *Id.*

[204] Montgomery Belgion: *"Victor's Justice"*.

Fantomas. Los judíos no eran exterminados a tiros – lo más lógico – ni a garrotazos – lo más barato – ni poniéndoles grilletes en los tobillos y hacerles cultivar patatas hasta la extenuación física – lo más económico –. No, señor. Los judíos eran gaseados dentro de unos artefactos semovientes, inventados por los alemanes, llamados "Gasmobiles", según versión rusa. Los "gasmobiles" (literalmente, carromatos del gas) eran unos vehículos que llevaban anexa una instalación de gas qué servia para asfixiar a los judíos que habían sido previamente introducidos. Naturalmente, no se ha encontrado ningún "Gasmobile"; los alemanes "los destruyeron todos para evitar que se utilizaran como pruebas contra ellos".[205]

No se han encontrado órdenes escritas para exterminar a los judíos. No se han encontrado porque no las hubo. Los mismos soviéticos afirman que las ordenes eran siempre orales. Lo que si se han encontrado son documentos e informes del Einsatzgruppen informando a Himmler de las actividades contra los guerrilleros, así como del asesinato de numerosos judíos no guerrilleros. No obstante, las hojas de los informes en que se habla de la lucha antiguerrillera están firmadas, pero las hojas en que se habla de la ejecución indiscriminada de judíos no están firmadas.[206] ¿Hacen falta más pruebas de que tales informes han sido cuidadosamente ampliados por las necesidades de la Causa?

Si es altamente improbable que los Einsatzgruppen tuvieran una doble misión (la clásica doble interpretación de los hechos, sugerida por los autores del Gran Fraude) no lo es tanto que las tropas regulares de la Wehrmacht debieran desempeñarla. Pero no consistente en liquidar judíos civiles, sino en impedir que las poblaciones autóctonas liquidaran precisamente a judíos

---

[205] Alexander Soljenitsyn menciona en *"El Archipiélago Gulag"*, el caso del soldado alemán Jupp Aschenbrenner, a quien los rusos forzaron bajo tortura a firmar una declaración en la que confesaba haber trabajado como chófer de un "Gasmobile". (N. del A.)

[206] Gerald Reitlinger: *"The Final Solution"*.

civiles. Cuando los alemanes se internaron en territorio soviético, la mayoría de los judíos se retiraron hacia Moscú, acompañando al ejército soviético. Pero es, también, desgraciadamente cierto, aunque no demasiado mencionado por las grandes agencias informativas, que muchos miles de judíos que emigraron rápidamente hacia el Este fueron masacrados por las enfurecidas poblaciones civiles autóctonas antes de que llegara la Wehrmacht. Los judíos, en general – insistimos en que hablamos en términos generales – se habían identificado de tal modo con el régimen soviético desde 1917, que las poblaciones nativas tomaron su revancha contra ellos en la primera oportunidad que se les presentó. Lo que ayudó todavía más a inflamar la furia de los nativos, particularmente los polacos, fue el hecho de que en su retirada, los soviéticos asesinaron a numerosas personas que habían arrestado cuando se produjo el ataque alemán, y que no tengan tiempo ni medios para llevárselos y luego mandarlos a Siberia porque el avance de la Wehrmacht era demasiado rápido.

Raschhoffer, un alemán no nazi, habla de que "... existen pruebas incontrovertibles de que muchos asesinatos cometidos en las personas de los habitantes de Lwow (Lemberg) ocurrieron mucho antes de la llegada de las tropas alemanas a la ciudad... La responsabilidad de esas atrocidades recae en las autoridades soviéticas. Sólo en Lwow los soviéticos ejecutaron, el día que precedió a su retirada, a unas 3.000 personas".[207] Por consiguiente "cuando las poblaciones autóctonas comprobaron lo que habían hecho los soviéticos, inmediatamente culparon de ello a los judíos".[208] Los polaco-ucranianos de Lwow estaban convencidos de que sus convecinos judíos habían sido parcialmente responsables del arresto de muchos nacionalistas, ya que los judíos colaboraron activamente con las autoridades soviéticas y particularmente con la N.K.W.D. "Los cuerpos de los miles de patriotas

---

[207] Herman Raschhofer: *"Political Assassination"*. Editado en Tacoma, Maryland, USA.

[208] Austin J. App: *"The Six Million Swindle"*.

ejecutados generaron una tremenda violencia de las masas contra los judíos. Un verdadero "pogrom". Más de cinco mil fueron asesinados en Lwow, y hechos similares ocurrieron en muchas otras ciudades, tan pronto como se retiraban los soviéticos y antes de que llegaran los alemanes".[209]

Este es un hecho del que se habla poco, por la buena razón de que el Sionismo no puede arrancar indemnizaciones a los pueblos del otro lado del Telón de Acero. Por eso los comunistas y los sionistas están de acuerdo en cargar en la cuenta de los alemanes los muchos miles de muertos civiles – judíos y, sobre todo, no-judíos – en territorios controlados por los soviéticos. Por tal motivo, la primera ocupación de la Wehrmacht al ocupar una ciudad, en Ucrania, Polonia y los Países Bálticos, consistía en dar fin a los pogroms.

Cuando a algún judío le sucede algo, o se logra demostrar, por los medios que sean, que le sucedió algp, a él o a sus ascendientes, treinta y cinco años atrás, el III Reich es hecho responsable y Alemania Federal debe pagar absurdas y enormes reparaciones.

Uno de los más persistentes denigradores de Alemania, sólo superado en ese sentido por el Sionismo, es el Gobierno Polaco. Por una mágica coincidencia, los polacos han descubierto que los alemanes son responsables de la muerte de **Seis millones de Polacos inocentes**.[210] Cuando, para substanciar tal acusación, se ven forzados a dar cifras, cuentan como polacos a tres millones de judíos de nacionalidad polaca supuestamente exterminados por los alemanes e incluyen como asesinados a todos los polacos que cayeron en combate. Aparentemente, el Señor Gomulka debe pensar que sólo los soldados polacos tenían derecho a disparar, y no los alemanes.

Creemos que esto es un caso de conciencia culpable, porque los polacos

---

[209] Harry Elmer Barnes: "*Blasting the Historical Blackout*".
[210] Austin J. App.: *Id*.

son, precisamente, – y más aún que los rusos – los pioneros de la persecución de los judíos en la Edad Moderna, y durante e incluso **después** de la Segunda Guerra Mundial, mataron a muchos. Vamos a citar, en apoyo de esta tesis, a un escritor que no podrá ser tildado de nazi, concretamente, al judío holandés Jakob Presser, quien en 1969, escribió: "¿Cómo podríamos olvidar que, incluso después de la Liberación, se continuaban asesinando judíos en Poloxia, donde se organizaban pogroms a la luz del día, no por criminales profesionales, sino por devotos católicos que rogaban a Dios antes de las masacres? Y no solamente asesinaban a los judíos, sino que se complacían en una orgía de torturas, en un verdadero aquelarre de brufas en julio de 1946, un año después de terminada la guerra".[211]

Como es natural, los polacos quieren incluir esos judíos en el Fraude de los Seis Millones, y los sionistas estan de acuerdo en ello porque al gobierno comunista de Varsovia no se le pueden extorsionar indemnizaciones pero si, por razones que más adelante trataremos, al gobierno de Bonn. El historiador americano Harry Elmer Barnes, al comentar cuán paradójico fue que los Aliados lucharan por Polonia sobre la base del problema judío, escribió:

"Había en Polonia, en 1933, seis veces más judíos que en Alemania, y se les trataba tan mal, si no peor, que a los que estaban bajo el poder de Hitler. En 1939, el programa anti-judío de Hitler se había moderado,[212]

---

[211] Jakob Presser: "*The Destruction of Dutch Jews*", 1969.

[212] Por motivos especiales que abarcan desde la buena conducta individual hasta la conveniencia superior del país, las leyes sobre los judíos fueron aplicadas, en muchos casos, con benignidad. La Señora Winifred Wagner manifestó al periodista judío Silberberg que "gracias a la protección de Hitler los artistas judíos y las esposas y maridos judíos de personas arias pudieron participar en el Festival de Bayreuth incluso a finales de la década de los 30." (citado por "*Revista de Occidente*", no. 16, Febrero 1977). Joe Jacobs, el manager del boxeador Max Schmelling, era judío y continuó ejerciendo sus funciones. Finalmente, deben tenerse en cuenta los llamados "arios de honor", es decir, a

más en la práctica que en la legislación, mientras que los polacos continuaban tratando tan mal como siempre a los judíos".[213]

Precisamente las autoridades comunistas polacas debieron reprimir brutalmente el antisemitismo latente en el pueblo polaco con drásticas medidas, que iban desde los veinte años de trabajos forzados hasta el pelotón de ejecución.

---

determinados judíos que, debido a servicios especiales, se les respetaron todos sus derechos anteriores, entre ellos un banquero de la familia Warburg, el naviero von Ballín, y el semi-judío mariscal del Aire, von Milch. Es digno, también, de especial mención, el caso del realizador cinematográfico Max Ophuls (Oppenheimer), judío, que había huido a Francia y fue internado en un campo de concentración, pero al averiguarse de quien se trataba se le déjó en libertad permitiéndosele emigrar a América. A mayor abundamiento de datos sobre el tema, nos remitimos al epígrafe "El Caso Katzenberger" del que hablaremos a continuación. (N. del A.)

[213] Harry Elmer Barnes: *"Blasting the Historical Blackout"*, p. 35.

HÖTTL - HÖSS - EICHMANN

La única prueba que los sionistas y sus secuaces han podido presentar para substanciar la cifra de los Seis Millones es lo que Höss y Hoettls, bajo amenaza de tortura, aseguraron haber oído decir a Eichmann en una ocasión. Ya hemos visto quién era Hoetil: un funcionario mediocre, agente británico, luego comunista, que firmó una declaración jurada incriminando a Eichmann y poniendo en su boca lo de los Seis Millones, porque, aparte de haber sido sometido a tortura, había sido amenazado con ser entregado a los comunistas húngaros.[214] Según su declaración, una vez oyó a Eichmann decir que cuatro millones de judíos habían muerto en campos de concentración y otros dos millones en acciones de represalia. Esta declaración jurada fue leída en los juicios de Nurenberg, pero cuando el defensor, Doctor Kauffmann, pidió que Höttl se sentara en la barra de los testigos para ser interrogado por la Defensa, el Tribunal, insólitamente, rechazó la petición.

Cuando Eichmann fue "juzgado" en Jerusalén, los autores de aquel linchamiento legal rehusaron el elemental derecho de todo acusado a ser interrogado por su defensor. De hecho, Eichmann negó haber hablado del asunto con Höttl y, en todo caso, afirmó no haber dado nunca cifras, por la razón de que: le hubiera sido imposible conocerlas. Ni él ni Höttl ni nadie podía saber cifras de muertos en campos de concentración, ni siquiera aproximadas, porque Alemania, a causa de los bombardeos aéreos de los Aliados, era un verdadero caos en los últimos meses de la conflagración; los prisioneros de guerra, muy a menudo mezclados con saboteadores,

---

[214] *"Weekend"*, Londres, 25-1-1963.

prisioneros políticos y judíos, eran transportados de un campo a otro ante el incesante avance de los rusos, y se hacía dificilísimo llevar un control de defunciones por campos, en tales circunstancias. Así pues, en una declaración jurada, muy posiblemente falsa, sin contrainterrogatorio por parte de la Defensa, se basa el Fraude de los Seis Millones. El testimonio, no lo olvidemos, de un agente británico, luego traidor a su patria, y sujeto a coacción física.

El otro testimonio que corrobora el de Höttl, es el del ex-comandante del campo' de Auschwitz, Rudolf Höss. En vista del principio jurídico "Testis unus, testis nullus" (testigo único, testigo nulo), los budas del Mito quisieron que la deposición de Höttl fuera corroborada por otro testimonio, y se procuraron el de Höss. Amenazado por los linchadores en caso de no incriminar a sus superiores, declaró en Nurenberg que sólo en Auschwitz murieron dos millones y medio de judíos. Incluso Reitlinger, el historiador judío, acusó a Höss de "perverso megalómano" al mencionar tal cifra. Para tener una idea de cuán poco digno de fe es este testigo, sólo debemos tener en cuenta que cuando, un año después, fue entregado por los occidentales – que faltaron a la pabra que habían dado a ese pobre desgraciado – a los polacos, redujo la cifra de 2.500.000 a 1.130.000, es decir, a menos de la mitad. Y cuando los polacos le condenaron a la horca, se desdijo de todo lo que había manifestado, asegurando que en Auschwitz sólo fueron ejecutados unos cuantos centenares de judíos, por actos de sabotaje.

Otro ejemplo de la falta de credibilidad de los testimonios, reales o inventados, en relación con el Mito: La revista "Time", en su número de 6 de junio de 1960, informó que Eichmann había reconocido que los nazis habían dado muerte a cinco millones de judíos. La revista "Newsweek", del mismo día, aseguraba, que Eichmann había reconocido que los judíos inmolados habían sido seis millones. He aquí como los grandes medios de comunicación (y de intoxicación) disponen de un millón de judíos. Pero aún hay más. La frase atribuida por la revista "Lite", a Eichmann, era, textualmente:

"En los últimos días de la guerra llamé a mis hombres a mi oficina en Berlín y les dije: Cuando baje a la tumba estaré muy contento al saber que cinco millones de enemigos del Reich han muerto ya como animales."

Dejando aparte el hecho de que, desde que fuera ilegalmente capturado y raptado por un comando israelí en territorio argentino, Eichmann no pudo prácticamente hablar con nadie más que con enemigos suyos y que tanto las declaraciones como las "Memorias" que se le atribuyen parecen, por lo menos, muy sujetas a caución, debemos observar que:

a) Eichmann hablaba de cinco millones, no seis millones.
b) Eichmann se refería a enemigos del Reich, no a judíos.
c) Eichmann hablaba con sus hombres en plan casual, informal, no oficial.
d) En todo caso, Eichmann sólo se ocupaba de deportaciones de judíos hacia el Este. Por consiguiente, Höttl y Höss tampoco podían saberlo; es más, sólo afirmaron que Eichmann lo había dicho una vez, en una conversación de tertulia, y tal afirmación se obtuvo, según las ya mencionadas fuentes iglesias, bajo coacción. Y, después de todo, ¿quién era Eichmann? En la Gestapo (Geheime Staatspolizei, o Policía Secreta del Estado), existía un departamento, llamado "B4", que se ocupaba de las "religiones y cultos", e incluía una subdivisión judía. El jefe de esta subdivisión era Karl Adolf Eichmann que llegó a alcanzar el grado de Teniente Coronel. Se ocupaba de todo lo relativo a emigración e instalación de los judíos en los territorios del Este; nunca formuló ningún tipo de política, limitándose a cumplir ordenes; no hay ninguna prueba de que tuviera nada que ver con la administración de los campos y, por tanto, es ridículo afirmar que fuera responsable de cualquier clase de abusos que en ellos se hubiera cometido. Sólo en una época tan masificada como la actual ha sido posible que se lograra excitar a las gentes

con un hombre como Eichmann, que en la Alemania nazi sólo llevó a cabo funciones rutinarias y administrativas. Como no había otro ex-miembro de la Gestapo o de las SS a quien raptar y montar en torno a él un "show" propagandístico cuya finalidad era servir de fondo a nuevas demandas de "indemnizaciones" a Alemania Federal, hubo que recurrir a la obscura figura de ese Teniente Coronel. Un hombre que, según el Fiscal del linchamiento legal de Jerusalén, poseía un poder de vida o muerte sobre millones de judíos... y sólo era Teniente Coronel. ¿Es esto verosímil?

En cuanto al Proceso de Jerusalén, sólo puede decirse que en él se prescindió de hipócritas formulismos legales y desde el principio se puso de manifiesto que tras el "show" legal Eichmann sería ejecutado. No se permitió a Eichmann que convocara a deponer en favor suyo, como testimonios de la defensa, a ningún testigo de descargo. Estuvo todo el proceso encerrado en una jaula de vidrio, incomunicado del resto del mundo. Sólo podía contestar "si" o "no" y cuando intentaba explicarse el "Juez" le cortaba la palabra. Naturalmente, fue condenado a muerte. Antes y después del proceso salieron en Europa y Estados Unidos una docena y media de libros sobre Eichmann, presentando al obscuro funcionario como al mayor verdugo de la Historia. Todo ello atizó el clima antialemán, hubo manifestaciones antialemanas en todo Occidente. así como en Rusia y Polonia, y luego el Primer Ministro Israelí se presentó en Bonn para cobrar nuevas "indemnizaciones". ...Höttl – Höss – Eichmann, en sus personas se incardinó la "**prueba**" del Holocausto de los Seis Millones. Dos falsos testimonios arrancados por la violencia, espiritual o física, para condenar al infame régimen nazi que, después de tanto alboroto, para asesinar al estilo de Fantomas a Seis Millones de Judíos, destinó como jefe supremo de tal tarea a... ¡un Teniente Coronel!

EL CASO KATZENBERGER

Lectores y televidentes occidentales han debido quedar perplejos al enterarse – porque la Verdad siempre acaba por filtrarse, pese a todo – de que varios acusados alemanes que, al terminar la guerra, habían acusado de la comisión de tremendas atrocidades a sus superiores jerarquicos, se desdecían de su anterior testimonio, décadas más tarde, cuando eran sometidos a nuevo juicio por los tribunales de Bonn, afirmando que sus anteriores testimonios habían sido arrancados bajo coacción o tortura. Muchos fiscales norteamericanos, a menudo judíos como el tristemente famoso Kempner, extorsionaron toda clase de falsos testimonios mediante tortura psicológica, incluyendo amenazas de sevicias contra los familiares de los acusados, cuando no la tortura física, pura y simple, como sus – entonces – Aliados soviéticos.

Citemos el caso de Juez Hoffmann. En la desesperada situación en que Alemania se encontraba, debía castigar severamente, a menudo con la última pena, lo que en otras circunstancias no seria considerado más que como hurto o contrabando. Hitler, en sus "Conversaciones sobre la Guerra y la Paz"[215] explicaba esto de forma convincente:

"Si en tiempo de paz un muchacho de dieciocho años le arrebata el bolso a una señora, por supuesto que no le vamos a condenar a muerte... Pero ahora estamos en guerra, hay alarmas aéreas, casi todas las noches, en nuestras grandes ciudades, debemos circular a oscuras... muchas mujeres trabajan en fábricas y oficinas... Son necesarios medios de

---

[215] Editado por Co-Press, Munich, 1954.

disuasión muy severos, pues la moral de la población que contribuye al esfuerzo de guerra no puede ser perjudicada por las andanzas de unos gólfillos".

Aquí, como es evidente, los judíos no iban a ser más privilegiados que los alemanes.

Un judío, llamado Katzenberger fue hallado culpable de robo a mano armada, en 1942, y condenado a muerte por el Juez Oswald Rothaug. Aquí, es importante un inciso para hacer constar que, en 1942, había judíos, en Alemania, que gozaban de una relativa libertad. Libertad que, como en el caso de Katzenberger, les permitía cometer atracos. El segundo juez, Hoffman concurrió a la setencia con su firma. En 1946, los linchadores legales de la escuela de Morgenthau buscaban un caso para demostrar que los jueces del III Reich discriminaban contra los acusados judíos. A tal fin, indujeron al Juez Hoffmann a que testificara ante el tribunal que juzgaba al Juez Rothaug, en el sentido de que la sentencia contra Katzenberger había sido injusta, y el juicio "Légalmente inválido, inhumano y discriminatorio". Hoffmann fue absuelto y Rothaug condenado a la horca.

Pero en 1973, el Gobierno de Bonn, en su incesante búsqueda de "criminales nazis", decidió abrir de nuevo el caso Kanzerberger – lo que constituye una monstruosidad jurídica – y acusó a Hoffmann de prevaricación en aquél caso. Pero entonces Hoffmann negó vigorosamente todo lo que había "confesado" a los jueces americanos en 1946. Hoffmann afirmó que el Tribunal americano le obligó a presentarse como testigo de cargo levantando falso testimonio contra su colega Rothaug pues, de no hacerlo así, él mismo seria condenado a muerte.[216]

A causa de la aplicación del Plan Morgenthau a los testigos alemanes, su

---

[216] "*Deutsche National Zeitung*", 23–11–1973.

testimonio debe ser altamente sospechoso y no debe ser aceptado sin numerosas corroboraciones. Las declaraciones de Höttl y Höss, así como las atribuidas a Eichmann sobre la cuestión de los judíos exterminados en el III Reich no han tenido corroboración alguna. Por lo que se refire al testimonio de los supervivientes judíos, ellos mismos han incurrido, – como hemos demostrado en numerosos casos en esta obra – en tantas y tan flagrantes contradicciones que tal testimonio está preñado de falsedades y perjurios, con unas pocas – y heroicas – excepciones. Volviendo al caso Kalzenberger, por lo menos habrá servido para demostrar que no todos los judíos fueron internados en campos de concentración dentro del ámbito del III Reich. Un factor más que reduce la cifra de víctimas posibles de judíos en manos de los nazis. Que no todos los judíos fueron internados en Alemania era poco conocido; que apenas lo fueron en Eslovaquia y Rumania, en cambio, ya es más sabido. Factores suplementarios, todos ellos, en la reducción de la cifra de víctimas posibles judías a consecuencia de la fantomática política nazi de "exterminio".

UN RAPPORT DE LA CRUZ ROJA

Existe un estudio de la cuestión judía en Europa en el transcurso de la II Guerra Mundial y de las condiciones de vida en los campos de concentración alemanes, que es casi única en su género por su honradez y su objetividad. Se trata del Rapport, en tres volúmenes, del "Comité Internacional de la Cruz Roja Internacional" sobre sus actividades durante la guerra. Ese Rapport fue publicado en Ginebra en 1948. Este informe exhaustivo, procedente de una fuente neutral completamente, incluye y amplía revelaciones contenidas en dos obras precedentes, también de la Cruz Roja, tituladas: "Documentos sobre las actividades del Comité Internacional de la Cruz Roja a favor de los civiles detenidos en los campos de concentración en Alemania, 1939-1945", e "Inter Arma Caritas: la Obra del Comité Internacional de la Cruz Roja durante la Segunda Guerra Mundial", editadas en Ginebra, respectivamente en 1946 y 1947. El grupo de autores, dirigido por un francés, Frédéric Siordet, hace constar, al principio del Rapport, que se ha redactado inspirándose en principios de una estricta neutralidad política, siguiendo la tradición de la Cruz Roja, y es ahí donde se halla su gran valor. En Comité Internacional de la Cruz Roja consiguió hacer aplicar las convenciones militares de Ginebra, de 1929, para poder visitar a los detenidos civiles de los campos de concentración alemanes tanto de Europa Central y Occidental, como de Europa Oriental: en otras palabras, el C.I.C.R. pudo visitar tanto los campos en que luego se reconoció que nunca hubieron "cámaras de gas" (Dachau, Belsen, Dora, Oranienburg, Buchenwald, etc.) como los que se afirmó que las hubo, especialmente Auschwitz. Huelga decir que el C.I.C.R. visitó regularmente los campos de concentración que, en un principio se reservaban a prisioneros de guerra, y ello tanto en Alemania y las zonas de nuestro continente ocupadas por Alemania y sus aliados, como en la Gran Bretaña. En cambio, no le fue posible actuar de igual modo en la Unión Soviética, toda vez que ese país nunca ratificó los acuerdos de la Convención de Ginebra. Los millones de prisioneros civiles y. militares de la Unión Soviética, cuyas condiciones de vida eran, cual es público y notorio, las más penosas de todos, sin comparación alguna, estaban completamente desconectados del mundo exterior, no podían solicitar el amparo, ni siquiera teórico, de ningún control internacional y vivían en condiciones infrahumanas.

El Rapport es importantísimo porque, para empezar, aclara las circunstancias legitimas de la detención de judíos en los campos de concentración, como ciudadanos de un país enemigo. Al describir las dos categorías de civiles internados, el Rapport califica al segundo tipo como "civiles deportados por razones administrativas". La expresión alemana es más exacta que la del texto francés del Rapport. Los alemanes lo llamaban Schutzhaftlinge, es decir, detención preventiva, refiriéndose a individuos que habían sido internados por motivos politicos o raciales, porque su presencia era considerada como un peligro en potencia para el Estado o para la tropa de ocupación.

El Rapport reconoce que los alemanes fueron, al principio, algo reticentes en permitir a la Cruz Roja entrevistarse con personas internadas por razones de seguridad del Estado (es decir, en un 98 %, judíos), pero afirma que a partir de Julio de 1942, el C.I.C.R. obtuvo concesiones muy importantes de los alemanes. Se permitió al C.I.C.R. que distribuyera víveres en los grandes campos de concentración a partir del siguiente mes, es decir, de Agosto de 1942. Esta concesión fue extendida a todos los campos a partir de Febrero de 1943.[217] El C.I.C.R. estableció rápidamente contacto con los comandantes de los respectivos campos de concentración y puso en marcha un programa de envíos de víveres que funcionó regularmente hasta los últimos meses de

---

[217] Rapport del C.I.C.R. – Volumen III, p.78.

la guerra, en 1945, y de ello dan fé las numerosas cartas de agradecimiento escritas por miles de judíos detenidos en esos campos.

El Rapport del C.I.C.R. menciona que "se enviaban 9.000 paquetes dianos. A partir del Otoño de 1943, y hasta Mayo de 1945, se mandaron aproximadamente 1.112.000 paquetes de vituallas, con un peso total de 4.500 toneladas.[218] Además de los paquetes de víveres, se mandaron paquetes conteniendo productos farmacéuticos y vestidos. "Se mandaron expediciones a Dachau, Buchenwald, Sangerhausen, Sachsenhausen, Oranienburg, Flossenburg, Landsbergam, Lech, Floha, Ravensbrück, Hamburg-Neuengamme, Mauthausen, Theresienstadt, Auschwitz, Bergen-Belsen y a otros campos situados en el centro y sur de Alemania y en las cercanías de Viena. Estos paquetes estaban destinados sobre toda a judíos belgas, holandeses, franceses, italianos, griegos, polacos, noruegos y apátridas".[219] Estas mercancías habían sido recogidas o compradas por diversas organizaciones judías de beneficiencia en todo el mundo, y muy especialmente por el "American Joint Distribution Committee", de Nueva York.[220] Hasta la entrada en guerra de los Estados Unidos, este Comité fue autorizado por el Gobierno Alemán a instalar sus oficinas en Berlin. A parte del citado "American Joint Distribution Committee", fue la propia Cruz Roja quien compraba ingentes cantidades de víveres, sobre todo en Rumania, Hungría y Eslovaquia, estados, como se sabe aliados del Reich. El C.I.C.R. se queja, en su Rapport, de que su acción de gran envergadura de ayuda a los internados judíos fuera dificultada, no por los alemanes, sino por el estrechisimo bloqueo de Europa llevado a cabo por los Aliados occidentales.

Los delegados del C.I.C.R. pudieron visitar todos los campos de

---

[218] *Id.*, Volumen III, p. 80.
[219] *Id.*, Vol III, pág. 83.
[220] *Id.*, Vol 1, pág. 644.

concentración alemanes. Es de destacar el elogio que se hace del campo de Theresienstadt (Terezin) en el que se hallaban exclusivamente judíos. "Este campo, en el que vivían unos 40.000 judíos deportados de diversos paises, era un ghetto relativamente privilegiado".[221] Según informes recogidos por el C.I.C.R. este campo había sido creado a título experimental por ciertos dirigentes del Reich que querían dar a los judíos la posibilidad de vivir en común en una ciudad administrada por ellos mismos y dotada de una autonomía interna casi completa... Los delegados pudieron visitar ese campo el 6 de Abril de 1945, semanas antes del fin de la guerra y doce días antes de su ocupación por los Aliados, y confirmaron la impresión favorable obtenida en su primera visita". El C.I.C.R. elogia, muy especialmente, la actitud humantaria del régimen de la Rumania fascista de Antonescu, que permitió y dió toda clase de facilidades al Comité para que socorriera a los 183.000 hebreos rumanos. Esta ayuda duró hasta la ocupación del país por las tropas soviéticas, lo que significó el fin de la misma, pues "el C.I.C.R no consiguió jamás mandar ni un sólo paquete de víveres, ni de correspondencia, a la Unión Soviética ni a los paises controlados militarmente o políticamente por ella.[222] Es típico el caso de Auschwitz. El C.I.C.R. recibió una correspondencia voluminosa procedente de ese campo hasta la llegada de los soviéticos; entonces la correspondencia cesó de llegar. Una parte de los detenidos fue evacuada hacia el Oeste, a la zona ocupada por americanos e ingleses, instalándose en Oranienburg y Buchen wald, y el C.I.C.R. pudo continuar haciéndoles llegar víveres y medicamentos no así a los que quedaron en Auschwitz, con los que se perdió todo contacto.

Es curioso, por otra parte, que si los detenidos podían mandar, a través del C.I.C.R., una voluminosa correspondencia, y más concretamente desde el famoso "campo de la muerte" de Auschwitz, no se filtrara, en la misma, ningún

---

[221] *Id.*, Vol 1 pag, 642.
[222] *Id.*, Vol 1, pag, 62.

indicio acerca de los supuestos asesinatos masivos alli cometidos. Evidentemente en Auschwitz, como en todas partes, existía una rígida censura de correspondencia con sus propios co-nacionales, y a mayor razón con los internados políticos o por razones administrativas. Pero choca con el sentido común más elemental que ni una sóla de las misivas escritas desde Auschwitz consiguiera, por medios indirectos, comunicar a los Aliados la supuesta realidad de las masacres y de las cámaras de gas. Y raya en la imposibilidad pura y simple que los delegados de la Cruz Roja que se pasearon por los campos de concentración alemanes durante el curso de la guerra, no se apercibieron de nada. Podrá argüirse que si se apercibieron pero guardaron silencio para no agravar aún más la suerte de los internados. Pero este argumento no es válido, por cuanto el Rapport del Comité Internacional de la Cruz Roja fue publicado en Ginebra, tres años después del fin de la guerra. Es más, teniendo en cuenta el clima político imperante en aquellas fechas, hubiera sido más popular para el C.I.C.R. afIrmar que había comprobado la existencia de cámaras de gas que guardar silencio sobre el tema. Y cuando fueron requeridos, los delegados del C.I.C.R., a que se pronunciaran al respecto, manifestaron que les era imposible no oponerse a la irresponsable campaña con la que se pretendía acusar de genocidio al régimen nazi.

Uno de los aspectos más importantes del Rapport a que nos estamos refiriendo es que viene mucha luz sobre los motivos del aumento de los decesos en los campos de concentración hacia el final de la guerra. Por ejemplo, se afirma que "... en las condiciones caóticas en que se debatia Alemania hacia el final de la guerra, los tremendos bombardeos aéreos arruinaron no sólo la economía sino los transportes en el ámbito del III Reich. Los víveres no llegaron a los campos de concentración y hubo cada vez mas detenidos que perecían de inanición".[223] Alarmado por tal situación, el Gobierno Alemán informó de ello a la Cruz Roja, en Febrero de 1945. A

---

[223] *Id.*, Vol. III, pag. 83.

principios de Marzo de 1945, Kaltenbrunner se entrevistó con el Presidente del C.I.C.R. De resultas de tal entrevista, la Cruz Roja se encargó, a través de sus propios delegados, de tal distribución de los paquetes de víveres en los campos y un delegado del C.I.C.R. fue autorizado a permanecer en cada campo. Dicho delegado tenía plena libertad tic movimientos.[224] Es decir, que en los dos últimos meses de la conflagración, cuando, según los apóstoles de la literatura concentracionaria, los alemanes llevaban a cabo, con toda su intensidad, su política de ge. nocidio, había un delegado de la Cruz Roja en cada campo. Y ninguno de tales delegados se dió cuenta de nada. Ninguno vió una cámara de gas. Ninguno vio un crematorio que no se utilizara para incinerar cadáveres de apestados o de tíficos. Ninguno tuvo la curiosidad para escuchar los rumores sobre el gaseamientos o cremaciones colectivas de seres vivos. Todos estaban distraídos ¿Tódos? ¿Es esto admisible?

Pero aún hay más. El C.I.C.R. protestó, el 15 de Márzo de 1944 contra "la bárbara guerra aérea de los Aliados".[225] Esta protesta se hizo oficialmente en el interés de los prisioneros de guerra y de los internados administrativos (es decir, en su gran mayoría judíos). El 2 de Octubre de 1944 el C.I.C.R. formuló una nueva protestas al "Foreign Office", advirtiendo del inminente hundimiento del sistema de comunicación alemán y afirmando que traería como consecuencia inevitable el hambre para todos los que se encontraban entonces en Alemania, prisioneros incluidos.[226]

En lo que concierne a la tasa de mortalidad en los campos, el Rapport precisa que se utilizaron los servicios de la mayor parte de los médicos judíos internados para luchar contra el tifus en el frente del Este, pero muchos médicos israelitas, estuvieron en los campos luchando contra las epidemias

---

[224] *Id.*, Vol. III, pag. 83-84.
[225] Inter Arma Caritas, pág. 88.
[226] Inter Arma Caritas, pág. 79.

de tifus cuando éstas llegaron a su punto álgido en 1945.[227]

Por lo que se refiere a la alegación de que los alemanes habían camuflado las cámaras de gas en salas de duchas, el Rapport del comité lo desmiente tácitamente al declarar:

"Los delegados del Comité Internacional de la Cruz Roja visitaron no solamente los lavabos, sino las instalaciones de baños, las duchas y los talleres de lavado de ropas. Debieron intervenir a menudo para hacer reparar algunas instalaciones o para lograr mejoras".[228]

Esto nos parece definitivo. Los delegados del C.I.C.R. visitaron los célebres baños- ducha, y si debieron intervenir para repararlos o lograr mejoras, es porque los vieron en acción. Admitamos que a algún o algunos delegados lograran engañarles los alemanes, haciendoles "ver" que las "cámaras de gas" eran baños-ducha. Concedido. Pero, ¿a todos los delegados a la vez, y en todos los campos? Precisamente el examen de este voluminoso Rapport en tres volumenes, con un total de 1.630 páginas de documentos oficiales demuestra que los delegados del C.I.C.R. no encontraron ningúna prueba, en los campos de concentración de Alemania y de los países ocupados o bajo su área de in. fluencia, de una política oficial, extra-oficial y deliberada de exterminio de los judíos. En ninguna de las 1.630 páginas se habla de cámaras de gas, ni de otros crematorios que los convencionales, destinados a incinerar cadáveres. El Rapport reconoce que los judíos, como muchos otros pueblos en el curso de la guerra, sufrieron privaciones y que la vióa en los campos de concentración, sobre todo en los últimos meses, fue penosa, pero el silencio total sobre una política deliberada de exterminio, refuta, por si sólo, la fábula de los Seis Millones.

---

[227] "Rapport del C.I.C.R". Vol. I. Pág. 204.
[228] *Id.*, Vol. III. p. 594.

El Volumen III del Rapport trata extensamente de la ayuda "prestada a los judíos de la población libre".[229] Se demuestra sin resquicio alguno a la duda razonable que no todos los judíos fueron internados en campos de concentración, sino que muchos miles de ellos, en ciertas zonas, permanecieron mezcladas con la población civil, aún cuando estuvieron sometidos a determinadas restricciones.

En Eslovaquia, por ejemplo, estuvieron casi todos libres, en un regimen parecido al de la "libertad vigilada". En ese país actuaba el adjunto de Eichmann, Dieter Wisliceny,[230] y los judíos que fueron enviados a campos de concentración sólo fueron los participantes en acciones de sabotaje y los afiliados a los partidos marxistas. Esta situación se prolongó hasta Agosto de 1944, en que se produjo un conato de sublevación contra el regimen del Padre Tisso, aliado de Alemania; en esa sublevación los judíos eslovacos tomaron parte casi en masa y entonces, salvo raras excepciones, los judíos fueron internados en campos de concentración.[231] Entre los tres millones o tres millones doscentos mil judíos que, según demostrado en el epígrafe "**Los derechos de la aritmetica**" se hallaban en Europa, en el curso de la guerra, en territorio controlado por Alemania, hubo no sólo muchos que no fueron internados y otros muchos que tomaron parte en los movimientos de partisanos, sino que además una parte de ellos pudo emigrar en el curso de la contienda, generalmente yía Hungría, Rumania y Bulgaria, hacia Turquía Europea. Esta emigración a partir de los territorios ocupados por los alemanes

---

[229] Rapport del C.I.C.R. Vol I, cap. 3-1.

[230] Capturado por los comunistas checos fue "interrogado" en la prisión de Bratislava, donde, en Noviembre de 1946 firmó unas "confesiones" al estilo soviético, incriminándose a si mismo y a numerosos jerarcas nazis. Estas confesiones están, insólitamente, escritas en inglés y hablan de que la ocupación de Polonia incrementó en tres millones la cifra de judíos bajo control nazi – tesis comunista tiempo ha refutada – lo que da un indicio clarísimo de la identidad de los autores de su "confesión" (N.del A.)

[231] Rapport del C.I.C.R., Vol. I, pág. 646.

fue facilitada igualmente por el Reich. Es curioso el cáso de los judíos polacos que llegaron a Francia antes de la ocupación de este país. "Los judíos de Polonia que, hallándose en Francia, habían obtenido varias visados de entrada en los Estados Unidos, fueron considerados ciudadanos americanos por las autoridades alemanas de ocupación, que aceptaron ulteriormente reconocer la validez de unos tres mil pasaportes entregados a judíos por determinados consulados de países de América Latina"[232]: Como futuros ciudadanos americanos, estos judíos fueron internados en el campo de Vittel reservado a ciudadanos americanos cuya presencia se consideraba "non grata" en la Francia Ocupada. Muchos de estos ciudadanos americanos eran, también, de origen racial judío.

La emigración de los judíos europeos a partir de Hungría, en especial, continuó en el curso de la guerra, sintrabas por parte de las autoridades alemanas. "Hasta Marzo de 1944, los judíos que tenían el privilegio de haber obtenido visados ingleses para ir a Palestina fueron autorizados a abandonar Hungría, en dirección a Estambul".[233]

Incluso después de la caída del régimen de Horthy y su substitución por el de Szallasi la emigración de los judíos continuó. El C.I.C.R. recibió un mensaje personal del Presidente Roosevelt en el que se especificaba:

"El Gobierno de los Estados Unidos reitera expresamente que hará todo lo necesario para ocuparse de todos los judíos que están siendo autorizados a partir enlas actuales circunstancias".[234]

Un hecho que ilustra claramente la profundidad del lavado de cerebro colectivo a que se ha llegado en nuestra triste época es que un documento

---

[232] *Id.*, p. 645.
[233] *Id.*, p. 648.
[234] *Id.*, p. 649.

de especialistas, como el Rapport de la Cruz Roja, sea prácticamente ignorado por el gran público, mientras la lacrimógena impostura del Mito de Anna Frank haya alcanzado alguna notoriedad mundial y hasta haya sido impuesto como libro de texto obligatorio en varios "lander" de la muy democrática República Federal Alemana.

El judío americano William L. Shirer, que pasa por un historiador serio, asegura que en el Verano de 1944, unos 300.000 judíos húngaros fueron exterminados, en un lapso de 46 días.[235] Esto hubiera constituido aproximadamente el 80 por ciento de la población judía de Hungría, cuyo total era 380.000 pts. Pero de acuerdo con la Oficina Central de Estadística de Budapest, en 1945, es decir, bajo control comunista, habían, entonces, en Hungría, 260.000 judíos. Esta cifra se aproxima mucho a la de 240.000 que, según la entidad judía Joint Distribution Committee, de Nueva York, era el número de judíos que se encontraban en Hungría al final de la guerra. Si tomamos como cierta la cifra de la Oficina Central de Estadística, sólo quedaban unos 120.000 judíos clasificados como "no residentes" en el país. De estos 120.000, una cifra no inferior a 35.000 eran emigrantes que al instalarse el régimen comunista prefirieron pasar a Austria, y otros 25.000 continuaban, de momento, retenidos en Rusia, como integrantes de batallones de trabajo al servicio de los alemanes. Estos 25.000 judíos tardarían todavía unos seis meses en volver a Hungría. De las anteriores cifras se deduce que faltaban, en la cuenta, unos 60.000 judíos, si tomamos como ciertos los datos de la Oficina Central de Estadística, y 80.000 si hacemos casp de los datos de la "Joint". Pero Reitlinger cita al demógrafo judío M.E. Namenyi que afirma que unos 60.000 judíos regresaron de su deportación en Alemania.[236] Reitlinger encuentra esa cifra algo excesiva. Tal vez lo sea, pero si tenemos en cuenta que, según el citado Rapport del Comité Internacional de la Cruz

---

[235] William L. Shirer: *"The Rise and Fall of the Third Reich"*.

[236] Gerald Reitlinger: *"The Final Solution"*, pág. 497.

Roja hubo una emigración substancial de judíos húngaros en el curso de la contienda, el número de bajas de la Judería Húngara debe haber sido muy bajo. En efecto, si Namenyi tiene razón, y si partimos de la base que las cifras correctas son las de la Oficina Central de Estadística, las tajas de la Judería Húngara fueron prácticamente inexistentes. Si quien tiené tazón es el "Joint", las bajas fueron 20.000. Personalmente nos inclinamos por esa segunda alternativa, que supondría una mortalidad del 5 por ciento aproximadamente. Ese 5 por ciento, naturalmente, se refiere a judíos muertos por todos los conceptos, incluyendo acciones armadas y sabotaje. Debe tenerse bien presente, por ejemplo, que los judíos abundaban en el titulado "Ejercito de Liberación" que, bajo auspicio soviético, invadió Hungría a finales de 1944. La cifraparece relativamente moderada, dadas las circunstancias, y, por supuesto, no guarda relación alguna con las cifras dadas por publicistas e historiadores judíos mantenedores del Mito, como Hilberg, Poliakov, Davidowicz, Kogon et alía. Es curioso que la Judería Húngara esté en vanguardia de las quejas contra Alemania y los gobiernos húngaros que con ella se aliaron, por la sencilla razón de que, cuantitativamente, es de las que menos sufrió, si tenemos en cuenta que, según los datos más arriba estudiados, sus pérdidas se cifraron entre un 0 y un 5%, mientras que el total de las bajas de la Judería Europea debe ser considerado, como ya hemos estudiado anteriormente, entre 5 y el 9%, como máximo.

Este énfasis sobre los sufrimientos y las pérdidas de la Judería Húngara parece arrancar desde el perjuro affidavit de Höss y ha persistido hasta hoy. En el caso de Hungría, en efecto, los nazis parecen haber batido sus propios récords de maligna y gratuita crueldad y su desprecio por los valores humanos, si hacemos caso de los cargos de la literatura concentracionaria. Un ejemplo revelador lo constituye la llamada "Transacción Brand", de la que vamos a ocuparnos brevemente.

Se afirma que el 5 de Mayo de 1944, Eichmann propuso, a través del intermediario Joel Brand, el intercambio de 400.000 judíos, que se encontraban en Hungría y Eslovaquia, por 10.000 camiones. La propuesta se hizo, a través de Brand, de la Oficina de Inmigración Israelita a Palestina, al Gobierno Británico. Los alemanes se comprometían a utilizar dichos camiones exclusivamente en el Frente del Este. Insistimo: se afirma. No ha podido verificarse. Lo único cierto es que la transacción no se llevó a efecto. Según se ha asegurado oficialmente, los ingleses creyeron que Brand – aunque judío – era agente nazi, y lo arrestaron en Gaza.

A nuestro juicio, son necesarios unos comentarios a este caso. La política alemana, desde 1933 hasta el comienzo de la guerra, consistió en promover la emigración judía por todos los medios a su alcance. Ya hemos hablado del "Plan Madagascar" y, posteriormente, una vez desatado el conflicto bélico, del plan Himmler – Rosenberg, consistente en instalar a los judíos europeos, lo más al Este que las conquistas militares permitieran. No obstante, conforme la inicial contienda germano-polaca, con la intervención anglofrancesa, se fue extendiendo, tanto en el espacio como en el tiempo, las circunstancias obligaron a un cambio de política, y la emigración de los judíos ubicados en zonas de influencia alemana fue haciéndose cada vez más problemática. La razón principal para ello era que, naturalmente tales judíos representaban un potencial que podía ser utilizado contra ellos. Añade el norteamericano Butz alguna otra razón, tal como el deseo alemán de crear problemas en las relaciones anglo-árabes, tomándose, en la Wilhelmstrasse, el punto de vista árabe, opuesto al inglés, en lo referente a la emigración de judíos hacia Palestina. De manera que la política alemana en relación a este problema fue evolucionando en el transcurso de la guerra, hasta adoptarse la política del "intercambio". Se propuso, por ejemplo, el intercambio de prisioneros alemanes por civiles judíos, a lo que se opusieron los anglo–americanos. Igualmente se pro. puso el intercambio de civiles judíos por civiles alemanes internados en los paises aliados, oferta igualmente rechazada.[237]

La única variante que ofrecía la transacción Brand consistía en un cambio en el quid pro quo. En vez de judíos por alemanes se proponían judíos por camiones. Exactamente, un camión por cucarenta judíos. Condiciones adicionales eran que los judíos no serían enviados a Palestina y que los camiones sólo se utilizarían en el frente soviético. Quede bien claro que la vida de los judíos húngaros y eslovacos no se ponía en juego. Para los alemanes la transacción – caso de ser auténtica y no uno de tantos inventos de la propaganda bélica y post-bélica – representaba diez mil camiones y una reducción de los efectivos de vigilancia a cuatrocientos mil internados, es decir, unos ocho mil soldados, más sus servicios de intendencia, en otras palabras, una división. Para lós Aliados, representaba poner fin al cautiverio de cuatrocientos mil judíos, a cambio de un aumento del potencia alemán en el Frente del Este. No cabe duda de que desde el tradicional punto de vista inglés representaba una buena proposición: "a good deal". De la transacción Brand si que cabe decir aquello de "Si non é vero, é ben trovato". Si los Aliados estaban tan convencidos de que los judíos bajo control alemán estaban destinados al matadero, es inconcebible que, ya que ellos se decían portaestandartes de la Civilización y el Derecho, no movieran un dedo para salvarles, máxime partiendo la iniciativa – si la transacción Brand no es un invento propagandístico que se volvió luego contra sus inventores – del campo alemán. Al fin y al cabo. si la Wehrmarcht recuperaba una división y se equipaba con diez mil camiones, los Aliados, sobre una masa de 400.000 judíos podían esperar, razonablemente, tras un tiempo prudencial de recuperación y adiestramiento, reclutar no menos de tres divisiones más un importante número de personas a ser empleadas en los servicios auxiliares.

De la transacción Brand, caso de ser verdadera y no un invento

---

[237] Arthur R. Butz: "*The Hoax of the Twentieth Century*".

propagandístico más, podemos sacar las siguientes deducciones:

a) Tanto los alemanes como los ingleses estaban convencidos de que una división alemana, valía más de tres divisiones judías acompañadas de una masa no inferior a cien mil personas de servicios auxiliares.

b) Para los ingleses – y también para los alemanes – valía más un camión que cuarenta judíos.

c) O los ingleses estaban convencidos de que sus afirmaciones de que los judíos continentales estaban destinados a ser gaseados eran ciertas. O bien estaban convencidos de que no eran más que burda propaganda. En el primero de los casos resulta inconcebible – además de inhumano – que la poderosa Albión, con un riquísimo y más influyente "lobby" israelita, no pudiera financiar una operación para ella militarmente rentable.[238] En el segundo de los casos, está claro que lo que interesaba a Inglaterra – y a su prepotente "lobby" israelita – era crearle dificultades a los alemanes con la custodia y la alimentación de una masa de internados, que, si bien podía ser utilizada como "manpower", los hechos demostraban a diario que era proclive a los sabotajes.

En todo caso, la transacción Brand ha sido presentada al mundo como un ejemplo más del salvajismo nazi. Sólo a los nazis podía, según parece, ocurrírseles proponer el cambio de seres humanos por camiones. Y, no obstante...

Cuando al régimen marxista de Castro se le ocurrió proponer el cambio de presos políticos anticomunistas por camiones norteamericanos, no recordamos haber leído un lacrimógeno editorial de los grandes rotativos mundiales, que literalmente, inventan la llamada Opinión pública, desde el "New York Times" hasta "Le Monde", pasando por el "Times" londinense. Es

---

[238] Si suponemos – en valores comparativos de tiempo de guerra – que un camión valía dos millones de pesetas, cada judío salía a unas 50.000 ptas. ¡Una ganga! (N.del A.)

más, la propuesta se presentó, insólitamente, como una apertura, como la voluntad del régimen marxista de entablar relaciones con el bloque "Capitalista". El hipotético y no confirmado canje de hombres por camiones propuestos por los alemanes era una inmoralidad, en 1944. El mismo canje, propuesto veinte años después por Fidel Castro – canje, esta vez real y oficial – era algo positivo, para emplear la terminología de nuestro inefables "progresistas". Pero aún queremos llamar la atención sobre otro tipo de canje, practicado en nuestra década de los setenta: el canje de hombres por dinero; concretamente por marcos alemanes. La titulada República Democrática Alemana (es decir, el satélite comunista alemán) vendía literalmente, a Alemania Occidental a presos políticos. El gobierno de Bonn no ténía derecho a escoger la "mercancía"; debía, buenamente, aceptar los ex-detenidos políticos que le mandaba su colega de Pankow. El lucrativo negocio debió ser abandonado por que las autoridades de Pankow no mandaban a Alemania Occidental más que anarquistas, trotzkystas y delincuentes comunes, cuando no agentes saboteadores y espías.

Dará idea de la moralidad de los germanófobos profesionales que tanto criticaban el (supuesto) cambio hombres-camiones propuesto por el Teniente Coronel Eichmann el constatar que cuando el Gobierno de Bonn dejó de comprar delincuentes y espías a Pankow, los desgraciados mini-estadistas de Bonn fueron tratados, por aquellos, neo-nazis.

Para terminar con este extraño caso, una pequeña observación: Para ocuparse nada menos que de una operación en la que estaban involucrados diez mil camiones y cuatrocientas mil personas, con todos los problemas que tal canje llevaba aparejados, los nazis no consideraron oportuno acreditar ni si–quiera a un Coronel. Bastó con un Teniente Coronel. El Teniente Coronel Eichmann, un obscuro y desconocido subordinado. Sorprendente. ¿No?

EL DOCUMENTO GERSTEIN, SUMMUN DE LA IMPOSTURA

La única "prueba" de que en los campos del Este – en Polonia – , es decir, a parte de Auschwitz, Treblinka, Maidanek, Chelmno, Belzec y Sobibor, existieron "cámaras de gas" la constituyen las notas autografiadas de Kurt Gerstein, Jefe del Servicio de Desinfección de la Oficina de Higiene de las SS. Hay dos versiones de lo que sucedió con este hombre. Una de ellas pretende que, capturado por los americanos en la Selva Negra, cerca de la ciudad de Rottweil, fue sometido a interrogatorio, tras el cual redactó sus célebres notas, por cierto en inglés. La otra versión pretende que se entregó a los franceses, y que en la prisión militar de Cherche-Midi, en París, redactó sus confesiones, en alemán. Sea como fuere, hay tres series de documentos Gerstein, una en inglés con modismos americanos, y otras dos en alemán. Luego, Gerstein pareció desvanecerse. Desapareció. Se dijo que los polacos le habían ahorcado.

Los documentos Gerstein pretenden que cuarenta millones de personas fueron gaseadas en el curso de la guerra; pero enseguida en sus propias notas se corrige la cifra, dejándola en veinticinco millones. Nuevas reducciones en su tercera nota, escrita en alemán, esta vez, dejando la cifra definitiva en veinte millones y pico (sin precisar la cuantía del "pico"). La autenticidad de estas notas pareció sumamente dudosa al Tribunal Internacional de Nuremberg – a pesar de la reconocida manga ancha de tal Tribunal en la aceptación de pruebas – que las rechaió.

Las notas de Gerstein iban acompañadas de unas facturas relativas a la compra de insecticida Zyklon B por. la administración de los campos a la firma

DEGESCH. Este insecticida estaba destinado, según el inaprehensible Gerstein a asfixiar a los judíos de los campos de concentración.

A pesar de que el documento Gerstein fue rechazado, es decir, considerado apócrifo, hasta el inefable Tribunal de Nuremberg, continúa circulando en sus tres versiones, una inglesa y dos alemanas. Esas versiones difieren considerablemente entre si. La versión alemana, que sirvió de prueba en el Proceso de Jerusalén contra Eichmann.

Lo más inaudito de estos documentos es que, pese a todo, hayan sido tomados en serio, no ya por el Tribunal de Jerusalén, que no se preocupó poco ni mucho de disimular su carácter de linchamiento legal, sino por las autoridades educativas de la República Federal Alemana, que los ha distribuido como texto de lectura en las escuelas.

En verdad; el estado de Alemania Occidental, habrá llegado, en su complaciente masoquismo, a limites inalcanzables, jamás, por cualquier colectividad humana. Una cosa son las exageraciones chauvinistas a la francesa, el "national pride" inglés y los hipernacionalismos que justifican cualquier exacción en nombre del patriotismo. Y otra cosa, muy distinta es la abyecta complacencia en las propias culpas, reales o inventadas, esa sodomía espiritual, ese inmundo retorzar en la propia degradación. Creemos que ha llegado el momento de detenernos, aunque sea brevemente, a estudiar el extraño fenómeno del comportamiento oficial de la República Federal alemana con respecto al Fraude de los Seis Millones. Es imprescindible que lo hagamos para proyectar un rayo de luz sobre una oscura parcela de la moderna historia europea **Dos alemanias igual a cero alemanias.**

Reza un conocido adagio jurídico que "a confesión de parte, exclusión de prueba". En otras palabras, quien reconoce su propia culpabilidad, se condena sin necesidad de que se aporten pruebas. La prueba suprema la constituye la propia confesión. Requisito indispensable para la validez de esa confesión es que sea libre y espontanea, sin coacciones físicas ni morales.

Los cultivadores y beneficiarios del Gran Fraude aducen, a veces, como prueba de sus aseveraciones, el hecho de que los gobiernos de Alemania Oriental (el comunista) y aún más el de Alemania Occidental (el "capitalista") han admitido y admiten, miles de veces, la realidad del Fraude de los Seis Millones. Pero esto no es una confesión de parte, por no ser libre ni espontánea, como vamos a demostrar. Una confesión de parte, libre y espontanea, es la de cualquiera de los testimonios que hemos aportado, hasta ahora, en esta obra, judíos o simpatizantes, que, en un punto o en la totalidad, se han apartado de la línea oficial del Fraude. Estas personas no han sido sometidas a coacción y, en muchos casos, han debido pagar su fidelidad a la Verdad a alto precio, con procesos, como Rassinier, o con la cárcel, como Christophersen...– y la ha habido y continúa habiéndola – ha sido en el sentido de la supervivencia del Fraude, por razones que ya hemos entreabierto y de las que nos ocuparemos con detenimiento más adelante. En cambio, testimonios que constituyen un verdadero ultraje al sentido común, a la Aritmética, y a la simple decencia, o fraudes definidos como tales por los propios tribunales, han adquirido la categoría de dogmas de la Moderna Democracia y hasta han sido impuestos, en nombre de esa misma Democracia, como textos oficiales de lectura en las escuelas alemanas.

La auto-acusación permanente que, desde hace más de 30 años, se lanzan sobre sí mismos los sucesivos gobiernos de Bonn se parece demasiado a un reflejo pavloviano, para que podamos creer en su autenticidad. Refeljo pavloviano, hemos dicho, y también técnica del Dr. Levin, el inventor del lavado de cerebro en las purgas stalinianas de 1938. Esto en cuanto a la técnica, porque en cuanto al motivo, es bien claro. Desde 1945 hay dos Alemanias, con dos ejércitos de ocupación. A efectos políticos, es decir, a efectos reales, el hecho de que tales ejércitos ya no sean calificados de "ocupación", dentro del contexto de los acuerdos del Pacto de Varsovia o de la OTAN, no modifica en nada la situación. De hecho, todo ejército de "ocupacion" protege al territorio ocupado de ser protegido por otro ejército, de otra potencia, que quisiera ocuparlo para protegerlo contra la anterior. Los romanos expresaban esta situación con el aforismo "Protego, ergo obligo". Protejo, luego mando. Todo país en cuyo territorio se asienta un ejército extranjero con un poderío logístico superior al del ejército del país en cuestión, es un país sometido, colonizado, sin soberanía. Aún cuando disponía de embajadas, de aduaneros y de un simulacro de ejército cuyos objetivos son fijados por la potencia ocupante y cuyo destino no es otro que el de ser carne de cañón del protector.

Esto es así se sepa – que los que deciden, lo saben – o no se sepa. Se quiera, onó se quiera por el arcaico nacional-atomismo de papá.

En Política toda potencia dividida desaparece. Dos Alemanias equivalen, a todos los efectos prácticos, a cero Alemanias, terminologías juridicas aparte.

Debe irse con cuidado al interpretar el hecho de que un cierto número de alemanes – tal vez la mayoría, dada la magnitud de los medios propagandísticos utilizados – parecen creer en la certeza del Fraude de los Seis Millones. Muchos pueden adoptar esa actitud por miedo, para no crearse problemas políticos, e incluso personales o profesionales. Pero está claro que el pueblo alemán no está mejor situado que cualquier otro para juzgar del problema, exceptuando, claro está, los alemanes que, de cerca o de lejos, tuvieron algo que ver con el mismo. No debe soslayarse el caso, que estimamos harto común, de alemanes que hayan visto cómo eran deportados vecinos suyos, de raza judía, y al no verles regresar después de la guerra hayan deducido que sus vecinos perecieron en la deportación. Es posible que así haya sido, pero también es posible que hayan sido regularmente enviados fuera de Alemania y de Europa, tal vez a Palestina, o que hayan sobrevivido a los campos de concentración y se hallen en los Estados Unidos, o en otro lugar de Alemania. El caso de familias judías que "echen raíces" durante mucho tiempo en algún país – cuanto menos en alguna ciudad – es infrecuente. La clase de "alimento espiritual" que se ha servido al pueblo alemán desde 1945 hasta hoy no es, ciertamente, la más adecuada para formarse una idea justa y adecuada de lo que sucedió, en realidad, en los campos de concentración.

En cambio, el caso del gobierno de Bonn que, mediante interminables series de procesos contra "criminales de guerra", un tercio de siglo después de que los supuestos crímenes se produjeran, violando sus propias leyes sobre la prescripción; mediante la enseñanza de una historia contemporánea falseada, imponiendo como libros de texto fraudes como el cuento de Anna Frank e imbecilidades propias de subnormales como el Documento Gerstein, y mediante el terrorismo puro, amordazando a testigos de descargo o negándoles el visado de entrada, como le sucediera a Rassinier en ocasión del proceso contra los guardianes de Auschwitz, ya no puede atribuirse a incompleta o defectuosa información.

El caso del Gobierno de Bonn es diferente. El hecho es que la pretensión del Gobierno de Bonn a ser un verdadero "Gobierno" es una dulce superchería. Es un hecho, un **hecho**, con todo el peso que los hechos tienen en Política que la totalidad de la estructura política de la titulada República Federal Alemana fue establecida por el Gobierno de los Estados Unidos.

No se dejó un cabo suelto. Incluso el oscuro burgomaestre – por un período fugaz – de Colonia, Konrad Adenauer, nombrado digitalmente "factotum" del nuevo Gobierno, estaba emparentado, por alianza, a través de su esposa, la judía Zinsser, con el Alto Comisario Americano en Alemania, McCloy, a su vez alto funcionario de la mastodóntica firma bancaria judeo-americana, Kuhn, Loeb & Co. El control sobre la República Federal Alemana fue – y continúa siendo – completo; incluso el control sobre los periódicos, la televisión, la radio, la banca, las escuelas y la propia Constitución de la "Bundesrepublik". Como todo gobierno títere el establishment político "alemán" tiene el máximo interés en perpetuar y actualizar las mentiras de los vencedores, a quienes debe su relativo poder, y su conducta se adapta a ese interés. Todo esto es muy simple, muy comprensible, y está perfectamente ilustrado por la sorprendente carrera del que fue durante casi siete años Canciller de la República Federal y fue, y continúa siendo, a pesar del "fiasco" de su actuación pública, la máxima figura en la escena política de su (¿su?) país: Willi Brandt.

El verdadero nombre de Willi Brandt es Ernst Karl Herbert Frahm, y, según diversos autores[239] su madre era judía. Frahm es el apellido de su madre, mientras su padre es legalmente desconocido. Desde muy joven se afilió al Partido Social-Demócrata y, al estallar la guerra abandonó su patria, desertó y se refugió en Noruega. Renunció a su nacionalidad alemana y adoptó la nacionalidad noruega. Cuando los alemanes ocuparon Noruega huyó a la neutral Suecia desde donde, como enviado especial del "New York Times" empezó a enviar crónicas sobre los horrores de los campos de concentración alemanes. El propio "Times" neoyorkino reconoció que el autor de las tremebundas crónicas firmadas "W.B." era Herr Willi Brandt.[240] Aprovechó, además, el tiempo, el inquieto marxista, para escribir, en inglés, un libro titulado "Alemanes y Otras Clases de Criminales", cuyo título dispensa de comentario.

Al término de la guerra, considerando sin duda que el clima político de su patria de nacimiento estaba más acorde con sus conveniencias, Brandt

---

[239] Entre otros, el francés Bordiot, el rumano Romanescu, el húngaro Marschalsko y el inglés Creagh-Scott. (N. del A.)

[240] *"New York Times"*, 12-8-1972.

regresó a Alemania, recuperó su nacionalidad de origen y empezó a participar en la vida pública de la antigua capital del Reich, de la que llegó a ser Alcalde, durante varios años. Su agregado de prensa, Hans Hirschfeld, un judío alemán que había sido miembro de la Oficina de Desnazificación, se vió envuelto en un asunto de espionaje en favor de la Unión Soviética. Su "correo" en los Estados Unidos resultó ser el famoso R. A. Soblen, un correligionario suyo que fue condenado a prisión perpetua. Otro de los protegidos de Brandt fue Otto John, ex-Jefe de los Servicios de Seguridad de Alemania Occidental, que luego resultó ser un traidor y un agente soviético, cuya delación fue causa de la detención de tres centenares de agentes occidentales que trabajaban en Alemania del Este y en la URSS. Brandt llegó a Canciller de Alemania Occidental e incluso ganó el Premio Nobel de la Paz en premio a su "Ost-Politik", cuyos resultados fueron el reconocimiento de Alemania Oriental y de las fronteras con Polonia y Checoeslovaquia sin contrapartida alguna. Finalmente, estalló el escándalo Guillaume, secretario personal de Brandt, y también agente soviético de primerisimo rango. A pesar de que se sabia quién era Guillaume y para quién trabajaba, Brandt lo admitió en el circulo intimo de las personas de su confianza y lo mantuvo allí hasta que Guillaume fue detenido. Brandt debió dimitir el 5 de Mayo de 1974, sucediéndole otro socialista, Helmut Schmidt. Ciertamente una carrera política como la de Brandt a partir de 1945 sólo es posible en un país políticamente colonizado, en el cual la traición se ha convertido en un ingrediente normal de la vida pública, razón por la cual no puede sorprender a nadie qúe el "establishment" político de Bonn sea un defensor a ultranza del Fraude de los Seis Millones.

No encontramos criticable que un Gobierno castigue a sus nacionales que han cometido crímenes, y estamos incluso dispuestos a admitir que viole sus propias leyes de prescripción en su sed de justicia para castigar supuestos crímenes cometidos hace 35 años. Lo que nos parece objetable es que este Gobierno ponga trabas a la búsqueda de la verdad, deniegue visados de entrada a testimonios de descargo, como le sucedió a Rassinier, y en cambio les pague el viaje a testigos de cargo que luego resultaron ser analfabetos o perjuros, a tenor de sus deposiciones. Nos parece objetable que este Gobierno imponga como libros de texto la Historia de Anna Frank y los Documentos Gerstein, pese a haberse demostrado, por la Justicia de los propios vencedores, que son falsificaciones manifiestas. Y nos parece más que objetable que se persiga judicialmente a Christophersen y a Stäglich por haber osado escribir dos libros negando la fábula de los Seis Millones, y que mientras el primero está en la cárcel se incendia su granja sin que la Policía pueda encontrar a los autores del atentado; que se expulse de sus cátedras a profesores que osaron poner en duda alguno de los sacrosantos dogmas del "Holocausto" y que, en nombre de la Democracia, se juzgue, por sucesos acaecidos hace 35 o 40 años, .a ancianos ex-miembros de las SS, partiendo del principio de que son culpables y que les toca a ellos demostrar su inocencia.

Una tal actitud no la ha mantenido nunca ningún estado soberano. Sólo lo han hecho maharajás indios o reyezuelos hotentotes en el tiempo de la colonización inglesa, cuando desde Londres se ordenaba que se tomaran medidas contra súbditos molestos. Pretender, pues, que "Alemania ha reconocido la realidad del Holocausto" es una trivial estupidez. Por la sencilla razón de que Alemania, politicamente, no existe. Alemania Occidental, o, mas exactamente, su Gobierno, podrá reconocer lo que quiera – lo que le mande el Sionismo – , podrá pagar las reparaciones que quiera – de las que luego hablaremos – , y podrá erigirse en custodio de los derechos de los alemanes. El **hecho** es, repetimos, que tal llamada BundesRepublik no representa ni el 40 por ciento, en extensión de lo que fue el III Reich, descuartizado entre Polonia, Rusia, Checoeslovaquia, con dos zonas de ocupación – una americana y otra soviética – y con su capital partida en dos y en medio de territorio comunista. La BundesRepublik no representa más que los intereses de Norte–américa – o de quien manda en Norteamérica – de la misma manera que la República Democrática Alemana no representa más que los intereses de Moscu – o de quien mande en Moscú. Dos Alemanias, equivalen, en política, a cero Alemanias. Y las manifestaciones de sus profesionales de la política reconociendo esto o aquello en el nombre del pueblo alemán tienen el mismo valor que las que pudiera hacer el Virrey de la India en tiempos de la dominación inglesa.

AUSENCIA TOTAL DE PRUEBAS DOCUMENTALES

Así como la Propaganda se basa en la sistemática repetición de un tema o siogan hasta introducirlos, según frase de Le Bon, como una verdadera violación mental, en el cerebro de los individuos masificados, la Investigación Histórica no puede basarse más que en pruebas documentales. Paul Rassinier, detenido por la Gestapo por haber participado en acciones de la Resistencia Francesa e internado en Dora y en Buchenwald – donde contrajo el tifus – estudió todo lo que sobre los Campos de la Muerte se publicó, demostrando su total falsedad. En un mitin público y contradictorio celebrado en la Sala Pleyel, de Paris, demostró que mentía al orador, el judío y comunista David Rousset, quien afirmó que había estado en Buchenwald y había visto una cámara de gas en acción. Rassinier demostró luego, en su libro "La Mentira de Ulyses", que el relato de Rousset sobre Buchenwald, era una superchería.[241] Más adelante, la célebre declaración del Instituto de Historia Contemporanea de Munich, pondría fin al debate. Rassinier interpeló también al abate Renard que afirmaba lo mismo respecto a Buchenwald y Dachau. Es curioso porque este sacerdote ultra-izquierdista es el único personaje no judío que afirma haber visto "cámaras de gas". No obstante, ante el acoso se Rassinier, Renard debió reconocer que lo manifestado en su libro[242] se basaba en "lo que otras personas le habían, dicho..." Cuando Rassinier le pidió la identidad de tales personas, el buen abate manifestó no acordarse. También interpeló Rassinier a la hebrea francesa Denise Dufournier, miembro del Partido Comunista, que había estado en el campo de concentración de Ravensbrück, escapando, según ella,

---

[241] David Rousset: *"The Other Kingdom"*.

[242] Jean-Paul Renard, *"Chaînes et Lumières"*.

milagrosamente, a la muerte. Rassinier disecó el libro de la Dufournier, relato esperpéntico sin la sombra de una sola prueba.[243] Según la ex-detenida judía Charlotte Bormann, los rumores sobre la existencia de una supuesta "cámara de gas" los hacían correr las detenidas miembros del Partido Comunista. Tales rumores eran "invenciones puras y simples".[244] Charlotte Bormann seria expulsada del Partido Comunista e incurriría en las iras de sus correligionarios; además, no se le permitiría prestar testimonio en el proceso de Rastadt contra los guardianes del Campo de Ravensbrück, la mayoría de los cuales fueron condenados a muerte por las autoridades francesas bajo los cargos de haber gaseado a internados judíos.[245]

Rassinier desafió también a los autores hebreos Philip Friedman y Eugene Kogon a que demostraran las imputaciones contenidas en sus libros[246] según las cuales los nazis habían gaseado a dos millones de judíos en Auschwitz (Friedman) o a tres millones y medio (Kogon). El sólo hecho de que de uno a otro autor haya una diferencia del 75 por ciento ya debiera suscitar serias dudas sobre la credibilidad de ambos, testigos presenciales de los hechos, según aseguran muy seriamente en sus obras.

Cuando Rassinier les interrogó públicamente, a través de una carta abierta publicada por varios periódicos franceses, resultó que ni Friedman ni Kogon habían visto jamás, con sus propios ojos, ninguna "cámara de gas"; y ni Friedman ni Kogon podían presentar un sólo testigo ocular que jurara que

---

[243] Denise Dufournier: "*Ravensbruck, the Women's Camp of Death*".

[244] Charlotte Bormann: "*Die Gestapo Lasst Bitten*".

[245] También fue expulsada del Partido Comunista su correligionaria Margarete Buber, por haber osado escribir ("*Under Two Dictators*") que los campos de concentración alemanes reunían mucho mejores condiciones que los soviéticos. La Buber estuvo, en tiempo de paz, internada en un campo soviético acusada de "*trotzkysmo*".

[246] Philip Friedman "*This was Auschwitz: The Story of a Murder Camp*"; Eugene Kogon: "*The Theory and Practice of Hell*".

había visto una "cámara de gas". Kogon aseguró, no obstante, que una exdetenida, Janda Weiss, le había dicho que, en. una ocasión había visto una de tales "cámaras", por habérsela enseñado los alemanes. Cuando Rassinier solicitó interrogar a la tal Janda Weiss resultó que ya había muerto, y cuando. insistiendo, trató de investigar sobre su vida y las circunstancias de su internamiento, nadie supo darle razón de ella. Este "nadie" incluye a Kogon. lo cual no deja de ser sospechoso.

No creemos sea necesario insistir sobre la ausencia absoluta de testigos de cargo jurídicamente válidos en este asunto de las supuestas "cámaras de gas". Nadie las ha visto con sus propios ojos. Algunos afirman que alguien les aseguró haberlas visto, pero ese "alguien", invariablemente, ha muerto; es más. en muchas ocasiones ni siquiera se ha podido probar que hubiera existido. No hace falta ser un experto en criminología para afirmar que, en la práctica, es literalmente imposible que un crimen repetido varios millones de veces. mediante un barroco y complicado sistema que incluye gaseamiento e incineración, haya podido ser realizado sin que aparezcan siquiera dos testigos válidos que den una idéntica versión de la identidad de las víctimas y del "modus operandi". Y por testigos válidos entendemos a personas que no hayan sido torturadas o amenazadas de ser entregadas, con toda su familia, a los soviéticos.

Y no sólo no ha aparecido ni un sólo testigo sino que todas las investigaciones que se han podido hacer sobre el terreno han demostrado que nunca han habido "cámaras de gas" ni en Bergen-Belsen, ni en Buchenwald, ni en Dachau, ni en Flossenburg, ni en Dora, ni en Ravensbrück ni en Mautthausen ni en ningún lugar controlado por los occidentales. El linchamiento legal de los guardianes del campo de Auschwitz demostró asimismo la ausencia de pruebas sobre las supuestas "cámaras de gas" de ese campo, corroborando el anterior "déculottage" de los curiosos testigos Friedman y Kogon por Rassinier. La única prueba que queda es, insistimos en ello, la palabra de honor del Gobierno comunista polaco, es decir, de un gobierno satélite de la URSS, principal interesada, con el Sionismo, en la perpetuación del Fraude de los Seis Millones. No queremos repetirnos, y nos limitaremos a decir que lo que afirmamos sobre la titulada BundesRepublik y sobre la República "Democrática" Alemana lo aplicamos igualmente, aquí, a la actual Polonia. La palabra de honor de un gobierno sobre un hecho que le concierne directamente no puede ser tomada en serio en nuestra época, de predominio absoluto de la Política. Sólo podría empezar a tomarse en consideración a partir del momento en que el gobierno polaco permitiera una investigación seria, libre e incontrolada llevada a cabo por historiadores de todo el mundo. Y si las autoridades de Varsovia están tan seguras de la certeza de lo que dicen, no puede por menos de sorprender que tal tipo de investigaciones hayan sido, hasta la fecha, sistemáticamente prohibidas. De momento no hay más que la palabra de honor de los gobernantes de Varsovia, de que en Auschwitz hubieron "cámaras de gas". A ello puede oponer, caulquier nazi (todavía) no legalmente linchado su própia palabra de honor de que no las hubo. Es la palabra de uno contra la de otro, y la necesidad de la demostración continúa en pie. Nosotros no nos preocupamos mucho de algo tan gaseoso (con perdón de la expresión, aquí y ahora) como las palabras de honor en un tema como este. Hemos demostrado la imposibilidad del Fraude de los Seis Millones, en general, y de los dos, o cuatro, millones atribuidos a Auschwitz, en particular. Hemos demostrado que varios de los testigos de cargo mintieron de forma flagrante. Hemos demostrado que la Acusación Pública – en éste caso más que nunca – usó y abusó de la coacción moral y física y que el principal testigo – el director del campo – se suicidó (¿o fue suicidado?) en la víspera del "Juicio". Y no queremos insultar el sentido común del lector recordándole que es imposible que los alemanes, antes de la llegada de los rusos, dinamitaran las "cámaras de gas", que se hallaban en los sótanos del campo, y que la voladura destruyera las supuestas cámaras pero no los crematorios, que se hallaban justo encima de aquéllas. Realmente, para obstinarse en creer en la palabra de honor de los señores Gomulka y compañía hace falta una admirable buena fé, solamente hallable en la tierna almita de una criatura de cinco años. Si la investigación histórica ha demostrado que los documentos presentados por la Acusación son, o bien toscas falsificaciones, o bien adolecen del descalificante defecto de dar por demostrado aquello que se trata, precisamente, de demostrar, no queda más remedio que analizar los documentos de los propios alemanes, relativos al caso. Esta es, al fin y al cabo, la única manera, históricamente seria, de abordar el problema. Veamos. Se nos pide que creamos que los nazis no dejaron nada escrito referente a su política de exterminación de los judíos. Se nos pide que creamos que todo se genero a base de órdenes orales. Y que cuando Himmler, Goebbels o Kaltenbrunner hablaban de "Solución Final", se referían a "exterminio". Es un **hecho** bien establecido que no se ha encontrado ninguna orden escrita referente a ningún exterminio, total o parcial, de los judíos ni de ningún otro grupo étnico. Es decir, la evidencia de un programa de exterminio no se encuentra en el material histórico – documentos oficiales – que constituye, precisamente, la base para escribir Historia. Este es un hecho relativamente esotérico, conocido sólo por unos pocos. Y, no obstante, el Doctor Kubovy, Director del Centro Mundial de Documentación Judía Contemporánea de Tel-Aviv, reconoció en el órgano oficial del Sionismo francés[247] que no existe ni una sola orden de exterminio, escrita, de Hitler, de Himmler, de Heydrich, de Goebbels, ni de ningún jerarca nazi.

Estamos dispuestos a admitir que seria bastante sencillo utilizar eufemismos, en un pequeño número de documentos de alto nivel, dirigidos a jerarcas de elevado rango, y en temas que se refirieran a política general, pero la ausencia total de evidencia escrita relativa al programa de exterminio va mucho más allá de tales documentos, y no es posible imaginar que un programa de exterminio pudiera haber sido llevado a cabo sin dejar traza

---

[247] "*La Terre Retrouvée*", 15-XII-1966.

alguna en el papel. Las operaciones en gran escala necesariamente generan papel por razones puramente técnicas; los ingenieros, constructores, ejecutivos y otros técnicos necesitan documentos para llevar a cabo su trabajo. Quienquiera que haya desarrollado un trabajo de dirección, por modesto que sea, sabrá que esto es cierto. Para ilustrar esta aseveración consideremos el método especifico mediante el cual los exterminios – según se asegura – fueron perpetrados en campos como el de Auschwitz. Primero, las víctimas eran gaseada. Luego, para hacer desaparecer el cuerpo del delito, los cadáveres eran incinerados en crematorios especiales que habían sido construidos expresamente con este propósito, de manera que tanto los crematorios como las cámaras de gas estuvieran integradas en el mismo edificio.

Un tal complejo de asesinato industrial hubiera debido generar una evidencia escrita, por la simple razón de que ella hubiera sido necesaria para llevarlo a la práctica. Y no hay – ya lo hemos visto – ni un sólo documento escrito que atestigüe la existencia de las "cámaras de gas", a no ser que se considere "evidencia" unas cuantas facturas de la casa Degesch, a nombre de la administración de los campos, por la vonta de un determinado número de barriles de Zyklon B, un conocido insecticida. Los defensores del Fraude explican esa ausencia de documentos en base a la supuesta política del secreto, un secreto que debió ser compartido – ya lo hemos dicho antes – por decenas de millares de personas, lo cual es imposible. Pero, además, preguntamos: ¿Por qué no se extendió esta política del secreto a los hornos crematorios? ¿Por qué hay tantísima evidencia documental sobre los crematorios, y nada en absoluto sobre las "cámaras de gas"? Los campos de concentración alemanes, como todas las comunidades modernas de una cierta envergadura, disponían de crematorios convencionales para incinerar los cuerpos de los que allí morían. No obstante, el Fraude asegura que esos crematorios fueron construidos para cumplir las funciones de un programa de exterminación, y que estaban integrados con las cámaras de gas. Si los alemanes fueron tan cuidadosos en no dejar ni un sólo documento sobre sus cámaras de gas ¿por qué escribieron con tanta prolijidad acerca de los crematorios, asociados, según se nos quiere hacer creer, con aquéllas?

La respuesta es simple. Los crematorios no tenían nada que ver con las "cámaras de gas", que, sencillamente, nunca existieron. Aquéllos tenían, como única función, incinerar los cuerpos de los muertos a causa de los "raids" aéreos de la aviación Aijada, y, lógicamente, por causas naturales. Ninguna otra respuesta puede deducirse de la investigación histórica.

LA ACTITUD DE LA IGLESIA

El Sumo Pontífice, Pío XII, Papa reinante durante los años de la contienda, no hizo una sola declaración en contra de la supuesta exterminación de los judíos por los Nazis. Esto es un **hecho**. Muchos de los supuestos "campos de la muerte" se hallaban en Baviera y en Austria, y el más famoso de todos, Auschwitz, en Polonia. Estos son territorios profundamente católicos. En Polonia, concretamente, la influencia del Clero es muy grande, hasta el punto de que 34 años de "Ateísmo Científico" no han bastado para erradicarla totalmente. En un país como Polonia es imposible que se lleve a cabo un genocidio a escala "industrial" sin que los curas rurales se enteren. Bien sabido es que el Vaticano es uno de los estados más bien informados – si no el más informado – del Mundo. La razón estriba en la ubicuidad del medio y bajo clero, más aún que la influencia del alto. Los ministros de la Iglesia viven, prácticamente, en medio de sus feligreses y no es necesario que violen el secreto de confesión para estar en condiciones de enviar al Vaticano, a través de sus obispos, informes radiográficos sobre todo lo que pueda atañer a la vida de una comunidad. Suponer que los Nazis llevaron a cabo una política oficial, programada y deliberada de genocidio contra los judíos y que el Vaticano no se enteró es casi tan absurdo como la otra pretensión de los budas del Fraude, de que todos los delegados de la Cruz Roja estuvieron "in albis" durante toda la guerra en todos los campos de concentración. Aun razonando por "reductio ad absurdum", es decir, suponiendo que el Vaticano, efectivamente, estuviera "distraído", hay evidencia documental de que intentóse sacarle de su "distracción". En efecto, Wyron Taylo, representante oficial del Presidente Roosevelt, en una visita que hizo al Vaticano el 26 de Septiembre de 1942, informó al Cardenal Naglione,

Secretario de Esta. do del Vaticano, que la Oficina Judía para Palestina, cuyas oficinas se encontraban en Ginebra, aseguraba que los judíos de Hungría, Eslovaquia y Polonia estaban siendo deportados a un campo de concentración, llamado Belik, así comoa otro campo instalado en las cercanías de Lwow. El objetivo de estas deportaciones era darles muerte. Myron Taylor preguntó si el Santo Padre pensaba condenar esa salvajada y si, aparte la condena – que se daba por descontada – pensaba tomar medidas prácticas para salvar la vida de los inocentes. judíos perseguidos. La respuesta del Cardenal Maglione al recoger el memorandum que le acababa de leer Taylor fue, literalmente: "I do not believe that we have any information which confirms these grave tidings. Right?" (No creo que tengamos ninguna información que confirme estas graves noticias. ¿De acuerdo?).[248]

Esto es, en lenguaje diplomático, una negativa sin matizaciones. No obstante, el Vaticano dió una respuesta oficial, el 10 de octubre:

"Informes sobre severas medidas adoptadas contra no-arios han llegado también a la Santa Sede, pero hasta el presente no ha sido posible verificar su idoneidad".

Las fuentes en que se basaban tales informes eran las mismas que habían servido para redactar la nota entregada por Myron Taylor: el embajador polaco y las organizaciones judías y sionistas. Es de suponer que en los 14 días que tardó en elaborar su respuesta, el Vaticano recurrió, además, a sus tradicionales fuentes de información, es decir, al clero local de los países en que, según el informe de Taylor, se llevaba a cabo el genocidio, Hungría, Eslovaquia y Polonia, por cierto tres países eminentemente católicos y uno de ellos. Eslovaquia, con un Jefe de Estado, el Doctor Josef Tiso, que era un

---

[248] "*Actes et documents du Saint Siége relatifs à la Seconde Guerre Mondiale*". Editado por Robert A. Graham, S.J.

Obispo.

Es cierto que el Vaticano llevó a cabo numerosas gestiones para aliviar la suerte de los judíos, muy especialmente los de religión católica, relativamente numerosos en Italia y Croacia[249] y que en el mensaje de Nochebuena de 1942, S.S. Pío XII condenó "los malos tratos infligidos a cientos de miles de personas en razón de su pertenencia a determinados grupos raciales".[250] Hagamos notar que el Papa se refería, en su condena, a "malos tratos"; hablaba de "cientos de miles de personas", no de siete millones (los seis millones supuestamente gaseados más los supervivientes) y finalmente se refería a "grupos raciales", en plural; ello hace suponer que además de los judíos aludía a los gitanos, que también eran deportados por razones de seguridad militar y social.

Es cierto también que al Vaticano llegaban regularmente ciertos informes, firmados por Pirro Scavizzi, un sacerdote que se ocupaba de la asistencia espiritual de los heridos en los hospitales italianos instalados en el frente ruso. Scavizzi hablaba constantemente de matanzas de judíos en Ucrania y Polonia. Llegó a acusar al Nuncio Papal en Berlín, Orsenigo, de complicidad culpable con los alemanes. En otro de sus mensajes, con una increíble falta de imaginación, informaba de que los alemanes habían instalado en Lemberg una fábrica para el aprovechamiento de cadáveres de judíos; se aprovechaba la grasa para hacer jabón y el pelo para hacer cuerdas. Es un hecho que nunca se hizo el menor caso de los informes de Scavizzi en el Vaticano, aunque, prudentemente, se pidieron informes sobre hechos por él denunciados, al Nuncio Orsenigo, que tras severa investigación no pudo

---

[249] Aproximadamente un ocho por ciento de los judíos italianos y croatas es de confesión católica. (N. del A.)

[250] Robert A. Graham: *Id.*

confirmarlos.[251]

Es igualmente cierto que determinados altos dignatarios de la Iglesia no llevaban, ciertamente, a los nazis en el corazón. Podemos citar, a este respecto, a Monseñor Burzio, el representante Papal en Eslovaquia y, sobre todo, a Monseñor Giuseppe Di Meglio, secretario del Nuncio en Berlín, Monseñor Orsenigo. Estos eran los más importantes y representativos. También Angelo Roncalli, Nuncio Papal en Grecia y Turquía y, posteriormente, Papa Juan XXIII fue. según se afirmó, un ferviente anti-nazi. En cierta ocasión pidió a Von Papen. Embajador del Reich en Turquía, que mejorar el tratamiento que se daba a los polacos y aprovechó para referirse a los judíos perseguidos.

Esta conversación, que tuvo lugar el 8 de Julio de 1943, ha sido abundantemente citada por los budas del Fraude, con una interpretación "sui generis" de la palabra italiana "sopprimere" que no significa necesariamente suprimir, en el sentido de matar, sino simplemente perseguir, oprimir. La palabra "sopprimere", en el sentido de matar, sólo la utilizan personas de lenguaje muy castigado, y cuesta mucho imaginar al obeso y prudente Roncalli – luego Juan XXIII - hablando de suprimir judíos. Hay dos docenas de palabras en el idioma italiano para expresar la idea de un asesinato sin necesidad de recurrir al "argot" de los barrios bajos de Roma. Es cierto, pues, que algunos altos jerarcas eclesiásticos simpatizaban muy poco con los nazis. Como también es cierto que otros simpatizaban mucho, empezando por bastantes obispos alemanes, e incluyendo al Nuncio en Berlín, Cesare Orsenigo, que públicamente expresó su satisfacción por la victoria alemana sobre Francia, en 1940. Es verdad que hubo un visceral anti-alemán, como Scavizzi, pero también los hubo pro-alemanes, como Monseñor Mailol de Luppé, francés; enrolado en las SS, y el Cardenal Arzobispo de Paris, Primado de Francia,

---

[251] Anthony E. Rhodes: "*The Vatican in the Age of the Dictators*".

Monseñor Suhard.

Pero las actitudes individuales no importan, en el tema de que nos ocupamos. Lo que importa es la actitud oficial de la Iglesia, definida por el Pontífice reinante en el transcurso de la II Guera Mundial. Una actitud totalmente lógica con la misión de la Iglesia, que consiste en procurar el bien de las almas y practicar la Caridad. Es lógico que un estado soberano tome medidas contra una comunidad halógena, cuya peligrosidad interna se ha demostrado a la saciedad en el curso de la Historia, y es inevitable que la adopción de tales medidas comporte abusos lamentables, en determinados casos. Pero también es lógico que la Iglesia Católica – universal por definición – se ocupe de las víctimas y procure aliviar su suerte, sin entrar en la conveniencia o la necesidad de la persecución (o del internamiento, o de la deportación, o como quiera llamársele). Así lo hizo el Vaticano, por cuyo conducto, además, y con pasaportes y salvoconductos expedidos por la Santa Sede, se salvaron numerosos judíos, destinados a los campos de concentración.[252] También lo hizo cuando se trató de condenar, muy vivamente, los bombardeos aéreos contra poblaciones civiles en 1943, tras los raids de la aviación Aliada contra Roma y Hamburgo.

La Iglesia **no** admitió jamás la leyenda de los Seis Millones de judíos exterminados, ni admitió jamás la existencia de un plan deliberado y programado de asesinato de judíos. Vamos a tomar en consideración, a feectos puramente polémicos, una objeción que se hace, muy frecuentemente, a la aseveración del silencio de la Iglesia Católica en relación al Fraude de los Seis Millones. Se asegura que ese silencio tenía un motivo: el miedo. El Vaticano tenía miedo de las medidas que pudieran tomar los Nazis si desde

---

[252] A veces – de acuerdo con su política de fomentar la emigración de los judíos de Europa – lo que se presentó como un arriesgado salvamento no fue más que la puesta en práctica de los designios del Reich a través del Vaticano, independientemente de la voluntad de éste. (N. del A.)

la Santa Sede se denunciaba explícitamente la política de exterminio de los judíos llevada a cabo por los Nazis.

Dejemos aparte lo que de insultante pueda tener tal suposición para los católicos militantes. Al fin y al cabo – se argüirá – el triple perjurio de Pedro, antes de que can tara el gallo, fue eso: un triple perjurio, seguido de una amarga penitencia, culminada en el martirio. Ahora se pretende que el sucesor de Pedro cometió no tres perjurios en un mal momento, sino millones de perjurios en el curso de seis años. Realmente, es insultante tal suposición, pero vamos a tomarla en serio, repetimos, a efectos puramente polémicos. La Iglesia demostró repetidas veces, que no temía a los Nazis cuando consideraba que debía enfrentarse a ellos. En 1937, siendo Papa reinante Pío XI, se leyó, en alemán, en todas las iglesias del Reich, la encíclica papal "Mit Brennender Sorge", que constituyó un severo ataque contra algunos puntos del programa Nacional– Socialista y, sobre todo, contra la pretensión estatal de encargarse exclusivamente de la educación de la juventud, lo que se consideraba lesivo para instituciones confesionales, tales como la Acción Católica.[253] Este ataque fue uno de los más virulentos, más en el tono que en el fondo, que ha dirigido la Iglesia contra estado soberano alguno, desde los tiempos de la Edad Media, en que los Pontífices fulminaban excomuniones contra reyes y emperadores. Debe tenerse, además, en cuenta, que "Mit Brennender Sorge" fue escrito bajo la supervisión del Cardenal Pacelli, futuro Papa Pío XII, entonces Secretario de Estado del Vaticano, y que había sido

---

[253] Citemos, de paso, que la Iglesia Católica ha condenado, no en cuestiones de detalle, como era el caso de la "*Mit Brennender Sorge*", sino en su totalidad, **todos** los sistemas de gobierno que existen en el mundo, o han existido. El Liberalismo (es decir, la Democracia Parlamentaria), el Marxismo (Socialismo y Comunismo), la Monarquía Absoluta, el Capitalismo, etc. La Iglesia, que tuvo excomulgado al Rey de Italia hasta 1929, no adoptó tal medida con el supuesto genocida Hitler... ella que había excomulgado a Napoleón, a Bismarck, a un par de docenas de reyes ingleses, a Carlos V y... a los Reyes Católicos (dos veces). (N. del A.)

Nuncio Papal en Alemania por espacio de diez años.

El Estado Nacional Socialista tomó nota de la reconvención pero no adoptó ninguna medida contra la Iglesia, la cual continuó cobrando sus subvenciones – convenidas en el Concordato firmado en 1933, poco después de subir Hitler al poder – y manteniendo sus instituciones privadas, libres de impuestos. Tampoco tomó ninguna medida el Gobierno Alemán cuando, en plena guerra, los obispos católicos alemanes, en su Convención Anual en Fulda, en Diciembre de 1942, mandaron una declaración al Gobierno protestando por las dificultades impuestas al libre ejercicio del culto católico en ciertos países ocupados, tales como Holanda, Belgica y Francia. El "Völkischer Beobachter" y otros periódicos del Partido Nacional Socialista replicaron negando el contenido de la declaración de los obispos alemanes y citando en su apoyo manifestaciones favorables del Cardenal Suhard, de París. La querella se fue apaciguando, pero llegó a alcanzar un tono muy subido, que fue puntualmente aprovechado por la propaganda Aliada. Tampoco se tomaron medidas contra los obispos alemanes en conjunto.[254]

En Enero de 1943, el Conde Konrad Von Preysing, Obispo de Berlin, hizo una declaración pública, leída en todos los púlpitos del Reich, condenando las teorías raciales nazis. Y en Agosto de aquél mismo año los obispos católicos leyeron a sus feligreses una pastoral en la que se censuraban algunos aspectos de la educación Nazi de la juventud, que se consideraban hostiles a los valores católicos. Creemos que los cuatro ejemplos que hemos mencionado bastan para de. mostrar que la Iglesia Católica Alemana no se hallaba reducida a un aterrorizado silencio. Y si no lo estaba la Iglesia Alemana, aún menos lo debía estar la Santa Sede, o la de los países neutrales, que no dijeron una palabra, entonces, sobre el "Holocausto".

---

[254] Si algún ministro de la Iglesia tuvo problemas con la Gestapo, fue a titulo personal y privado y en razón de sus actividades políticas, no de su ministerio. (N. del A.)

El Miedo tampoco puede explicar por qué el Papa Pío XII omitió condenar el supuesto genocidio perpetrado por los Nazis, después de la derrota militar de éstos. El 2 de Junio de 1945, S.S. Pío XII dirigió un discurso al Colegio Cardenalicio, en el que en numerosos pasajes, atacó acervamente a los vencidos Nazis. No obstante, la única cosa en el discurso que pudiera ser interpretada como una referencia a exterminios fue una alusión a las "aplicaciones de las teorías nacional-socialistas", que a veces llegaron tan lejos como el uso de los más exquisitos métodos científicos para torturar o eliminar a gentes que eran, a menudo, inocentes". Pero si se continúa leyendo el discurso papal se ve claramente que Pío XII, como muchas otras personas en aquella época, pensaba, cuando hablaba, en las catastróficas escenas halladas en los campos de concentración alemanes al final de la guerra. Las únicas víctimas que Su Santidad mencionó específicamente en su discurso fueron nueve sacerdotes católicos internados en Dachau por razones políticas, y que perecieron por motivos de los que ya hemos hablado abundantemente: inanición, tifus y bombardeos de la aviación Aliada. A pesar de todo, no hay nada, en todo el discurso, a propósito de ningún deliberado exterminio de un grupo racial, religioso o nacional.

Si es evidente que ni la Iglesia Católica como institución, ni el Vaticano como entidad de derecho público se vieron obligadas, por miedo, a guardar silencio durante la guerra, si resulta claro que éste último fue vulnerable, hasta cierto punto, a determinado tipo de presiones. Por ejemplo, un escritor judíos ha pretendido que el diplomático británico Osborne, propuso, implicitamente, la aceptación de la tesis papal de que Roma fuera declarada "ciudad abierta" a cambio de una declaración de simpatía hacia los judíos perse guidos, hecha por el Santo Padre. Efectivamente, Roma fue declarada"ciudadabierta" después de una declaración oficial del Vaticano en la que se deploraba la persecución, por motivos raciales, de cientos de miles de personas.[255] No

---

[255] Samuel Waagenaar: "*The Pope's Jews*".

queremos cerrar este epígrafe sobre la Iglesia y el Mito sin mencionar algunos párrafos significativos de la publicación oficiosa vaticana "Actes et Documents", ya citada, en los que se asegura que "los dirigentes de la Judería Romana no sabían nada de ningún problema de exterminio y temían la posible deportación a causa de los rigores del invierno y de la frágil salud de algunos de los que serian deportados..."[256] "Muchas cartas recibidas en 1943 y 1944 en el Vaticano, procedentes de Auschwitz y otros campos, que forman hoy un amplio dossier en los archivos, no hacen mención alguna a las atrocidades ni de exterminios, aún teniendo en cuenta la censura, el tono de las cartas es normal..."[257] Una carta del Padre Paul-Marie Benoit, francés, fechada en Julio de 1943, aseguraba que "la moral entre los deportados franceses de origen judío es, generalmente, buena, y todos confían en el futuro".[258] El Padre Benoit se pasó la guerra ocupándose de la ayuda a los judíos, de manera que difícilmente puede ser considerado un testigo sospechoso. En resumen, dejando aparte unas cuantas declaraciones platónicas sobre las personas perseguidas en razón de su origen étnico y un discurso pronunciado ante el Colegio Cardenalicio unas semanas después de acabada la guerra, en plena campaña propagandística, y en el que se hablaba de "cientos de miles" (no de seis millones) de "perseguidos" (no de muertos), la actitud de la Iglesia ante el problema nazi–judío fue la normal en una institución cuyos fines son espirituales y cuya vertiente material se manifiesta en la Caridad. Sólo en la caridad; no en la Mentira. Y la Mentira, aunque se refiera a seis millones de fantasmas y se repita sesenta millones de veces, no por ello alcanza la categoría filosófica de la Verdad y continúa siendo eso: la Mentira.

"**Bienaventurados los que padecen persecución por la justicia...**" Con

---

[256] *Actes et Documents du Saint-Siége relatifs à la Seconde Guerre Mondiale*, Editado por Robert A. Graham, de la Sociedad de Jesús, con Imprimatur de la Secretaría de Estado del Vaticano.

[257] *Id.*, t. IX.

[258] *Id.*, t. IX.

una sola excepción – el abate Renard que luego debió retractarse espectacularmente tras el acoso dialéctico de Rassinier – todos los sumos sacerdotes que velan permanentemente el Idolo del Fraude son individuos de extracción racial judía. Otros, no judíos, se apiñan en el coro de beatos que repiten, cual loros bien amaestrados, las verdades oficiales del conformismo bien– pensante y alimenticio. Lo menos que puede decirse es que unos y otros – sacerdotes y comparsas, judíos y no-judíos – no han perdido nada con su adhesión al Gran Fraude. Otros, han ganado mucho; desde el papá de Anna Frank hasta su correligionario que le escribió el "best seller", pasando por el judío de Tel-Aviv o de Melbourne, "únicos supervivientes de dos familias víctimas del Holocausto".

Ahora vamos a referirnos a los que, por dar testimonio de la Verdad, por haber tenido él coraje de enfrentarse al Gran Fraude, se han visto denunciados por el dedo acusador de sus hipócritas sacerdotes y han padecido – en frase de Cristo – "persecución por la Justicia". Ya hemos aludido a Rassinier, constantemente sometido a procesos, expulsado, por presión de los comunistas, de la Asamblea Nacional, difamado en nombre de la "libertad de expresión": Del Profesor Stielau, expulsado de su cátedra por decir que el libro de Anna Frank era una mentira. De más de dos docenas de catedráticos y profesores condenados al "pacto del hambre" por osar desenmascarar, aunque sólo fuera parcialmente, al Gran Fraude. Del Profesor Duprat, víctima de un mortal atentado al ser colocada una bomba en su coche por un judaico "Commando del Recuerdo", que reivindicó el atentado.[259] No vamos a hablar más de ellos, ni tampoco de los desgraciados nazis sometidos a tortura y firmando cualquier fantástica declaración jurada, como el "documento Gerstein" o la confesión de Wisliceny. Vamos a referirnos, ahora, a judíos que han tenido la gallardía de enfrentarse a la inmunda marea de

---

[259] "*Jewish Sentinel*" (Centinela Judío), Chicago, 30-III-1978.

mentiras y dar testimonio de la verdad.

Josef G. Burg, nació en Czernovitz (Rumania), estuvo internado en un campo de concentración alemán, al final de la guerra se fue a Palestina, vivió un año en Israel y es, hoy día, un encuadernador de libros en Munich. Ha escrito tres libros, sobre el Nacional- Socialismo y los judíos. "Schuld und Schicksal" – el más conocido – "Sundenböcke" y "NS-Verbrechen: Prozesse".

"Schuld und Schicksal" (Culpa y Destino) llevaba un subtitulo bien significativo:

"Los judíos de Europa entre los verdugos y los hipócritas"; en él describe el cautiverio de su familia. Es compreñsible que no sea precisamente favorable al III Reich, pero tiene el suficiente coraje, moral y fisico, para intentar ser honrado. En una ocasión, su testimonio, solicitado por el Fiscal que suponía, por obvias razónes raciales, seria contrario a los acusados, sirvió para salvar de la horca a quince ex-guardianes.

Insiste Burg en que la famosa "Endlösung" (o "Solución Final") significaba la emigración, voluntaria o forzosa, de los judíos de Europa, y no la "total liquidación de los judíos".[260] También analiza la fantástica cifra de los seis millones y afirma que "aún tomando como ciertas las cifras de los más desenfrenados cultivadores de esa Mentira, el número total de judíos que, bajo el control del régimen de Hitler fueron muertos, perdieron la vida en acciones bélicas, o murieron por causas naturales, no pudo exceder de 3.323.000". Josef G. Burg. "Suendenböke" (Chivos expiatorios), pág. 74.[261] He aquí un judío, un intelectual honrado, que, aún par. tiendo de la muy discutible certeza de las cifras de los peores cultivadores de la Mentira, reduce el Fraude de los Seis Millones casi a la mitad. Y añade Burg: "Y los tres

---

[260] Josef G. Burg. "*Suendenböcke*" (Chivos expiatorios), pág. 74.
[261] *Id.*, pág. 237.

millones de muertos incluyen a los que murieron por causas naturales, perecieron en los raids aéreos de los Aliados, fueron ejecutados como elementos subversivos o partisanos,[262] siendo la cifra de partisanos judíos superior al millón y medio. Y recuerda Burg que el Derecho Internacional considera a los partisanos como asesinos armados que, tras su captura son reos de ejecución.

Burg comenta que "mientras los sionistas arman un gran alboroto sobre los seis millones de asesinados, y cobran, por ellos, fuertes sumas a título de indemnizaciones, Israel tiene, al menos, un millón de esos muertos, bien vivos, colaborando en la construcción del nuevo estado".[263]

Afirma, además Burg que: "... Hoy nadie cree en esa cifra de los Seis Millones. Ni los acusadores judíos, ni los acusadores alemanes, ni la opinión mundial, al menos el sector bien informado de la misma".[264] Esa cifra no es más que "una leyenda que no sirve para otra cosa que para envenenar relaciones pacíficas".[265] Y termina asegurando que "... los sionistas han obstaculizado toda investigación seria porque les consta que ella demolería la estafa de los Seis Millones, lo cual no les interesa porque de los seis millones pueden obtenerse más indemnizaciones que de, digamos, seiscientos mil".[266]

Burg pagó su independencia de criterio y su honestidad intelectual con el ostracismo y la difamación, armas en las que el Sionismo es maestro. Fue expulsado de la Sociedad de Cultura Judía de Munich. Librerías que ofrecían sus libros a la venta fueron boicoteadas hasta que dejaron de ofrecerlos. Revistas que los anunciaban debieron retirar los anuncios, so pena de que

---

[262] *Id.*, p. 238.
[263] *Id.*, p. 233.
[264] *Id.*, p. 220.
[265] Josef G. Burg: "Schuld und Schicksal", pág. 123.
[266] *Idem*, p. 223.

numerosos anunciantes judíos, o de firmas bajo control judío, retiraran los suyos y arruinaran a las revistas en cuestión. En una ocasión en que llevaba unas flores a la tumba de su esposa, fue apaleado por unos gamberros de su raza, y una revista judía manifestó: "¡Ese fulano se ha merecido esa paliza, y cien palizas!"

Oswald Rufeisen, un judío de Galitzia, practicante de la religión mosaica, tenia aspecto de ario, y ofreció sus servicios a los ocupantes alemanes, los cuales le nombraron Jefe de Policía de una ciudad (probablemente, Chust, en Rutenia Transcarpática), donde había un campo de tránsito para judíos, desde donde se les distribuía a los diversos campos de concentración. Su propósito era ayudar a escaparse a tantos correligionarios suyos como le fuera posible. Hizo evadir a centenares de ellos, hasta que un judío le reconoció como tal judío y le denunció a los alemanes, a los que solicitó una recompensa. De acuerdo con las leyes de la Guerra, los alemanes condenaron a muerte a Rufeisen, por espía. Rufeisen logró, no obstante, huir, y halló asilo en un convento de Rusia Blanca, de donde salió para actuar como un partisano. Al acabar la guerrá, Rufeisen, convertido al Catolicismo, ingresó en la Orden del Carmelo como Padre Daniel Rufeisen. Como tal, se fue a Israel y solicitó la nacionalidad israelita, que le fue denegada, precisamente por haberse convertido al Catolicismo. ¡El "democrático" Estado de Israel declaró que Ru. feisen ya no era un judío!

Rufeisen regresó a Europa y, en Alemania, basándose exclusivamente en fuentes oficiales sionistas, llegó a la conclusión de que en la contienda, y po todos los conceptos, no habían podido perecer más de tres millones de judíos. Rufeisen daba por sentado que los tres millones de habitantes en el Estado de Israel no procedían de Europa e ignoraba el tremendo aumento demográfico de la Judería Americana en la década 1938–1948. Aún prescindiendo de tan decisivos datos, cortaba en dos la pretensión oficial sionista.

Ya hemos hablado de Aldo Dami, medio judío y casado con una judía, ex–cautivo de los campos de concentración nazis que, en su obra *Le Dernier des Gibelins* concluye que el número total de víctimas posibles judías. fue de 500.000, aunque cree que tal total – repetimos, posible – no se alcanzó, y que la cifra debió ser de unos 400.000 como máximo, y ello por todos conceptos. Dami, además, excluye absolutamente la tesis de un genocidio oficial y programado desde las altas esferas nazis; sólo admite ocasionales abusos individuales, muchas veces sancionados por el Mando cuando éste se enteraba. El libro de Dami fue objeto de un verdadero boycot; tanto sus editores como los libreros que lo ponían en sus escaparates eran amenazados con la ruina. La crítica levantó contra él el muro del silencio.

Posiblemente, el más conocido de los judíos convertidos al Cristianismo sea el Doctor Benjamin H. Freedman, quien declaró[267] que la cifra de Seis Millones de judíos exterminados por los Nazis era una verdadera estafa, y que a esa cifra había que quitarle, por lo menos, un cero y luego dividirla por dos. Es curioso, pero la cifra que resulta, es decir, 300.000, es la facilitada por la Cruz Roja, como victimas en los campos de concentración, de todas las nacionalidades y no tan solo judíos. Personalmente, opinamos que en dichos campos debieron morir de 150.000 a 200.000 judíos, y que una cifra similar, como máximo, murió en acciones bélicas, a manos de los "Einsatzgruppen", o de muerte natural. El Doctor Freedman, igual que Burg, Dami o el Padre Rufeisen, debió soportar una verdadera persecución por haber defendido la Verdad, osando atacar el Idolo del Fraude. Lo mismo le sucedió al anciano rabino Goldstein, quien, por haber puesto de manifiesto algunas exageraciones de los sionistas y afirmado que era imposible que los Nazis hubieran exterminado a Seis Millones, fue depuesto de su cargo y luego resultó víctima de un atentado por parte de un agente sionista. **¿Como fue posible** ¿Cómo fue, en efecto, posible, que los orfebres del Idolo no

---

[267] Articulo en la revista "*Common Sense*", Union, N.J., 15-1V-1967.

consiguieran darle, al menos, una apariencia más verosímil? Que la técnica del lavado de cerebro consiste en convertir la Mentira en Verdad a base de repetir ad nauseam sobados sofismas, es bien sabido. Que la calidad del sofisma no influye para nada en su aceptabilidad por la gran masa de lectores de periódicos y revistillas lo sabe cualquier técnico en Publicidad. Cuando se trata de lanzar un producto al mercado (un dentífrico, una motocicleta, un presidente de la República, un anticonceptivo o un mito histórico de proporciones escandalosas) se plantea la cuestión desde todos los ángulos posibles, solicitando a la potencial clientela al apelar a sus instintos, buscando sus puntos vulnerables, con una técnica de captación parecida a la de las peripatéticas de Montmartre al abordar a los noctámbulos.

Como hay público para todo, también la técnica publicitaria del lavado de cerebro adopta diversos ángulos de tiro para sus baterías. Para lanzar el Fraude histórico de los Seis Millones, un par de docenas de escritores de calidad lite raria diversa ha puesto en circulación varias obras (algunas de ellas con pretensiones de documento) y también unas cuantas piezas teatrales. Han aparecido incluso los "comics", o "bandes dessinés" de tanto éxito en Francia y hasta han habido individuos con ínfulas de filósofos que han parido mamotretos supuestamente científicos. Pero el "plato de resistencia" lo han cocinado, los periodistas. Judíos y no–judíos. Aquéllos, abanderados de la Causa, y éstos fieles gregarios.

Era natural que así fuera, porque al fin y al cabo la mejor manera de llegar al hombre de la calle es a través del periódico. Cada vez más, el periódico es leido de pié en la cola del autobús, o tambaleándose en el "metro", haciendo equilibrios para poder leer por encima del hombro del vecino, o en el tren de cercanías que nos lleva a nuestro puesto de trabajo. Se leen los titulares y alguna noticia a toda velocidad. Por supuesto, no se analiza, lo que se lee influyendo en ello la general idolatría por la letra impresa. As se crea la llamada "Opinión Pública", que no es otra cosa que la opinión de los grupos de presión que controlan los periódicos, actuando los periodistas de correas de transmisión. En parte porque el nivel mental del hombre disuelto en la Masa es inferior al de una criatura de doce años y no es indispensable matar pulgas a cañonazos, y en parte porque, de todos modos, el nivel intelectual de los periodistas no da para gran cosa más, ha sido posible llegar a lanzar un Fraude tan grotescamente hortera. Aquí un inciso. Acabamos de aludir al nivel intelectual de los periodistas, y queremos hacer una excepción. Esa excepción evidentemente se refiere a los periodistas españoles, indudablemente en la vanguardia no sólo de la inteligencia sinó de la probidad e integridad profesional. Durante cuarenta años de negra dictadura han estado utilizando un lenguaje clave que sólo la densa estupidez de algunos, entre los que nos contamos, no logró descifrar. Así, por ejemplo, cuando, con cualquier fútil pretexto, expresaban en términos fervientes su "inquebrantable adhesión" al difunto Generalísimo o a los "principios sublimes y eternos del Glorioso Movimiento Nacional", era evidente que debía leerse entre líneas y comprender que lo que ellos querían decir, y sabiamente decían en lenguaje metafórico, era que estaban hartos de dictadura y que los aludidos principios eran una cretinez.

Dejamos, pues, deliberadamente a parte a las falanges (con perdón) integrantes de la macedónica prensa hispánica, y nos limitamos a mencionar que, en el resto del Planeta, esos caballeros son – salvo rarísimas excepciones – la expresión perfecta de una selección a la inversa. Los periodistas son – recalcamos, menos en España – los fracasados de todas las profesiones académicas. Las tituladas "escuelas de periodismo" no son más que el refugium peccatorum del desecho estudiantil, el chaleco salvavidas de los más subnormales miembros del pelotón de los torpes.

Esa cortedad intelectual es complementada por una recia inmoralidad. No queremos emitir un juicio de valor. Nos limitaremos a reproducir las palabras del gran periodista John Swinton, que fue durante varios años redactor gerente del *New York Times*. Cuando se jubiló, sus colegas americanos, le dedicaron un banquete. He aquí unos fragmentos de su discurso al responder al brindis propuesto por un comensal en honor de la prensa independiente:

"No existe la prensa independiente; si acaso podría existir en una pequeña ciudad rural. Vosotros lo sabéis y yo lo sé. No hay entre todos vosotros uno sólo que ose escribir su honrada opinión, y si lo hicierais, sabéis de sobras que vuestro escrito no sería nunca impreso.

"Me pagan 150 dólares semanales por no publicar mi opinión en el periódico en que trabajo. Otros, entre vosotros, reciben salarios similares por un trabajo igual al mío, y si uno sólo de entre vosotros fuera lo bastante loco para escribir lo que piensa, para decir la verdad, se encontraría de inmediato en medio de la calle buscando un empleo.

"El oficio de periodista en Nueva York, y yo creo que en todas partes, consiste en destruir la verdad, en mentir abiertamente, en pervertir, en envilecer, en reptar a los pies de Mammon, y en vender a su raza y a su patria por su pan cotidiano.

"Vosotros lo sabéis. Yo lo sé. Por eso digo que es una locura beber a la salud de una prensa independiente. "Somos unas simples herramientas. Somos los lacayos de unos hombres ricos que están tras los bastidores. Somos unos polichinelas. Ellos mueven los hilos y nosotros bailamos. Nuestros pobres talentos, nuestras posibilidades y nuestras vidas son propiedad de otros hombres. Somos unos prostitutos intelectuales."

Esos prostitutos intelectuales son los que lanzaron al pasto del público el Mito de los Seis Millones. En interés de la verdad histórica hay que estar agradecidos a que hayan sido precisamente ellos pues su pobre bagaje intelectual les ha llevado a cometer tales exageraciones y a incurrir en tan groseras contradicciones que a veces han obtenido efectos contrarios a los buscados.

Nos limitaremos a citar dos ejemplos. Uno de exageraciones, tipificado por el periodista judeo–americano, aunque de origen alemán, y metido a escritor Robert Neumann. Y otros de contradicciones. Este Neumann, no sabiendo ya que retorcida atrocidad inventar, consiguió – imaginamos que en pleno delirium tremens – parir este abominable engendro: según él, en Auschwitz, la manera de ejecutar a los judíos era la siguiente: dos guardianes nazis iban a buscar a la futura víctima a su barracón. Con la cabeza rapada y vistiendo el conocido pijama a rayas verticales, se integraba al fúnebre cortejo, formado por los guardianes y una orquestina que, interpretando canciones populares infantiles alemanas se dirigía a la "brausebad" (en alemán "baño– ducha", y en clave, como sabemos "cámara de gas"). Allí era gaseado y luego llevado al crematorio. Entonces la orquestina se dirigía de nuevo al barracón y se elegía otro judío destinado al gaseamiento musical.

Creemos que huelgan comentarios.

Vayamos ahora con el ejemplo de contradicciones.

El Invierno de 1947 fue particularmente crudo en Europa. De hecho, el más frío en los precedentes cincuenta años. Reproducimos un párrafo de la revista "Mundo", alusivo a este respecto:

"Antes de que los observadores meteorológicos indicasen que el descenso general de temperatura era el más grave que ha sufrido Europa desde hace cincuenta años, noticias aisladas habían llevado al conocimiento del público que los alemanes se estaban muriendo de frío y de hambre. En algunas zonas de Alemania la situación era particularmente grave. Las vías de comunicación, interceptadas por los temporales impidieron el reparto de las pequeñas cantidades de combustible y alimentos destinadas a la población civil. Bastó con un descenso relativamente pequeño del termómetro para que comenzasen a aparecer cadáveres en las calles de Berlín, de Hamburgo, de Frankfurt. En Hamburgo murieron de frío unas cuarenta personas entre el 1 y el 10 de Enero. En Frankfurt hubo que hospitalizar, por congelación a casi un centenar. En Berlín ocurría algo semejante. Se registraron varios asaltos de la población civil a los depósitos ferroviarios de carbón y hubo de intervenir la fuerza pública. Muchos alemanes carecen hoy de viviendas. Viven en barracas construidas apresudaramente y a esto hay que añadir que comen muy mal y que carecen de carbón y de leña para calen tarse. El día 19 de Enero, en un artículo que aparece en el periódico *Tagespiegel*, autorizado por los norteamericanos, se decia ya que ante los hornos crematorios se amontonaban centenares de cadáveres, por falta de sitio y tiempo para incinerarlos. Las últimas estadísticas correspondientes a Berlín anunciaron cifras espeluznantes: entre el 15 y el 30 de Enero fallecieron 55 personas, y hubieron de ser hospitalizadas, por congelación o inanición, nada menos que 20.000".

Queremos hacer algunas observaciones a esa cita, que a nuestro juicio es definitiva:

a) Casi dos años después de acabada la guerra, bastaba un pequeño descenso de temperatura para que la gente se muriera de frío en Alemania, dada la escasez de leña y carbón para calentarse. Parece lógico que, en plena guerra, dos años antes, la situación fuera peor todavía y en los campos de concentración los reclusos también murieran de inanición y de frío, y no necesariamente mediante gaseamiento o a la parrilla.

b) Cuando se llegó a una situación limite, en Berlín se registraron varios asaltos a los depósitos ferroviarios de carbón, así como a los depósitos de víveres. Según Charles Lindbergh[268] los soldados americanos tenían prohibido entregar sus sobrantes de alimentos a la población civil, ante la cual dichas sobras se quemaban. En cambio, los judíos, en una situación limite todavía, seguían dócilmente a sus guardianes, tras la orquestina, hasta la cámara de gas. Pero, según el ya citado Koestler – judío y comunista por más señas – los trotzkystas de su raza se défecaban cuando los llevavan a rastas ante el pare. dón de fusilamiento sus carceleros stalinistas. Como se verá, la incoherencia es total.

c) El *Tagespiegel* autorizado (!) por los norteamericanos. (Por cierto, ¿no huele esto a censura?), afirmaba que ante los crematorios de los antiguos campos de concentración nazis se amontonaban centenares de cadáveres por falta de tiempo material para incinerarlos. Es decir, que los famosos hornos crematorios de los campos de concentración no daban abasto para quemar los cuerpos de los que se morían de frío. Y ¿cuántas personas morían de frío, según el periódico alemán autorizado por los americanos? En Hamburgo, la segunda ciudad alemana, 40 personas en diez días. En Frankfurt, se citan cetenares de casos de hospitalizaciones por congelación, pero ningún muerto. Y en Berlin, la primera ciudad alemana, 55 personas murieron de frio e inanición en quince días. Y, no obstante, no lejos de Berlin estaban los campos de concentración de Ravensbrück y Sachsenhausen. No lejos de Hamburgo estaba el de Neuengamme. Los célebres hornos crematorios alemanes no llegaban a dar abasto para incinerar a cuatro cadáveres diarios. No daban abasto porque, según el *Tagespiegel* los cadáveres se amontonaban ante los crematorios por falta de tiempo y sitio para incinerarlos. Pero, en cambio, se nos asegura que esos hornos crematorios, que no tenían capacidad para incinerar cuatro cadáveres diarios, pod tan incinerar a miles durante la guerra.

Los periódistas, que se supone son unos entes preocupados siempre en desmitificar lo establecido. y en servir la Verdad al publico, sea ésta o no

---

[268] Charles Lindbergh: "*War Memories*".

agradable, no-fueron capaces de denunciar un tan flagrante contrasentido. una contradicción interna de tal magnitud para utilizar la jerga marxista como la de esos miticos hornos crematorios capaces. según los cultivadores del Fraude de quemar cuatro mil cadáveres diarios durante la guerra. e incapaces de quemar cuatro dos años después, en tiempo de paz. Como fueron igualmente incapaces de hacer un paralelismo entre lo que se asegura sucedió en los campos de concentración alemanes y el bombardeo de la ciudad hospital de Dresde. Y, no obstante, el paralelismo es tan evidente que parece mentira no se le haya ocurrido a ningún plumífero.

Dejemós aparte que los propios Aliados, desde Churchill en sus *Memorias* hasta el comodoro del Aire inglés. J. M. Spaight[269] reconocen que ellos fueron los precursores de los bombardeos aéreos contra la población civil, para provocar la desmoralización del adversario aunque las zonas bombardeadas carecieran del más mínimo interés militar, tal que pudiera suceder en los bombardeos Aliados de la cuenca industrial de Ruhr o en los bombardeos alemanes de la zona de fábricas de armamentos de Coventry o de las instalaciones portuarias de Londres. Olvidémonos de todo esto y ciñámonos al paralelismo entre el caso de Dresde y el del Fraude, al que vamos a suponer verdad, a efectos puramente polémicos, por unos instantes.

Podríamos decir que lo mismo da llevar a las victimas a los hornos, que lleva los hornos a las victimas. Según los cultivadores del Fraude, el Alto Mando Alemán determinó atar a un cierto número de hombres, mujeres y niños, con la única condición de que fuesen judíos. El Alto Mando Aliado determinó matar a un çierto número de hombres, mujeres y niños, con la única condición de que fuesen alemanes. Se buscó para ello un medio idóneo, y para evitar riesgos se les alojó en campos de concentración, donde se les iría quemando, previo gaseamiento. Los Aliados.eligieron el mismo sistema,

---

[269] J. M. Spaight: *"Bombing Vindicated"*.

quemarlos, y también con el fin de evitar riesgos eligieron la ciudad de Dresde, donde no había ni artilleria. ni aviones, donde habían enormes cruces rojas pintadas en las azoteas de las casas, y en la que el Oberkornmando de la Wehrmacht había prohibido el tránsito de sus tropas precisamente para evitar pretextos.[270] El sistema de quemar a las victimas fue también el mismo. Se dieron las órdenes oportunas – órdenes verbales, en el caso alemán, arrancando desde Hitler, y llegando hasta el Cabo. Jefe de parrillas Müller, de Auschwitz – y sistemáticamente se iban quemando judíos. cada día, a promedios ridículos comparados con el sistema Aliado. Ese sistema (el Aliado) estaba rigurosamente estructurado y las órdenes de incinerar por vía aérea a las victimas alemanas se conservan en documentos oficiales, nunca han sido negados, y están a la disposición del público. En una sola noche, en Dresde, la Royal Air Force arrojó 600.000 bombas incendiarias, 5.000 bombas explosivas y miles de bidones de fósforo para activar la horrorosa pira. Es decir, los Aliados le indicaban a Hitler el sistema más idóneo para quemar judíos. Concentrarlos en un solo campo, por ejemplo, en Auschwitz y bombardearlo con napalm y fósforo. Pero en cambio. el Führer que ya se nos ha dicho miles de veces que estaba loco utilizaba el rudimentario sistema de irlos quemando uno a uno. Aún más, Hitler podía haber utilizado el sistema de rehenes, tan clásico en las guerras. Igual que el Mariscal Montgomery, ferviente anglicano por cierto, le dijo al Almirante Friedemburg que intentaba negociar la rendición de Alemania:

"Rendición incondicional o exterminio en masa. De lo contrario los bombarderos ingleses convertirán a una ciudad alemana en un montón de cenizas, de modo que ningún niño alemán quedará con vida", también Hitler hubiera podido decir que por cada ciudad bombardeada en la cual no hubieran objetivos militantes ni defensa antiaérea, se realizaría, por la Luftwaffe, un bombardeo similar, utilizando fuerzas parecidas a las

---

[270] David Irving: "Dresde".

utilizadas por los Aliados, sobre los campos de concentración llenos de judíos o prisioneros de guerra. Pero no. Tal idea no se le ocurrió a Hitler, el loco.

Hasta un periodista puede comprender que matar alemanes en Dresde o matar judíos en Auschwitz requiere una misma sistematización. Y hasta un periodista comprendería también la diferencia entre los dos casos. Que de lo de Auschwitz no ha quedado ni una sola prueba, a no ser que estemos dispuestos a aceptar como tal la palabra de honor del Honorable Gomulka. mientras que los de Dresde. desde Churchill hacia abajo, todos lo han reconocido y las órdenes cursadas existen, habiendo escrito sobre ello un libro demoledor un periodista judío honorísima excepción que confirma la regla de su profesión – David Irving, quien afirma que allí murieron entre 250.000 y 400.000 personas, ancianos, mujeres y niños, y casi medio millón más quedaron desfiguradas, achicharradas para el resto de sus vidas, a menos que fueran muriendo en los días inmediatos al horroroso bombardeo.

Hasta un periodista, en fin, comprendería que una decisión como la de matar seis millones de judíos. no podía salir de Hitler no de ninguna personalidad responsable del Gobierno Alemán, pues poseyendo los neurogases jamás se ordenó una acción como la de Dresde. Cien bombarderos bastaban a Hitler para ordenar bombardear una ciudad similar a Dresde y causar cinco veces más bajas, en lugar de 3.000 (mil en cada oleada) utilizados por los ingleses en un bombardeo que causó más muertes que las dos bombas atómicas de Hiroshima y Nagasaki juntas.

Es el colmo del absurdo pensar que Hitler gasease judíos en forma individual si colectivamente podía matar con 400 toneladas de gas utilizando menos de 200 bombarderos. a esos míticos seis millones, y ello en un solo día.[271] Hitler disponía de diez mil toneladas de gases, capaces de matar a cien millones de personas y ni siquiera las tiró sobre ¡os campos de concentración que iba abandonando. ¿Es esto coherente? ¿Es esto lógico? Dos simples aviones con neurogases, tres como máximo, hubiesen bastado para eliminar a toda la población penal del campo de Auschwitz antes de la llegada de los rusos, o, mejor, el mismo día en que éstos llegaran. Bastaba una simple orden. de Hitler. Esa orden no se dió. Pero si la dió Churchill para Dresde, o Truman para Hiroshima. Lo que nos parece más demencia! de todo este incoherente asunto es el modus operandi atribuido a los Nazis por los cultivadores del Fraude. En efecto. He aquí cómo procedían los alemanes en su cacería de hebreos a lo largo y ancho de la Europa por ellos ocupada:

1) Localización de los judíos, en cada ciudad. Detención de los mismos. Apertura de fichas o expedientes individuales. Concentración en un campo de tránsito local, para que se precisaban camiones, instalaciones provistas de agua y facilidades sanitarias por rudimentarias que se quieran suponer. Más guardianes, administrativos, chóferes, mecánicos, fontaneros, etc.

2) Expedición de los judíos, cuando su número lo justificara, por tren (aunque fuera en trenes de mercancías), o por camión. En el primer caso, hay que tener en cuenta que la comunidad judía de Burdeos, pongamos por caso, necesitaba para llegar a su destino final, en un campo de Alemania Central u Occidental, no menos de tres trenes: Burdeos-París; París-Estrasburg, y luego otro tren en trayecto alemán como mínimo. Para ir a Auschwitz necesitaba como mínimo dos nuevos cambios de tren.

3) Dotación de un cuerpo alemán de guardianes, ferroviarios, mecánicos, cocineros, enfermeros (¡Perdón, señor periodista!, estamos dispuestos a admitir a efectos polémicos, que los enfermeros no eran para ¡os

---

[271] Sobre este tema de los neurogases es recomendable la lectura de "*Armas Secretas Alemanas*", de Briand J. Ford.

judíos. Pero si hacían falta para los alemanes acompañantes. ¿O no?).

4) Dotación de servicios auxiliares y de control alemanes en las tres o cuatro etapas - como mínimo del viaje.

5) A su llegada a Sobibor, o a Auschwitz, corte de pelo, despojamiento y suministro de pijama a rayas, con la estrella de David bordada en el pecho y en la espalda.

6) Gaseamiento individual o en grupo. En el primer caso, amenizado por una orquestina que interpreta canciones populares e infantiles teutonas. Las victimas, tranquilamente, se dirigen por su propio pié y sin ofrecer resistencia, a tomar la ducha. Por que se les ha dicho que se trata de una ducha. Y ellos, a pesar de que no ven regresar a los 'duchados" no sospechan nada. ¡Son tan confiados, los judíos! Los nazis se llevan a sus compañeros de cautividad, "a tomar una ducha", y nunca vuelven de tal ducha. En cambio, ven aparecer (según nos informa la literatura concentracionaria) camiones llenos de dientes de oro, y de cuerdas hechas con pelo humano y no sospechan nada. Porque si sospecharan habría que llevarles a la "ducha" a rastras, por mucho que los nazis amenizaran el acto con una orquestina (!). Para lograr el gaseamiento, los alemanes se olvidan de los neurogases que poseen en cantidades industriales y, originalmente, deciden emplear el Zyklon B, un insecticida.

7) Una vez gaseados los judíos, son introducidos en un crematorio hasta ser convertidos en cenizas. Como se comprenderá los puntos 6 y 7 son completamente incoherentes con los cinco primeros, que son comprensibles y lógicos. Porque para llegar a ese resultado bastaba con ejecutar a los judíos sobre el terreno, en Burdeos, en Belgrado, en Oslo, o en Byalistok, de un tiro o de un martillazo en la región occipital, ahorrándose tiempo, hombres y gastos los verdugos nazis. Y creer que no hicieron tal por guardar el secreto nos parece insultante para el sentido común de un periodista. ¿Cómo va a guardar él secreto de algo en que están involucrados varios millones de personas? Porque ya no se trata de sólo seis millones de personas. Sino de

sus compañeros de cautividad. Y de sus carceleros. Y de sus verdugos. Y de las poblaciones civiles que han debido forzosamente ver a esa inmensa masa de judíos deportados a través de Europa. Sencillamente imposible. **Cui prodest...?** Un viejo aforismo jurídico, que hemos heredado de los romanos, asegura "Is fecit cui prodest", refiriéndose al probable autor de un delito. Esto es, quien ha cometido un determinado delito suele ser aquel que de la comisión del mismo saca algún provecho. Pues bien: ¿A quién aprovecha esta monstruosa estafa de los Seis Millones? La explotación deliberada de la leyenda del Holocausto, para obtener de la misma ventajas políticas y financieras ha puesto de acuerdo a la Unión Soviética y a Israel. Cuando decimos Israel, evidentemente, no nós referimos tan sólo al Estado impuesto en Palestina por votación de las Naciones Unidas poco después de acabada la Segunda Guerra Mundial. Por Israel nos referimos al Sionismo, grupo de presión internacional, que se irroga la representación de todos los judíos, estén dé acuerdo, todos ellos, individualmente, o no lo estén.

Inmediatamente después de acabadala última contienda mundial empezó, como hemos visto, la campaña de denigración sistemática de Alemania, aunque el apogeo de esa campaña se inició a partir de 1950, con una verdadera avalancha de libros y películas falaces sobre el supuesto exterminio, todo ello bajo la égida de dos organizaciones cuyas actividades se hallan sincronizadas de manera tan notable que todo lleva a creer que actúan de manera concertada. La primera de estas organizaciones es el "Comité de Investigación de Crímenes y Criminales de Guerra", domiciliada en Varsovia, y bajo los auspicios de comunistas polacos, de raza judía. La segunda es el "Centro Mundial de Documentación Judía contemporánea", de Tel-Aviv y París, y aparece bajo el patrocinio de judíos de nacionalidad israelita y francesa. Sus publicaciones aparecen, siempre, en los momentos favorables del clima político y tienen un doble objetivo: para la Unión Soviética, mantener vivo el miedo al Nazismo lo que debilita y divide a sus adversarios y distraer la atención sobre sus propias actividades. Para Israel, el Fraude tiene consideraciones más bien materiales, sin olvidar tampoco las políticas. Cuando a un mundo desinformado y embrutecido se le repite millones de veces la palabra "Auschwitz", será muy difícil conmoverle con las palabras "Deir Yassin" o "Kybia", y aún cuando algo transpire de lo que sucedió en esas ciudades árabes de Palestina[272] quedará ahogado por el clamoreo de las vestales del Idolo intocable de los Seis Millones. Por otra parte, para el estado implantado en Palestina, se trata de justificar, mediante un número proporcional de cadáveres las sumas enormes entregadas cada año a Israel por el Estado de la República Federal Alemana, a título de reparación de guerra. Esta indemnización, o reparación de guerra, o daños e intereses, o como quiera denominársele, no tiene ninguna base moral ni legal, toda vez que el Estado de Israel no existía en el momento en que tuvieron lugar los pretendidos asesinatos masivos de judíos en Europa.

Pretender, como se ha hecho, que el Estado de Israel es el heredero de los derechos de los judíos alemanes, polacos, rusos, franceses, húngaros, eslovacos, bálticos, etc., es afirmar que el judío, esté donde esté, haya nacido donde haya nacido, es, por encima de todo, un judío. Podría defenderse, en la hipótesis de que el Holocausto fuera cierto, y no una superchería como es en realidad, que las dos Alemania – y no solamente la Federal – pagaran indemnizaciones a los estados de los que los pretendidos gaseados eran originarios, es decir, a Francia, Polonia, Hungría, Italia, etc., pero nunca a un estado que ni siquiera existía cuando el supuesto genocidio tuvo lugar. Decir que un judío es, antes que nada, un judío, con independencia del color del pasaporte, lo dijo hace un siglo el padre del Sionismo Moderno, Theodor Herzl,[273] con el que, en este aspecto, estamos totalmente de acuerdo, y no

---

[272] Dos poblados árabes de Palestina, en las que los partisanos de la "Haganah" judía asesinaron a todos los habitantes desarmados, incluyendo ancianos, mujeres y niños. (N. del A.)

[273] Theodor Herzl: "A Jewish State".

porque nos parezca lógico ni justo, sino porque es un hecho. Pero entonces, como dice el proverbio anglosajón "no podemos comernos el pastel dos veces". O un judío francés es, antes que nada, y por encima de todo, un francés, o es antes judío y sólo en segundo lugar, supletoriamente, francés. En tal caso, no es lógico que goce de los derechos de un francés, y si sólo de simple residente en Francia. De este sencillo supuesto partió Hitler. Y es curioso que quien le dé la razón sea no sólo el citado Herzl, sino uno de los mayores enemigos – de Hitler-. y contemporáneo suyo: el rabino Stephen Wise (a) Weisz, cuando afirmó que él era "americano desde hacía sesenta años, y judío desde hacia sesenta siglos". La pretensión del Estado de Israel a ser el heredero de los derecho de los judíos aunque hayan nacido fuera de Palestina, es, pues, indefendible desde el punto de vista legal, mientras que desde el punto de vista moral sólo podría defenderse si se acepta la tesis hitleriana de que el judío es, primordialmente judío, esté donde esté. Y decimos "podría" porque debiera partirse del supuesto de que el Holocausto pertenece a la realidad y no al reino de las utopías.

El Fraude debe ser mantenido incólume a toda costa, ya que el presupuesto del estado de Israel es regularmente deficitario, y solamente puede ser nuevamente puesto en pie gracias a las indemnizaciones alemanas y a las subvenciones de unas cuantas grandes bancas judías. No obstante, el peso de la manutención del estado de Israel recae en el titulado estado de la República Federal Alemana, quien, hasta 1975, había pagado al gobierno de Tel-Aviv, la cifra de 52.400.000.000 marcos, estando previstos hasta 1980 otros 27.600.000.000 marcos. En total, pues, 80.000 millones de marcos, es decir unos dos billones y medio de pesetas.[274] Además, Israel ha recibido, en mecancías solamente, el equivalente de 750 millones de dólares, a saber, sesenta unidades navales, cinco centrales térmicas construidas por Alemania Federal en Israel, modernización del sistema ferroviario y del puerto de Haifa,

---

[274] "*Das Parlament*", Bonn, 4-XI-1972.

contribución a la canalización del desierto del Negev, equipo para la explotación de una mina de cobre, tractores, maquinaria, herramientas y 190 millones de dólares en petróleo.[275]

Alemania Federal paga, además, reparaciones a título individual. Una revista americana de gran tirada[276] cita algunos casos extraordinarios: tal hombre de negocios judío, que afirmaba haber sido torturado por los alemanes, y que ha recibido, hasta hoy, 32.500 dólares a título de indemnización y que recibe, además, una "compensación" mensual de 220 dólares; tal viuda de un dentista judío, que emigró de Alemania en 1939 se instaló en África del Sur, donde murió en su cama cinco años más tarde, viuda que recibió una "indemnización" de 25.000 dólares y debe recibir aún una "compensación" suplementaria de 7.000 dólares; tal rabino instalado en el Brasil, que recibe una pensión mensual de 500 dólares; tal judío de Sydney (Australia) a quien conocemos personalmente, y que recibió una indemnización de 10.000 dólares en 1968. Motivo: su padre emigró de Alemania en 1937 y debió vender su fábrica de jabón.

Las más inverosímiles demandas de indemnizaciones, siempre que procedan de judíos, tienen, invariablemente, buen fin. Por ejemplo: un judío que intentó enrolarse en el ejército, en 1936, fue rechazado por motivos raciales. Los alemanes no querían judíos en su ejército. Ese judío, ahora sexagenario, reside en Israel, y, aparte de una pensión como ex- internado en Auschwitz (¡otro superviviente!), cobra una "compensación" de 187 dólares mensuales del Gobierno de Bonn. Este caso nos ha parecido curiosísimo. ¿A título de que percibe una "compensación" ese judío? ¿Para compensarle de no haberle permitido los nazis ingresar en la Wehrmacht y ser un buen soldado, en cuyo caso pudiera haber sucedido que un disparo suyo alcanzara

---

[275] "U.S. News and Wold. Report", XII-1964.
[276] "U.S. News & Wold Report, Enero 1965.

a uno de los escasos judíos que estaban en primera línea? ¿O tal vez para compensarle de que no le hubiera permitido ser un mal soldado, tal vez un saboteador? Sería, ciertamente, instructivo, saber por que se queja – y para calmarse percibe una pensión, al cabo de más de cuarenta años – este israelita. ¿O tal vez hay que llamarle alemán? ¿O judeo-alemán? ¿O alemán de religión judía?

Claro que – como. la perfección, ya se sabe, no es de este mundo – a veces suceden accidentes. Por ejemplo, el profesor Hans Deutsch, un abogado judío, obtuvo ochenta y. cinco millones de marcos, en concepto de indemnizaciones, del Gobierno de Bonn, para varios clientes correligionarios suyos. Luego, sintiéndose cada vez más seguro de si mismo, reclamó treinta y cinco millones de marcos que era el valor que él atribuía a la colección de objetos artísticos Havatny, que, según él, había sido robada por los Nazis. A causa de una serie de contradicciones entre los testigos del cargo, pudo probarse que los Nazis no eran quienes habían robado esa colección, y el Profesor Deutsch fue condenado a dieciocho meses de cárcel. Por tonto. No por estafador. Porque si hubiera sido listo, y en vez de tomar sus deseos por realidades, no hubiera dado por supuesto que los ladrones eran necesariamente Nazis y hubiera investigado, habría descubierto que el "rackett" de las obras de arte, en Eúropa, era un bien montado negocio de correligionarios suyos, puesto en marcha a partir del final de la guerra. Las "reparaciones" de Alemania Federal a Israel deben terminar, totalmente, en 1980. Decimos "totalmente" porque el término "reparaciones" cubre diversos conceptos, tales como "indemnizaciones", "retroacciones", "acuerdo con Israel", "acuerdo con personas individuales", "acuerdo con personas juridicas" y "otros acuerdos". Digamos, de paso, que la palabra "acuerdo" nos parece, aquí, un dulce eufemismo. No obstante, y curándose en salud, el muy influyente y sionista "New York Times" ya anunciaba, el 18 de Enero de 1975, que se preparaban nuevas estipulaciones (commitments), entre el Gobierno de Bonn y el de Tel-Aviv para cubrir nuevas indemnizaciones de casos individuales y colectivos no previstos hasta entonces. Ahora bien, para substanciar la perpetuación del chantaje al Gobierno de Bonn, es preciso, dada la total ausencia de pruebas que evidencien la realidad del Fraude, crear una atmósfera emocional que justifique, a los ojos de las masas ignorantes, las nuevas punciones, necesarias a la supervivencia del Estado de Israel y a los intereses políticos de la Unión Soviética.

Esa atmósfera a que nos referimos ya la crearon, en su día, los llamados "mass media" – Prensa, Radio, Cine, y best-sellers folletinescos de gran tirada, estilo Ana Frank, pero el tema, como todo, se ha ido gastando. La gente cada vez lee menos libros, las mentiras habituales de la Prensa la van desprestigiando cada día más, hasta el punto de que las únicas secciones que se leen con interés, por la mayoría, son las deportivas, y la Radio ha ido perdiendo terreno en beneficio de la Televisión. Este es el nuevo "ídolo" del hogar y a él han dirigido su atención los poderes fácticos que moldean la llamada opinión pública de acuerdo con sus intereses. Prácticamente todas las cadenas de Televisión, tanto occidentales como orientales, están dirigidas por judíos que, en Occidente al menos, son, además, sionistas, y los programas siempre están orientados de modo que todo lo relacionado con los judíos en general y los sionistas en particular aparezca desde el ángulo más favorable posible. Ahora bien, los engendros sobre el Gran Fraude eran, hasta ahora, relativamente escasos. Pero ante la necesidad de "relanzar", de reactivar el clima para hacerlo propenso a la perpetuación del chantaje, era necesario acudir a la pequeña pantalla, para martillear retinas, oídos, y cerebros del hombre disuelto en la masa, violando su intimidad y la de su familia, mediante un lavado de cerebro que aniquila la capacidad de raciocinio de los más.

En Abril de 1978 apareció, en la Televisión Americana, y en todas sus cadenas, una serie titulada "Holocausto", auspiciada por la "Jewish Anti Defamation League" (Liga Anti-Difamatoria Judía), entidad de todo poderosa influencia en los Estados Unidos, y cuya misión práctica consiste en suprimir o atenuar cualquier noticia no favorable a los intereses judíos en los grandes medios de comunicación.

"Holocausto" es, según se asegura en la presentación del "show", una historia real. La historia de la familia de un doctor judío en Alemania, antes de la guerra. Luego, hay otra familia, alemana, de raza aria, la cual es ayudada por la familia judía. Más tarde, el hijo de la familia alemana se convierte en un bestial oficial SS, siempre presionado por una esposa ambigua. Los "pobres judíos" son enviados a un campo de concentración y sus vidas estan en las manos del oficial alemán cuya familia fue ayudada antaño, por el doctor judío, etcétera, etcétera, etcétera. Se asegura que este film no puede ser visionado sin la compañía de unos cuantos pañuelos. "Holocausto" es la película serie, más cara de toda la historia de la Televisión, y la promoción y propagan. da que se le ha hecho a través de todos los medios de difusión ha sido igualmente la más aparatosa que se recuerda.

Todas las personas relacionadas con el laborioso parto de este film son judías. El libro ha sido escrito por Gerald Green (Greenberg), Herbert Brodkin y Robert Berger (Golberger). Se trata de una extravagancia de nueve horas y media, en cuatro series de unas dos horas y media cada una, amazacotada dentro de doscientos millones de cabezas, para instalarles un sentimiento de culpabilidad, pues para algo se dice en la introducción de "Holocausto" que "lo que sucedió en Alemania pudo haber igualmente pasado en cualquier otro lugar de América o de Europa".

Los derechos de esta cinta han sido adquiridos por las principales cadenas de Televisión de Europa, con la Televisión de la República Federal Alemana en primer lugar.

Como hemos dicho se ha pretendido que "Holocausto" era una historia "real". Como tantas cosas que se dicen relacionadas con el tema del Fraude, ello es falso. En la revista "Thunderbolt" en 1978 apareció una reproducción de un contrato concluido entre "Bantam Books" y el autor de Holocausto, en el que se reconoce explícitamente que ese libro es una **novela**, cuyo autor es G. Green y está basada en la historia de dos familias **ficticias**. Incidentalmente, nos enteramos que Berger y Brodkin no son más que los adaptadores de la novela a la TV,y de que el director es Marvin Chomsky. Finalmente, el editor de la novela es S. Apfelbaum. Todos estos individuos son judíos.

De una cosa estamos seguros. Cuando "Holocausto" llegue a Europa, y se imponga, a través de todas las cadenas de Televisión, públicas y privadas, a las gentes, se preparará otro "show" televisivo, o se descubrirán, muy oportunamente, en una buhardilla, las "memorias" de un niño paralítico, perseguido por los nazis. Entonces se hará una edición especial de un par de millones de ejemplares, la Prensa, la Radio y la Televisión actuarán de caja de resonancia. se volverá a hablar ad nauseam del Gran Fraude, e Israel volverá a obtener substanciales reparaciones de la República Federal. Y vuelta a empezar.

En la presente obra nos hemos limitado a la demolición del Fraude, el mayor y más vergonzoso de la historia de la Humanidad. No hemos querido ocuparnos de una comparación de la conducta general de Alemania. en la pasada guerra, con la de los Aliados, tanto soviéticos como Occidentales. Ello lo dejamos para otra ocasión. Nos limitaremos a exponer que al final de la contienda y durante treinta y tres años, se ha ido ejecutando a miles de vencidos e imponiendo diversas penas a cientos de miles, sin que ni uno solo de los vencedores haya sido acusado de crímenes de guerra. Esto sólo ya demostraría, si fuera necesario, la absurdez del maniqueísmo instaurado, con pretensiones de Justicia, cuando se callaron los cañones empezó a hablar la Venganza. hipócritamente disfrazada de Moral. Esto sólo ha sido posible porque los medios de comunicación, tanto en las democracias occidentales como en las populares se hallan en manos, ya de sionistas, ya de individuos sirviendo a intereses sionistas, directa o indirectamente; dichos medios de comunicación constituyen la máquina de mentir más perfecta que se ha inventado, mucho más perfecta de lo que individuos dotados de criterio independiente imaginan:

También sin ser objetivo, el contenido de esta obra implica una relación con Palestina. La "justificación" que los judíos – se presenten o no como sionistas – , dan para la expulsión de los árabes de Tierra santa se apoya en la leyenda de los Seis Millones en gran parte. Naturalmente, el argumento es tan débil que no merece ni la denominación de tal; Palestina no fue invadida por Seis Millones de judíos muertos, ni por un sólo judío muerto, sino por dos o tres millones de judíos vivos. Y, en todo caso, no parece susto, ni razonable, ni equitativo, ni digno de un cerebro normal, hacer que los árabes paguen por lo que se afirma que los alemanes hicieron a los judíos en Europa. Se ha dicho que Israel es un refugio para los perseguidos. Esto es falso. Nadie persigue ahora a los judíos. Y, por otra parte, no se ha admitido en Israel a todos los que tuvieron dificultades con los Nazis. Ya hemos visto el caso de Rita Eitani, y el del Padre Rufeisen. En Israel son admitidos a residir como nacionales sólo judíos de raza, que no hayan adoptado otra religión, e independientemente de que hayan o no hayan tenido problemas con los Nazis.

El Fraude de los Seis Millones, pues, sirve para perpetuar el chantaje a Alemania Federal, que subvenciona el inviable y artificial estado israelita. También sirve de caución moral a Israel, con la falacia del "estado-refugio". Paralelamente, sirve, como hemos visto, los intereses de la Unión Soviética, al presentarse al pueblo alemán como un hato de salvajes, capaces de perpetrar un genocidio sin par en la historia del mundo.

CONCLUSION

Creemos haber demostrado, en las páginas precedentes, los siguientes puntos:

1) Los Nazis querían que los judíos emigraran; de Alemania, primero. De toda Europa después. Pero no querían liquidarlos físicamente. De haberlo querido, más de quinientos mil judíos no estarían actualmente en Israel cobrando indemnizaciones de Alemania Federal. Si algo les sobró a los Nazis para exterminar a los judíos fue tiempo. Seis años desde que empezó la guerra y doce desde que tomaron el poder, muy democráticamente por cierto.

2) Es un hecho histórico que los Nazis intentaron solucionar el problema judío a base de facilitar su emigración ordenada a otros países. Las grandes "democracias", que mantenían inexplorados y vacíos inmensos territorios no dieron ciertamente facilidades. El poderoso movimiento sionista no presionó tampoco para activar una emigración ordenada, tal como deseaba Hitler. A tal movimiento político incluso le convenía que algunos cientos de miles de correligionarios suyos pasaran penalidades en Europa. Penalidades que luego se cobrarían al ciento por uno, política o económicamente, y ayudarían a mantener la cohesión del Judaísmo. Hitler ofreció una solución del problema judío en el discurso ante el Reichstag el 6 de Octubre de 1939, después de la campaña de Polonia. A parte de proponer la paz, el punto 3º de su discurso vetsó sobre "Un intento de ordenar y solucionar el problema judío". Su propuesta no halló el menor eco en los gobiernos de las democracias occidentales.

3) Ni un sólo judío fue gaseado en Alemania y Austria, y cada vez hay más pruebas de que tampoco ocurrió en Auschwitz. Está demostrado que las pretendidas pruebas presentadas sobre los supuestos gaseamientos en

Auschwitz son burdas mentiras, culminadas con el milagro atribuido a los Nazis, capaces de dinamitar las cámaras de gas, para hacer desaparecer las huellas de su crimen, sin que los crematorios, que se hallaban en el piso de encima, según las autoridades polacas, sufrieran daño alguno. Hubo ciertamente crematorios para incinerar a los que habían muerto por diversas causas, incluyendo los genocidas raids aéreos de la aviación Aliada.

4) La mayor parte de los judíos que perecieron en pogroms lo fue a manos de las poblaciones civiles antes de la llegada de la Wehrmacht, la cual estaba interesada en el "manpower" que podían representar los judíos en la industria y la agricultura.

5) La mayor parte de los judíos que perecieron a manos de los alemanes eran elementos subversivos, espías o partisanos. En muchas ocasiones, también, los judíos eran víctimas de las represalias contra las actividades de los citados partisanos. Las ejecuciones de rehenes, con todo lo lamentables que puedan ser, están previstas en todos los códigos militares del mundo, y su justificación radica en la existencia de los propios partisanos. Son éstos los que rompen la barrera entre combatientes y no-combatientes al no llevar uniforme y refugiarse en el anonimato de la población civil. Lo que pueda sucederle a éste será responsabilidad de los partisanos, que actúan fuera de las leyes de la guerra, y no del ejército regular. También perecieron muchos judíos, en los campos de concentración, ejecutados por actos de sabotaje. [277] La ejecución de saboteadores en tiempo de guerra está igualmente prevista en los códigos militares, y no sólo en el alemán.

6) Si fuera cierto que los Nazis ejecutaron, de hecho, a Seis Millones de judíos, el Judaísmo solicitaría subsidios y más subsidios para fomentar las

---

[277] Los propios judíos se han enorgullecido de su labor de sabotaje. Por ejemplo, en el campo de Dora, donde se fabricaban las V-2, los judíos sabotearon su puesta a punto, de manera que un buen porcentaje de las mimas quedaran inutilizadas. En Sachsenhausen la dirección del campo debió solicitar, la ayuda de la Gestapo ante la magnitud de los sabotajes en la fabricación de motores Heinkel. ("*Impossible Oubli*", Paris, 1970).

investigaciones sobr el Genocidio, e Israel pondría sus archivos a disposición de los historiadores. Ni el Judaísmo ni el estado de Israel lo han hecho así. Muy al contrario, a todo aquel que ha intentado estudiar el problema seriamente lo han boycoteado, moral o materialmente. Esto constituye, a nuestro juicio, una prueba moral de que la cifra de los Seis Millónes es una estafa.

7) No hay ni una sóla prueba material del Genocidio. Hemos demostrado que la cifra de Seis Millones de gaseados es demográfica y materialmente imposible, así como técnicamente irrealizable. El modus operandi descrito por los autores del Mito es farragoso, innecesaria y ridículamente complicado y de un costoso prohibitivo en tiempo de guerra. Los testimonio aducidos (Höttl, Höss, Eichmann, Gerstein) son inválidos: a) por haber sido, según es público y notorio, obtenidos bajo coacción. b) por no haber sido posible someterlos a contrainterrogatorio de la defensa, lo cual los descalifica automáticamente.

8) Son los acusadores los que tienen la obligación de presentar la prueba de que los Nazis gasearon a Seis Millones de judíos, y no los acusados Nazis. El fardo de la prueba recae, en todos los países civilizados, en el acusador, y no en el acusado. Demostrar una verdadera culpabilidad es mucho más fácil que demostrar una verdadera inocencia. ¿Cómo va a poder demostrar, el hombre más honrado del mundo, que nunca robó nada a nadie? Es el acusador quien tiene que demostrar sus cargos. Por tal motivo, los juicios contra antiguos SS, guardianes de campos de concentración, a los que se declara a priori miembros de organizaciones criminales y deben demostrar su inocencia sobre hechos que se suponen acaecidos hace treinta y cinco años, no son más que linchamientos legales.

9) Lademostración obvia de que la cifra de Seis Millones no tiene ningún fundamento nos la da el hecho de que los propios historiadores, escritores, publicistas y políticos judíos, sionista o no, presentan discrepancias verdaderamente ridículas en sus cálculos. Tras hacer firmar al desgraciado

Gerstein (suponiendo que existiera) que los Nazis asesinaron a 45 millones de judíos, y luego, dos meses más tarde, reducir la cifra a 25 millones, para dejarla en "20 millones y pico" (sic) se descendió gradualmente a once millones, luego a ocho millones y finalmente se estabilizó la cuenta en la cifra de Seis Millones. Esta cifra perduró casi veinticinco años, en realidad aún perdura, pero coexiste con nuevas cifras. Por ejemplo, el Fiscal del Proceso Eichmann citó la cifra de 5.700.000, pero el Juez en sus conclusiones rehusó complicarse la vida con cifras y habló de "varios millones de inocentes judíos".[278] William Shirer el buda de los historiadores judíos, asegura que los Nazis asesinaron a cuatro millones de judíos.[279] Josef G. Burg deja la cifra en 3.323.000 y aún se cubre con la frase de que "a tal cifra se llega tomando como ciertas las cifras de los más desenfrenados cultivadores de esa Mentira" (el supuesto Genocidio). El Padre Daniel Rufeisen corrige ligeramente las cifras de Burg y cifra el número total de judíos muertos en el transcurso de la contienda – por todos conceptos, incluyendo las causas naturales – en unos tres millones, como máximo. Aldo Dami – medio judío y casado con una judía – da la cifra de medio millón, también como máximo. Y el doctor Listojewski, un judío californiano, tras estudiar durante dos años el problema, afirma que el número máximo de judíos que perecieron durante el periodo hitleriano osciló entre 350.000 y 500.000 y remacha "Si nosotros, los judíos, aseveramos que fueron Seis Millones, es una gran mentira.[280] Finalmente, el judío americano, Doctor Freedman, como ya hemos visto, cree que la cifra de bajas judías no excedió de las 300.000 mientras niega en redondo la Mitología del Holocausto.

---

[278] En toda la Historia del Derecho, esta fue la primera vez que un acusado fue declarado culpable de un número indeterminado de crímenes. Incluso en los procesos contra las "brujas" en la Baja Edad Media se debía especificar, obligatoriamente, cantidad y calidad de los delitos imputados. Normalmente, el Juez del Proceso de Jerusalén debiera haber sido revocado, y el juicio anulado y repetido con otro juez, que se ajustara a derecho (N. del A.)

[279] William Shirer: *"Rise and Fall of the III Reich"*.

[280] Publicado en la Revista *"The Broom"*, de San Diego, California, el 11 de mayo de 1952.

10) El mutismo de la Cruz Roja Internacional y del Estado Vaticano como institución, tanto durante la guerra como al final de la misma, sobre el plan genocida oficial u oficioso ideado y puesto en práctica por los Nazis para exterminar a los judíos, demuestra que tal plan no existió.

11) En número aproximado de bajas sufridas realmente por los judíos se sitúa, en nuestra opinión, entre 250.000 y 400.000. Esas cifras representan, para nosotros, el mínimo y el máximo. La razón de tan importante diferencia estriba en la absoluta falta de credibilidad de los testimonios emanados de fuentes rusas o polacas, y también del hecho de que a veces los judíos son catalogados como tales en las estadísticas, y a veces como rusos, polacos, etc,. No obstante, y remitiéndonos a lo que manifestamos en el epígrafe **"¿Cuantos murieron en realidad?"** creemos que la cifra debe situarse alrededor de los 300.000. Damos por supuesto que un tercio de las personas muertas en campos de concentración eran judías (no debemos olvidar que los prisioneros de guerra rusos se contaban por millones), y si, según la Cruz Roja Internacioñal murieron en los campo de concentración unas 395.000 personas podemos desglosar las bajas de la siguiente manera, en lo que concierne a los judíos: unos 130.000 en los campos de concentración, a causa de infecciones, mala alimentación al final de la guerra, causas naturales, bombardeos aéreos, y, eventualmente, malos tratos de algunos guardianes, entodo caso, individuales y a espaldas del mando. Debe, además, insistirse en que las condiciones de vida de los internados empeoraron cuando los alemanes entregaron la administración interna de los campos a los "kapos", es decir a los propios internados. Unos noventa mil en acciones bélicas a manos de los "Einsatzgruppen" (esta cifra es la máxima que se ha admitido por los propios judíos que pretenden ser historiadores). Y podemos cifrar el resto de los muertos judíos (a causa de su participación en los movimientos de resistencia occidentales; en el alzamiento armado del ghetto de Varsovia, de los bombarderos aéreos Aliados, por actos de sabotaje, subversión y espionaje y por causas naturales) en una cifra intermedia entre 50.000 y

100.000 personas. Es decir, en total, más o menos las que murieron en una noche en el bombardeo terrorista de la ciudad-hospital de Dresde, perpetrado por la aviación aliada, drama del que nunca se ocupan nuestros grandes medios de "información".

12) La finalidad del Fraude tiene una doble vertiente: por un lado, impedir una auténtica unidad del bloque Occidental, lo cual sólo puede redundar en beneficio de la URSS. Por otro, obtener fondos, mediante la operación de chantaje y difamación más monstruosa del toda la historia del mundo, para el estado de Israel.

BIBLIOGRAFIA

John Amery, *The Boer War.*

Austín J. App, *Morgenthau Era Letters*; *The Six Million Swindle.*

Adrien Arcand, *A bas la haine!*

Harry Elmer Barnes, *Blasting the Historical Blackout.*

Russell Barton, *History of the Second Wold War.*

Hans Beimmler, *Four Weeks in the hands of the Hitler Hell*;

Hounds: *The Nazi Murder Camp of Dachau.*

Montgomery Belgion, *Victor' s Justice.*

Georges Bonnet, *Miracle de la France.*

Charlotte Bormann, *Die Gestapo lasst bitten.*

Louis Brandeis, *The Jewish Problem and how to solve it.*

Margarette Buber, *Under two dictators.*

Josef F. Burg, *Schuld und Schicksal*; *Suendenboecke*; *NS Verbrechen-Prozesse.*

Christopher Bumey, *The dungeon Democraty.*

Arthur R. Butz, *The Hoax of the 20th Century*.

Charles Callan Tansill, *Back door to war*.

William Guy Carr, *Pawns in the game*.

Thies Christophersen, *La mentira de Auschwitz*.

Winston S. Churchill, *Memorias*.

Elie A. Cohen, *Human Behaviour in the concentration camps*.

Cyril Connolly, *The Golden Horizon*.

Michael F. Connors, *The Development of Germanophobia*.

Henry Coston, *Les financiers qui mènent le monde*.

Aldo Dami, *Le dernier des Gibelins*.

Lucy Davidovicz, *The War against the Jews, 1933–45*.

Eugene Davidson, *The trial of the Germans*.

Elizabeth Dillings, *The plot against Christianity*.

Maurice Leon Dodd, *How many wold wars?*

Josiah E. Du Bois, *The Devil's Chemists*.

Denise Dufournier, *Ravensbrück, the Women's Camp of Death*.

Ivor Duncan, *Die Quelle des Pangermanismus*.

Robert E. Edmondsson, *I Testify.*

Dwigth David Eisenhower, *Cruzada en Europa.*

Leon Feuchwanger, *Der Gelbe Fleck: Die Ausrottung von 500.000 Deutschen Juden.*

Briand Ford, *Armas Secretas Alemanas.*

James V. Forrestal, *The Forrestal Diaries.*

Philip Friedmann, *This was Auschwitz: the Story of the Murder Camp;*

Willi Frischauer: *Himmler, evil Genius of the III Reich.*

O. Garrison Willards, *The true story of the Lusitania.*

Charles Gibbon, *Decline and Fall of the Roman Empire.*

Robert A. Graham, *Actes et Documents du Saint Siège.*

Michael Grant, *The Jews in the Roman Wold.*

Gerald Green, *Holocaust.*

Nerin E. Gun, *The Day of the Americans.*

Charles G. Haetmann, *There must be no Germany after war.*

Richard Harwood, *Did Six Million Really Die?*

Theodor Herzl, *A Jewish State.*

Raul Hilberg, *The Destruction of the European Jews.*

David Irving, *Dresde*.

Theodor Nathan Kauffmann, *Germany Must Perish*.

Benedikt Kautsky, *Teuffel und Verdammte*.

Arthur Koestler, *El Cero y el Infinito*.

Eugene Kogon, *The Theory and Practice of Hell*.

Gustave Le Bon, *Psychologie des Foules*.

Mark Lautern, *Der Letzte Wort über Nürnberg*.

Olga Lengyel, *Five Chimnevs*.

Johann M. Lenz, *Christ in Dachau*.

Jakob Letchinsky, *La situation économique des Juifs depuis la deuxième guerre mondiale*.

Nora Levin, *The Holocaust*.

Luwdig Lewissohn, *Israel*.

Charles Lindbergh Jr., *The Wartime Journal*.

Manveil & Frankl, *Heinrich Himmler*.

Louis Marschalsko, *World Conquerors*.

David Maxwell Fyfe, *The Belsen Trial*.

Ralph W. McInnis, *Managed Atrocities*.

Roland L. Morgan, *The biggest lie.*

Francis Neilson, *How diplomats make war.*

Robert Neumann, *Hitler.*

Max Nordau, *Die konventionellen Lügen der Kulturmenschheit.*

Mikios Nyiszli, *SS Obersturmführer Mengele.*

Olivia Marie O'Grady, *Beasts of the Apocalypse.*

R. T. Paget, *Manstein, his campaign and his trial.*

Einzig Pall, *Can we win the peace?*

Leon Poliakov, *Le Troisième Reich et les Juifs.*

Jakob Presser, *The Destruction of the Church Jews.*

Hermann Raschhoffer, *Political Assassination.*

Paul Rassinier, *Le Mensonge d'Ulysse*; *Le passage de la ligne*; *Le Drame des Juifs Européens*; *Le procès Eichmann ou les Vainqueurs Incorrigibles*; *Les Responsables de la II Guerre Mondiale.*

Gerald Reitlinger, *The Final solution; The SS: Alibi of a Nation.*

Jean-Paul Renard, *Chaînes et Lumières.*

Anthony E. Rhodes, *The Vatican in the Age of the Dictators.*

Emmanuel Ringelblum, *Notes from the Warsaw Ghetto.*

Wilmot Robertson, *The Dispossessed Majority.*

Arthur Rogers, *El misterio del Estado de Israel.*

David Rousset, *The other kingdom.*

Bertrand Russell, *The Scourge of the Swastika.*

Max Ruppin, *Die Juden der Gegenwart.*

Frank I. Scheidl, *Geschichte der Verfermung Deutchslands.*

Ernst Schnabel, *Spur eines Kindes.*

William Shirer, *Rise and Fall of the III Reich.*

J. M. Spaight, *Bombing Vindicated.*

Albert Speer, *Memorias.*

Kurt Tucholsky, *Deutschland, Deutschland über alles.*

Samuel Waagenaar, *The Pope's Jews.*

Charles Waddell, *The Makers of Civilization.*

Jakob Wassermann, Beruf, *Konfession und Verbrechen.*

Chaim Weizmann, *Great Britain, Palestine and the Jews.*

G. M. Trevelyan, *History of England.*

Leon Uris, *Exodus.*

Encyclopoedia Britannica.

Encyclopoedia Judaica.

Midrash Rabbah.

Evangelio de San Juan.

Libro de Isaías.

Exodo.

Almanaque Mundial 1942.

Rapport del Comité Internacional de la Inter-Arma Caritas, 1947.

Jewish Encyclopoedia.

The Guinnes Book of World Records.

Boletín de la *"American Association for the Advancement of Science".*

Unity in Dispersion, editado por el Congreso Mundial Judío.

Brittons Publishing Society, *The Jewish Problem as dealt with by the Popes.*

150 Genios opinan sobre los judíos, Editorial Bau. Barcelona.

Y las revistas y publicaciones: *New York Herald Tribune*, New York (2-III-20/14-VI-38). The *New York Times*, New York (5-1141/1 1-I-45/12-VIII-72). *The International Tribune*, New York (1 1-VI-73). Aufbau, New York (I3-VIII-48). Collier s, New York (9.VII-45). Time, New York (18-11-57/31 -X-60/1 1-11-57/1 2-11-65). New Russian World, New York (30-IX-60). *Economic*

Council Letter, New York (1 5-IV-59). *U.S. News & World Report*, New York (XIII.64/I-65). *Jewish Sentinel*, Chicago (30-III-78). *Washington Daily News* (9-149). *Menorah Journal* (I.IV-46). *Chicago Tribune* (3.1148). *South Carolina Sunday Post* (1 1- VII-54). *Portland Journal* (13.II.33). *Common Sense*, Union, New Jersey (I5-IV-67). *The Broom*, San Diego (I I.V.52). *Our Sunday Visitor* (14-V159). *Sunday Pictorial* (9.149). *Deutsche Wochen Schrift*, Saint Louis (20-IX-58). *Jewish Chronicle*, Londres (9-XI.28/8- IX.39/8.V42-22-143). *The Globe*, Londres (IV.18). *Week End,*. Londres (25.29-IV-6 1/25.I-63). *Jewish World*, Londres *News Review*, Londres (21.VII.38). *Le Porc Epic*, Paris (3-XII.38). *Pavés de Paris* (3.11.39). *Charivari*, Paris (VIII-68). *La Terre Retrouvée*, Paris (1 5.XII-66). *L'Impossible Oubli*, Paris (1970). *Le Pilori*, Paris (2-IX-38). *Die Zukunft*, Berlin (1 7-X-1 4/4-111.19). *Völkischer Beobachter*, Berlin (2-IV-33). *Tagespiegel*, Berlin (19.147. *Das Parlament*, Bonn (4-11-72. *Deutsche National Zeitung* (23.11-73). *Deutsche Wochen Zeitung* (6-V-7 7/7.V.177). *Europa-Action*, Coburg (20-IX- 65). *Nation-Europa*, Coburg (VIII.56). *Die Tat*, Zurich (19.1.55). *Baseler Nachrichten* (13- 1V46). *Central Blad voor Israeliten in Nederland* (13-1X-39). *South African Observer* (VIH- 77). *Toronto Evening Telegram* (26.11-40). *Nationalist News*, Dublin (21-XII-64). *Evening Press*, Dublin (1.65). *Perseverance*, Merredin, Australia (15 -5-77). *Ainikeit*, Moscú (5-X1142). *Deja*, Bilbao (5-IX-78). *Revista de Occidente*, Madrid (II-1 977). *Mundo*, Madrid (9-11-47).

EPILOGO SOBRE EL LIBRO "HOLOCAUSTO"

Desde la terminación de este libro hasta el momento de su aparición, el tema de los Seis Millones de judíos exterminados por los Nazis ha cobrado renovada virulencia con la exhibición de la película televisiva "Holocausto", que ha aparecido en varios países de Europa Occidental y en América, y que, según parece, debe aparecer en breve, igualmente, en la TV española. Dicha serie televisiva – cuatro capítulos de dos horas y media cada uno - está basada en un libro escrito por un judío apellidado Green, y pretende estar basado en hechos reales. Pero no hace falta ser un Sherlock Holmes de la Literatura para descubrir en ese mediocre mamotreto un buen centenar de flagrantes contradicciones, que convierten la obra en una verdadera e Involuntaria antología de la falsificación histórica.

Según el autor de "Holocausto", todos somos asesinos. Ya no se trata de los Nazis. Ya no se trata de los alemanes. Se trata de, prácticamente, todos los Gentiles, es decir, de toda la Humanidad, menos el Pueblo Elegido de Jehová. "Todos somos culpables...", dice, hipócritamente, el introito de la versión telçvisiva americana. Ese "somos" vale su peso en oro. Se da a entender a un público crédulo e idiotizado que el autor de "Holocausto" es un Gentil que reconoce amargamente sus culpas. Y no sólo el plumífero que lo redactó, sino el director cinematográfico que lo trasladó a la pantalla. Pero tanto uno como el otro son judíos. Brodkin, el que lo filmó, es el mismo director que pariera "Roots" ("Raíces") en que también se "reconoce" que los blancos, y la Raza Blanca en general, son unos salvajes que medran gracias a la Esclavitud, cuando fue precisamente la Raza Blanca la que la abolió. Igual que en "Raíces", también en "Holocausto" aparece la historia de una familia; la familia de un doctor judío que ejerce en Alemania. Esa familia, naturalmente, es amable y compasiva. A pesar de ser una familia relativamente numerosa, parecen vivir muy bien, de donde cabría suponer que se ganan bien la vida, pues el único que trabaja es el padre, el doctor. Un hijo es artista, con escaso éxito, debido sin duda a la sensibilidad del ambiente alemán que le rodea, y el otro un futbolista de talento aunque, por motivos oscuros, e inexplicados en el libro, no ejerce como profesional.

Lógicamente, quien debe mantener a esa ejemplar familia es el papá doctor; la mantiene harto bien, lo repelimos, pues hasta posee un piano de cola, detalle éste que se pormenoriza al menos media docena de veces a lo largo del libro, con el fin – salta a la vista – de demostrar: (a) que además de amable y compasiva, la familia es cultivada y rica. (b) que los alemanes no judíos son unos pobretones, cuando la simple posesión de un piano (de cola) es restregada tantas veces por las narices del sufrido lector, como signo externo de riqueza. Pues bien, ese papá doctor que, de acuerdo con la lógica narrativa, debe ganarse muy bien la vida, suele olvidarse de cobrar sus honorarios a sus pacientes.

¡Admirable!

Junto a esa familia ejemplar aparece otra familia alemana, de extracción no judía, la cual, antes de la guerra, ha sido ayudada por la familia del buen doctor judío. Más tarde, el hijo de esa familia alemana se convierte en un bestial oficial de las SS, motivado por su ambiciosa esposa. Los pobres judíos, familiares del doctor, son enviados a un campo de concentración y sus vidas están a merced del oficial SS cuya familia fue ayudada tan generosamente por la del doctor. ¡Casualidades de la vida! Indudablemente, si la versión televisiva es digna de la novela, habrá que visualizarla provisto de media docena de pañuelos. Hemos dicho que "Holocausto" no es un ataque a Alemania, ni siquiera a los Nazis, sino un ataque a toda la Raza Blanca. Si la moda imperante, que ama los eufemismos, prefiere describirlo de otra manera, estamos dispuestos a admitir que no es un ataque a la Raza Blanca (las razas, como se sabe, no existen) sino a "los individuos de pigmentación clara y rasgos caucasianos". Cuando se presentó la serie de televisión ante las pantallas americanas ya se tuvo buen cuidado en precisar que "las escenas descritas en Holocausto sucedieron en Alemania, pero pudieron haber sucedido en cualquier otro lugar civilizado, pudieron haber sucedió aquí, **en América**". De esta insólita frase parecería deducirse que para perpetrar las escenas descritas en Holocausto es condición sine qua non ser "civilizado"; en otras palabras, la persecución de los judíos sólo puede elevarse a cabo cuando se posee un cierto grado de civilización, toda vez que a los no civlizados, es decir, a los salvajes, por no se sabe qué oscuras afinidades, los judíos les caen muy bien. Pero mejor será no internarse por los senderos de la Lógica, pues esa rama de la Filosofía está reflida con los autores de ese libro fantástico.

En "Holocausto", en efecto, hay para todos. Para los polacos no hay más que alusiones malévolas, incluyendo su antisemitismo, que les llevaba a participar en las persecuciones antijudías (páginas 80 a 84, 188, 352, 356, 357, 379). Los ucranianos no salen mejor parados: "De todas formas, a los ucranianos los judíos les importaban una mierda" (pág. 208). Y los rusos: "Los guerrilleros judíos, en Rusia, siempre se encontraban en movimiento, con el fin de mantenerse fuera del alcance, tanto de los alemanes como de los guerrilleros cristianos (sic) que eran capaces de matar a cualquier guerrillero judío extraviado sin la menor vacilación" (página 250). En la página 353 hay para los lituanos. Y en todo el libro, para los húngaros, los checos, los eslovacos, los letones (que deberían ser, todos, de la SS), los estonianos y, por supuesto, los alemanes.

Si dejamos el terreno étnico y nos adentramos en el religioso, el panorama no varía, pues hay – y mucho – contra los católicos. Así, por ejemplo, en la página 142 se afirma: "Cuando se descubrió la matanza (por los Nazis) de las personas inservibles, el Vaticano presentó enérgicas protestas a Berlín. Los religiosos anglicanos hicieron oír también sus voces. Mongólicos, cretinos, idiotas e inválidos son también oriaturas de Dios, según hizo constar el clero. Por consiguiente los alemanes decidieron arrinconar el proyecto eutanasia... Pero cuando se gaseó al pueblo judío por millones, el honorable clero no formuló protesta alguna. Ni una palabra siquiera. "Como hemos visto en éste párrafo, hay para los católicos, y, de refilón, para los "religiosos anglicanos". Pero en la página 143 se remacha: "Casi todas las iglesias, católicas y protestantes, han optado por apoyar a. los nazis o mostrarse discretamente neutrales", Sólo, a título de excepción – y haciendo constar que se trata de una excepción, es decir, de la confirmación de la regla – se cita a un sacerdote que se opuso a los nazis en razón de su política racial y fue enviado a Dachau.

Los ingleses no salen mejor parados: "La B.B.C. no ha dicho ni una sola palabra sobre la suerte corrida por los judíos en Polonia, cuando en cambio sí ha mencionado el fusilamiento de algunos guerrilleros polacos" (página 319). Una pregunta parece imponerse al lector menos advertido: ¿No será que la B.B.C. no dijo nada porque no tenía nada que decir? ¿Es posible que le pasara por alto a la emisora oficial del Gobierno Británico el pretendido gaseamiento de millones de judíos y no el de unos centenares de guerrilleros polacos? ¿Es lógico que la B.B.C. – que dependía del Gabinete de Guerra Inglés – desperdiciara un arma propagandística tan importante como era el airear el genocidio de millones de judíos en Polonia?

"Holocausto" es un libelo contra dás de media Humanidad; Porque, a parte los judíos – y no todos, como veremos más adelante – los restantes grupos étnicos mencionados con presentados como asesinos y dementes. Los judíos son las inocentes víctimas de una Humanidad desquiciada, y no sólo de unos extraviados: "Somos lo que siempre fuimos: víctimas",(pag. 139). Y ¿porque son victimas? El agudo literato Green nos lo explica a los simples mortales: "Si ansían de forma tan desesperada matamos, seguramente es porque valemos la pena, porque somos valiosos, importantes para el mundo" (página 255). Más adelante (página 359) el Autor se repite, en una exhibicion narcisista que deja boquiabierto al lector ingenuo: "Si tenían unas ansias tan terribles de destruirnos seguramente es porque somos gente de valía, gente importante. Incluso es posible que tengamos algo que enseñarle al mundo".

Hemos dicho que la diatriba contra la Humanidad sólo excluye a los judíos, y no a todos. En efecto: en la página 72 se admite que los terribles "kapos" del universo concentracionaiio eran, en gran parte... judíos. "Los nazis sabían cuanto les beneficiaba el enfrentar a los judíos entre sí. Eso explica el sadismo de los kapos". (Página 127). "El jefe de Policía del Ghetto de Varsovia, un judío llamado Karp, quien se había convertido al Catolicismo para ganarse el favor de la SS" (página 187). Es curioso, pero, según "Holocausto", el clero católico que – como hemos visto – tenía manía a los judíos, consideraba que era más importante la religión de los tales judíos que su pertenencia étnica. La SS – gran simpatizante con el Catolicismo – consideraba el agua bautismal como antídoto suficiente contra el peligro judío. Esto es nuevo. El señor Green ha contribuido, en la página 187 de la versión española de su genial obra literaria, a esclarecer un punto histórico dudoso. El mundo es malo. Muy malo. Por eso "quiza ya no quedara escondite alguno; que se hubiera ya sellado el destino de los judíos, rechazados por doquier, inseguros por todas partes" (página 121). ¡Pobres judíos, inmersos en una guçrra en cuya provocación ellos no han tenido nada que ver! Una guerra dirigida por degenerados, tarados, canallas. Porque si los jerarcas nazis son descritos como tales, los Aliados no salen mejor parados de la embestida valerosa de la pluma del señor Green. Junto a Goering, "con su toga romana, perfumado, con las uñas de los pies pintadas y las mejillas con rouge. Rosenberg, con una amante judía. Heydrich, medio judío el mismo. Goebbels, escándalo tras escándalo. Himmler, algo turbio por parte de su mujer. Streicher y Kaltenbrunner, delincuentes comunes, aparece Roosevelt, sifilítico, y Churchill, borracho (página 264).

El libelo de "Holocausto" patentiza, una vez más, el desprecio que los sionistas parecen sentir por las facultades mentales de los Goyim (palabra cariñosa con que nos designa el Talmud a los no judíos y que significa "sementera de animal": palabreja: que, por cierto, aparece con frecuencia en el libra). Así, pór ejemplo, en la página 362 se dice:

"Aquí.(se refiere a Auschwitz) acabamos con doce mil judíos diarios cuando todo está funciánando"... Y esto de los doce mil diarios se repite en las páginas 363, 385 y 420. Pues bien: desde Mayo de 1943 (cuando se afirma que empiezan las ejecuciones masivas en el Este de Europa) hasta febrero de 1945 (cuando los rusos llegaron a Auschwitz) transcurrieron 660 días, que, a doce mil diarios, como se machaca en el libro, representarían 7.920.000, es decir, más ya de los seis millones del Mito clásico, y mucho más que toda la población judía en Europa entonces... Y, eso, ¡sólo en Auschwitz!.. por cuanto en Sobibor, por ejemplo, se nos cuenta en la página 393, que gaseaban a otros dos mil diarios, lo que representa la cifra coquetona y suplementaria de 1.320.000. Si a ello añadimos el millón largo que, según los cronistas judíos más modestos fue ga seado en Treblinka, los 383.000 (también cifras mínimas) de Buchenwald, el cuarto de millón a que – tras sucesivas rebajas dignas de un puesto feria – se ha llegado para Dachau, más los 300.000 de Theresienstadt, mencionados en "Holocausto", y considerando igualmente los sacrificados en Belsen, Mauthausen, Maidanek, Teplice, Dora, Flosenburg, etc, etc, vemos que la cifra de doce millones de judíos asesinados por los nazis se alcanza fácilmente, Y no contamos los muertos en la lucha armada en el Ghetto de Varsovia, ni los judíos muertos en acciones de los guerrilleros, ni tampoco los que fueron alcanzados por los bombardeos de poblaciones civiles por los Aliados.

Decididamente, el Mito jaleado en "Holocausto" es incompatible con la Aritmética. Antes de la guerra había en Europa apenas cinco millones de judíos, aún cuando Hitler sólo pudo tener acceso a dos millones. Dos y medio como máximo. Pero en una moderna actualizaclón del milagro evangélico de los cinco panes y los doce peces, de cinco millones los alemanes mataron a doce millones, y todavía sobraron seiscientos mil para instalarse en Palestina, más los supervivientes que se fueron a otros países y los treinta mil que había en 1948 en Alemania. ¡Admirable!

Se asegura, por otra parte, que el abastecimiento del matadero humano de Auschwitz lo proporcionaban los ghettos orientales, y sobre todo el de Varsovia. "El plan era que los ghettos proporcionaran 6.000 judíos diarios (página 323) aunque en la página 337 se asegura: "En la estación se estaban reuniendo los habituales 7.000". ¿Si mandaban a seis,, o siete mil, cómo se las arreglaban para gasear a doce mil, y sólo en Auschwitz, o catorce mil, si contamos Sobibor, y nos olvidamos de Treblinka y demás "mataderos" humanos de la región? Y para colmo, esta perla:

"A su llegada a Auschwitz, mis padres se libraron de una visita inmediata a las cámaras de gas... La selección se hacía la hacía en la misma estación un oficial dc la SS... Quienes parecían imposibilitados para trabajar eran enviados inmediatamente a la muerte,.. A mis padres, que gozaban de buena salud se les condujo a barracones separados A papá lo destinaron a la enfermería del campo" (página 357).

La pregunta se impone de imnediato: Si pensaban matarlos ¿para qué la enfermería?

¿Para los SS con agujetas, óxhaustos de tanto abrir y cerrar la llave del gas, acaso? Si a los que llegaban enfermos los gaseaban, ¿por qué a los que enfermaban allí les mandaban a la enfermería? Esto es un misterio. Uno de los muchos que pululan por ese libro impar. Pero donde el misterio, el milagro y la magia se dan la mano es en la explicación que el señor Green da sobre la painificación del genocidio. Ya hemos visto, en las páginas precedentes, que la versión oficial pretende que toda la gigantesca operación se concibió, se preparó y se puso en práctica de **palabra**, y, además, mediante el uso de circunloquios, perífrasis y eufemismos. Esto era, naturalmente, para guardar el secreto. Así se consiguió guardar el secreto mejor guardado de la Historia, pues, de no haber sido así, los servicios de Propaganda de los numerosos países Aliados se hubieran apresurado a airearlo, pues ya es sabido que en las guerras modernas se presenta siempre al adversario como el villano de la película. Este secreto debieron guardarlo desde el Führer hasta el último soldadito raso de la SS, o de la Wehrmacht, encargado de abrir la espita del gas... Zyklon B, el letal insecticida. Oscar Wilde decía que un secreto entre tres equivalía a un anuncio en el periódico, pero es que el secreto – más aún, el lenguaje secreto, la jerga cifrada empleada por los nazis – debieron conocerlo, como mínimo, treinta mil personas. Aunque, al menos para nosotros, donde el milagro resulta más sobrecogedor, es en Ravensbrück. Ravensbrück era un campo de internamiento de mujeres. Según los más moderados exégetas de la literatura concentracionaiia habían, allí, 200.000 mujeres. Aún cuando hubiera una sóla guardiana o funcionaria para cada doscientas internadas judías, la cuenta es sencilla: eran precisas mil.

¡Mil mujeres guardando un secreto durante seis años! ¡Jesucristo bendito! Creemos que, al igual que en Dachau, en Belsen y; por supuesto en Auschwitz, se han puesto placas conmemorativas de los judíos exterminados en el segundo genocidio de la Historia – el primero fue el de los piel rojas en América del Norte – en Ravensbrück debiera ponerse otra placa con un texto que podría ser el siguiente: "En este lugar, mil abnegadas mujeres guardaron, durante seis años, el secreto de la tortura y el sacrificio de centenares de miles de judías. No dijeron nada – durante seis años – ni a sus familiares, nI a sus amigas o allegadas. No se lo dijeron a nadie, ni lo mencionaron entre ellas mismas, salvo en lenguaje cifrado. ¡Loor a la discreción, de la mujer alemana! Labor omnia vincit".

"Holocausto" es un libro milagroso. Pues no sólo se relatan milagros aritméticos, milagros filosóficos ¡Ravensbrück!– y milagros de mala uva (los ciudadanos polacos aplaudiendo a los tiradores de ¿lite de la SS cada vez que cazaban a un judío agazapado en los tejados del ghetto de Varsovia y caía a la calle, página 379) sino que en la última parte de la obra – Finis coronat opus– se expone magistralmente el milagro bélico de los resistentes judíos. En efecto, en el Ghetto de Varsovia, afirma el señor Green, cuatrocientos judíos deamboz sexos y de todas las edades se enfrentaron, e hicieron retroceder varias veces, durante casi un mes, a... **siete mil Waffen SS**. Los judíos disponían de palos, cuchillos, armas cortas compradas a soldados alemanes que se dejaban sobornar (y que cuando llegaban al cuartel suponemos le decían al sargento Muller que se habían olvidado el fusil en el cine) y "cockteles Molotof" de fabricación casera. La resistencia polaca, nos dice el señor Green a los absortos lectores de su obra, tenía armamento en cantidad, pero no se fiaba de los moradores del ghetto y sólo una vez les dió seis fusiles... sin municiones. Siete mil contra cuatrocientos, es decir, diecisiete contra uno. Pero hay más. Los diecisiete, eran soldados de élite, y el judío que se les enfrentaba era, a menudo, una mujer, un anciano o un niño. Pero sigue habiendo más. El judío, – o judía – que se enfrentaba a diecisiete adversarios de elite, estaba subalimentado desde hacía tres años; al menos eso nos dice el señor Green en su libro. Y aún sigue habiendo más: los diecisiete Waffen SS contaban con el apoyo de los tanques, la artillería y la aviación.

¿No es milagroso todo esto?

A la vista del citado milagro sólo nos queda que lamentar que los judíos no terminaban la guerra mundial en un mes, pues una sencilla regla de tres nos demuestra que si cuatrocientos subalimentados individuos pueden hacer frente a siete mil soldados de elite, los cinco millones de judíos europeos pueden acabar rápidamente con la Wehrmacht, sin necesidad de la inútil ayuda del Tío Sam, ni de John Bull, ni de los "poilus", ni de los "popofs", y aún les sobraría tiempo para trasladarse al Japón – en barcos que se comprarían a capitales de la marina mercante que se dejarían sobornar – y derrotar a los nipones.

¡Lástima que no se les hubiera ocurrido antes! "Holocausto" es, con todo, un libro muy bien hecho, en su género. Es decir, en el género del libro-mazazo, destinado a lavar el cerebro de las masas. En este sentido está, lo confesamos, plenamente logrado su objetivo. La técnica del lavado de cerebro, o técnica publicitaria, se basa en la repetición obsesiva de un slogan, una frase, a ser posible paradójica, pero de fácil captación para todos. Esa frase se incrustará en el cerebro del Hombre-Masa, subproducto deshumanizado de la moderna sociedad, ser de "ideas" simples y "necesidades" complicadas. Estas "necesidades" le han sido vendidas por la Producción y aquellas "ideas" por el Consumo. El consumismo necesita individuos que no analicen; individuos fáciles, que no hagan preguntas. Individuos que piensen – o se imaginen pensar – lo que les ha sido introducido, a presión, en sus cerebros. ¿Qué puede hacer un libro, que se limita a señalar flagrantes exageraciones, cuando no puras contraverdades, ante la inundación de libros de grandes tiradas, jaleados por Prensa, Radio y Televisión de todo el mundo? ¿Qué puede hacer nadie ante este desbordamiento aplastante de mentiras, repelidas ad nauseam millones y millones de veces por los mass media y los políticos venales encumbrados por ella? Muy poco, a parte dar testimonio de la Verdad que, aunque a muy pocos importe en esta sombría época, siempre será eso: la Verdad. La Verdad que no sabe de más "Holocaustos" que los comprobados por la Historia e ignora los inventados por una propaganda interesada.

En interes de esa Verdad, por imperativo moral, y en interes de toda la Humanidad, incluyendo los judíos no comprometidos con el Sionismo, posibles victimas inocentes de una reacción visceral ante tantas provocaciones como se vienen sucediendo en los últimos siete lustros, hemos escrito las paginas que acabar de leer, lector amigo. El "Holocausto" puede tener mil caras, desde las exageraciones ditirámbicas de Steiner en. su "Treblinka" hasta la falsa moderación del señor Green. Pero la Verdad sólo puede tener una.

Otros libros publicados por Omnia Veritas

OMNIA VERITAS

Omnia Veritas Ltd presenta:

HISTORIA PROSCRITA
I
LOS BANQUEROS Y LAS REVOLUCIONES

POR

VICTORIA FORNER

Los procesos revolucionarios necesitan agentes, organización y, sobre todo, financiación, dinero.

LAS COSAS NO SON A VECES LO QUE APARENTAN...

OMNIA VERITAS

Omnia Veritas Ltd presenta:

HISTORIA PROSCRITA
II
LA HISTORIA SILENCIADA DE ENTREGUERRAS

POR

VICTORIA FORNER

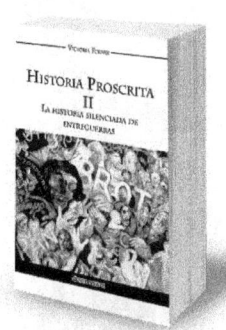

"El verdadero crimen es acabar una guerra con el fin de hacer inevitable la próxima."

EL TRATADO DE VERSALLES FUE "UN DICTADO DE ODIO Y DE LATROCINIO"

OMNIA VERITAS

Omnia Veritas Ltd presenta:

HISTORIA PROSCRITA
III
LA II GUERRA MUNDIAL Y LA POSGUERRA

POR

VICTORIA FORNER

Distintas fuerzas trabajaban para la guerra en los países europeos

MUCHOS AGENTES SERVÍAN INTERESES DE UN PARTIDO BELICISTA TRANSNACIONAL

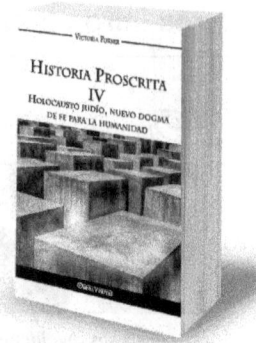

OMNIA VERITAS

Omnia Veritas Ltd presenta:

HISTORIA PROSCRITA IV
HOLOCAUSTO JUDÍO, NUEVO DOGMA DE FE PARA LA HUMANIDAD
POR
VICTORIA FORNER

Nunca en la historia de la humanidad se había producido una circunstancia como la que estudiaremos...

UN HECHO HISTÓRICO SE HA CONVERTIDO EN DOGMA DE FE

"La historia que usted está por leer es verdadera, contrariamente a lo que pueda suponerse..." **ANTONY SUTTON**

Un área de investigación histórica totalmente inexplorada...

"No pretendo hacerle creer a nadie que he descubierto una novedad — los políticos mienten..." **ANTONY SUTTON**

Anthony Sutton tiene una gran virtud: se atiene a la documentación concreta, verificable y confirmada

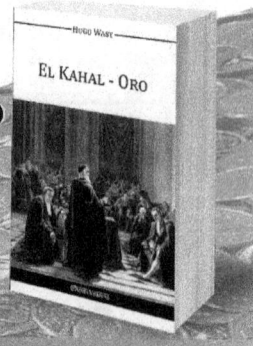

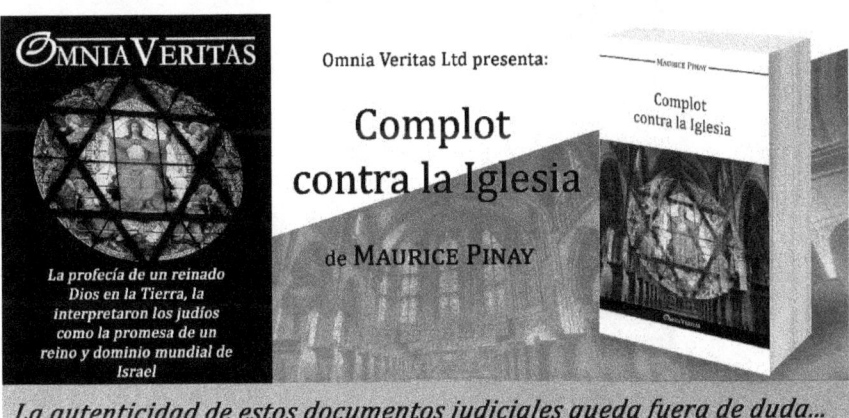

Omnia Veritas Ltd presente:

La religión **judía** está basada en un equívoco... El judío moderno ya no es **mosaico**, es **talmudista**. Y entre el **Evangelio** y el **Talmud** existe un antagonismo irreductible...

El Judaísmo y la Cristiandad
de Léon de Poncins

La ruptura entre el Antiguo y el Nuevo Testamento

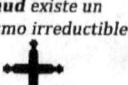

MASONERÍA
de
FRANCISCO FRANCO

Son muchos los españoles que, dentro y fuera del país, anhelan conocer la verdad de la masonería...

Uno de los secretos menos investigados de la Edad Moderna...

FRANCO
por
JOAQUÍN ARRARÁS

"La alegría del alma está en la acción." De Marruecos sube un estruendo bélico, que pasa como un trueno sobre España.

Caudillo de la nueva Reconquista, Señor de España

OMNIA VERITAS

Omnia Veritas Ltd presenta:

LOS SECRETOS DE LA RESERVA FEDERAL
LA CONEXIÓN LONDRES

POR

EUSTACE MULLINS

La historia americana del vigésimo siglo ha grabado los logros asombrosos de los banqueros de la Reserva Federal

AQUÍ ESTÁN LOS HECHOS SIMPLES DE LA GRAN TRAICIÓN

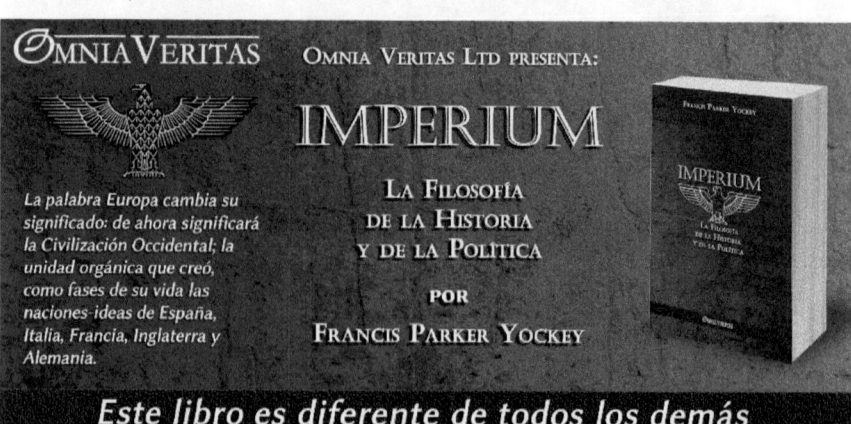

OMNIA VERITAS

OMNIA VERITAS LTD PRESENTA:

IMPERIUM
LA FILOSOFÍA DE LA HISTORIA Y DE LA POLÍTICA

POR

FRANCIS PARKER YOCKEY

La palabra Europa cambia su significado: de ahora significará la Civilización Occidental; la unidad orgánica que creó, como fases de su vida las naciones-ideas de España, Italia, Francia, Inglaterra y Alemania.

Este libro es diferente de todos los demás

OMNIA VERITAS

www.omnia-veritas.com

www.ingramcontent.com/pod-product-compliance
Lightning Source LLC
Chambersburg PA
CBHW050130170426
43197CB00011B/1786